《史记》与小赋论丛

池万兴 著

上海古籍出版社

图书在版编目（CIP）数据

《史记》与小赋论丛/池万兴著.—上海：上海
古籍出版社，2015.3
ISBN 978-7-5325-7436-0

Ⅰ.①史… Ⅱ.①池… Ⅲ.①《史记》—研究—文集
Ⅳ.①K204.2-53

中国版本图书馆 CIP 数据核字（2014）第 241638 号

《史记》与小赋论丛

池万兴 著

上海世纪出版股份有限公司
上海 古 籍 出 版 社 出版
（上海瑞金二路 272 号 邮政编码 200020）
（1）网址：www.guji.com.cn
（2）E-mail：guji1@guji.com.cn
（3）易文网网址：www.ewen.co
上海世纪出版股份有限公司发行中心发行经销
上海惠顿实业印刷有限公司印刷

开本 850×1168 1/32 印张 11 插页 2 字数 257,000
2015 年 3 月第 1 版 2015 年 3 月第 1 次印刷
印数：1—1,100
ISBN 978-7-5325-7436-0
Ⅰ·2870 定价：48.00 元
如有质量问题，请与承印公司联系

《〈史记〉与小赋论丛》序

赵逵夫

　　万兴同志近日将他有关《史记》与魏晋南北朝小赋研究的论文汇成一集,要我作序。我刚完成我的《读赋献芹》一书校样,两书内容有接近处,故趁热锅打饼,大体看了一下,写出一点浅见,作为小引。

　　万兴同志的这本《〈史记〉与小赋论丛》分上、下两编。上编中收录有关司马迁与《史记》方面的论文十三篇。司马迁是中国古代伟大的史学家、文学家、思想家。《史记》不仅是我国第一部纪传体通史,也是我国第一部传记文学的典范,鲁迅先生在《汉文学史纲要》中称《史记》为"史家之绝唱,无韵之离骚",十分精确地概括了《史记》在史学与文学两方面的杰出成就。万兴同志认为应在鲁迅先生的评语之后加上"文化之大成"一句。的确,《史记》不仅是史学与文学的名著,也是文化的集大成者。司马迁曾自述创作《史记》的动机说:"网罗天下放失旧闻,考之行事,稽其成败兴坏之理","亦欲以究天人之际,通古今之变,成一家之言"。由此可见,司马迁是要通过"厥协六经异传,整齐百家杂语",融会贯通百家学说以建立自己大一统的新的思想体系。他是要通过《史记》"原始察终,见盛观衰","论考之行事","承敝通变",完成自己的"一家言"。所以,《史记》的成就不只限于史学

1

与文学两个方面,更重要的是,它是中国文化的宝库和集大成者,对后世的政治、经济、文化、军事、农业、民族、民俗、天文、地理、水利等方方面面都产生了深远而巨大的影响。这种影响已超越了时代,超越了国界,两千多年来越来越多的人认识了司马迁与《史记》的价值,从中获取研究古代社会的各个方面的信息与资料。今天,司马迁与《史记》的影响已经扩展到世界很多国家和地区。

上编的前五篇主要论述《史记》与民族精神的生成及其影响。《浅谈司马迁对汉武帝伐大宛的认识》、《试论司马迁对汉匈和战关系的认识》、《史记的体制结构反映了司马迁的民族大一统思想》和《试论司马迁的民族大一统思想对后世史学的影响》主要研究司马迁的民族思想及其影响。还有一组研究管仲对司马迁的影响以及司马迁的人才观。这十三篇文章都是从文化学的角度研究司马迁与《史记》。既有宏观论述,又有微观分析,角度较新,具有现实性,是有学术价值的论著。

《〈史记〉与小赋论丛》下编收录了魏晋南北朝十五篇赋学研究论文。王国维在《宋元戏曲史·序》中曾说过:"凡一代有一代之文学,楚之骚,汉之赋,六代之骈语,唐之诗,宋之词,元之曲,皆所谓一代之文学,而后世莫能继焉者也。"赋在汉代确实是重要的文学形式,无论在当时的影响还是对后代的影响,都超过乐府诗。至于五言诗,是到汉末才形成气候,所以在当时的地位更不能同赋相比。更重要的是汉赋表现出大汉王朝统一寰宇、强大无比的气概和高亢的时代精神,成为后代长期分裂和战乱中人们向往的社会环境。实际上赋作为一种文学体裁,在艺术上达于至美之境是在魏晋南北朝时代。魏晋南北朝的抒情小赋在东汉抒情赋的基础上进一步向贴近情感、贴近现实的方面发展,题材更为广泛,艺术上也有了更大的发展。它打破了汉大赋长期囿于帝王、宫廷的狭小生活范围,使之题材内容进一步拓展,表现面更为宽广,所反映的社会生活内容更为丰富多彩:举凡述行、登临、悼亡、怀人、哀伤、思旧、凭吊、感时、伤别、游仙、谈玄、隐逸、恋情、婚姻、怀才不遇、奇花异草、飞禽走兽、修竹游鱼、昆虫落叶、云雨雪月等等无不可以入赋,无不可以寄意。随着题材内容的开拓,出现了诸如玄言赋、游仙赋、山水赋、讽刺赋、宫体赋等风格流派。尤其值得注意的是,这一时期的不少咏物小赋并非纯客观地咏物,而是借咏物以抒情,或表达作者的思想感情,或表达作者对社会现实的讽刺与批判,或表达作者的借物言志,无不具有寄托与比兴象征的意义。当然,不可否认,魏晋南北朝的抒情小赋思想内容有着明显的缺陷,它们反映的现实生活往往较为曲折隐晦,很少反映现实生活中的重大的事件和有关国计民生的重大问题。但是,魏晋南北朝抒情小赋题材内容的开拓与艺术技巧提升,毕竟比汉大赋进了一步,也为唐代文学的繁荣准备了充分的条件。

下编第一篇探讨汉大赋向抒情小赋的转变原因;从《论魏晋南北朝抒情小赋的意境创造》到《魏晋南北朝咏物抒情小赋的移情现象初探》的七篇,主要探讨这一时期抒情小赋创作的艺术成就;从《魏晋南北朝隐逸赋初探》到《论魏晋南北朝俗赋》的六篇,主要探讨这一时期赋作题材内容的开拓与创新;最后一篇是对文学史上很少提及的作家束皙赋的评论。这十五篇文章形成了一个体系。文章思维缜密,论述深刻,颇富新意,从中足以看出万兴同志在赋学方面长时期的研读与思考,在赋学研究方面是值得重视的成果。

汉代四百多年统一的历史中,夹有十多年的王莽新朝与战乱,分为前汉、后汉,或曰西汉、东汉;而魏晋南北朝时代除西晋有二十来年的统一时期,其余三百五十年(如算上实已形成军阀混战的建安、延康二十多年,为二百七十多年)都处于分裂状态。所以,在魏晋南北朝时代,明显的或含蓄隐晦的企盼统一的情绪存在于很多文人的作品中。司马迁《史记》中有关民族精神、民族间和战关系的思想及民族大一统的思想,也是魏晋南北朝时期有思想、有社会责任感的文人所思考、不断回味的问题。而这一时期很多赋作题材的狭小,也只有在同司马迁有关论述的比较中可以看出。所以,我觉得万兴这本书将上面所说两组论文放到一起,也很能引起人们的深思。

我想这本书的出版,会引起学者们的关注。

2014 年 7 月 28 日于西北师大文学院

目　　录

下编　魏晋南北朝小赋研究

上编　司马迁与《史记》研究

《史记》与民族精神论纲①

从上古到秦汉,中华民族在经历了种种艰难曲折、求索奋斗之后,终于从分裂走向统一,以空前强盛的帝国屹立于世界的东方,迎来了华夏民族辉煌的时刻。记述中华民族近三千年艰辛伟大的创业历程、反映这一历程中所形成的民族精神的,是司马迁用其毕生精力所写成的不朽的文化巨著《史记》。因此,《史记》的最大价值在于:它通过记述中华民族近三千年的历史,对此前的民族精神第一次进行了全面地总结,最完满地体现了中华民族在结束分裂重新走向统一的历史进程中,所形成的那种特有的刚健奋发、积极有为、自强不息的民族精神。这种民族精神所产生的精神凝聚力和道德感召力是极其巨大的。它不仅规范着历代有识之士的思想与言行,直接影响着历代统治者的政治行为和政策措施,而且已经深深地积淀为一种广泛的民族心理素质和价值取向,成为一种普遍的社会心理形态,为全民所接受。基于上述认识,因此,本课题将分为上、中、下三编分别探讨《史记》与中华民族精神的形成;《史记》所弘扬的民族精神的主要内容;《史记》所积淀的民族精神的深远影响等内容。

---

① 本文是作者目前承担的国家社科基金项目"《史记》与民族精神"的写作提纲。

一、《史记》与民族精神的形成

中华民族精神是在春秋战国与秦汉之际的士林阶层重建一统天下的斗争过程中形成的①。因此上编将分为三章分别论述中华民族从多元走向一体;中国境内各政权从分立走向统一;华夏文明从多元走向一体等问题。这一编以作为《史记》总纲性质的"十二本纪"为基础,以费老的"中华民族多元一体"理论为指导,以现代考古学资料为支撑,深入论述中华民族由分裂走向统一的历史进程与民族精神形成的内在逻辑联系。司马迁在《太史公自序》中论述《史记》的创作目的时说:"网罗天下放失旧闻,王迹所兴,原始察终,见盛观衰,论考之行事,略推三代,录秦汉,上记轩辕,下至于兹,著十二本纪,既科条之矣。"②可见,十二本纪所论载的王迹兴衰轨迹是中华民族三千年历史发展的一条基本线索,也是中华民族奋斗历程的文字再现。《五帝本纪》开头就写道:"轩辕之时,神农氏世衰,诸侯相侵伐,暴虐百姓,而神农氏弗能征。于是轩辕乃习用干戈,以征不享,诸侯咸来宾从。而蚩尤最为暴,莫能伐。炎帝欲侵凌诸侯,诸侯咸归轩辕。轩辕乃修德振兵,治五气,艺五种,抚万民,度四方,教熊罴貔貅貙虎,以与炎帝战于阪泉之野。三战,然后得其志。蚩尤作乱,不用帝命。于是黄帝乃征师诸侯,与蚩尤战于涿鹿之野,遂禽杀蚩尤。而诸侯咸尊轩辕为天子,代神农氏,是为黄帝。天下有不顺者,黄帝从而征之,平者去之,披山通道,未尝宁居。"由这段记述可以看出,黄帝之前,四分五裂,部落纷争,战乱迭起,黄帝经过与

---

① 参见陈桐生《〈史记〉与民族文化精神》。刊载于袁仲一等主编《司马迁与史记论集》第三辑,陕西人民出版社 1996 年版,第 312 页。

② 《史记·太史公自序》,中华书局 1959 年版,第 3319 页。

炎帝、蚩尤等激烈的战争,才消灭了纷争,统一了社会,完成了父权制时代的统一,结束了各部落之间的纷争。所以,司马迁以为述史的开端,借黄帝来表现自己的民族大一统思想。从《五帝本纪》到《今上本纪》,司马迁着重表现的都是从黄帝的统一到秦皇汉武的统一,象征了中华民族的发展方向,也表现了帝王德业的日益兴盛和民族的不断进步。五帝之后,中华民族又经历了多次从统一到分裂再到重新统一的历史发展过程。司马迁在《秦楚之际月表》中说:"昔虞、夏之兴,积善累功数十年,德洽百姓,摄行政事,考之于天,然后在位。汤、武之王,乃由契、后稷修行仁义十余世,不期而会孟津八百诸侯,犹以为未可,其后乃放弑。"三代之后,历史又经历了春秋战国两个时期的战乱纷争,在此期间,"秦起襄公,章于文、缪、献、孝之后,稍以蚕食六国,百有余载,至始皇乃能并冠带之伦。以德若彼,用力若此,盖一统若斯之难也"。这就十分简略地勾勒了中国历史从虞夏至秦汉大一统发展变化的轮廓。中华民族从多元走向一体;中国境内各政权从分立走向统一;华夏文明从多元走向一体。这一发展经历了漫长的过程,付出了艰苦卓绝的努力,从中也体现了中华民族百折不挠、无坚不摧的民族精神。

二、《史记》所弘扬的民族精神的主要内容

《史记》是对三千年华夏文明进程的历史总结,是对中华民族精神的高度概括与形象再现。因此,中编我们将以《史记》中的"世家"与"列传"为基础,以文化人类学为指导,从民族学与哲学的高度论述《史记》所弘扬的中华民族精神的基本内容。本编将分别论述:《史记》所弘扬的同根同祖的民族大一统精神;奋发有为、积极进取的创业精神;建功立业、显亲扬名的入世精神;舍

生取义、勇赴国难的爱国主义精神;以法治为手段、以德治为目的的仁政德治精神;实事求是、追求真理的献身精神;原始察终、见盛观衰的通变精神;开拓进取、大胆创新的变法改革精神;富贵不淫、贫贱不移的强烈的人格自尊精神;尊重人才、礼贤下士的民主精神;言必信、行必果、刚健笃实的社会信义精神;尊老爱幼、奉公守法的人道主义精神等。限于篇幅,下面主要论述三个方面:

1. 奋发有为、积极进取的创业精神:《史记》展现了中华民族三千年的奋斗历程,形象地记录了一大批奋发有为、艰苦创业的英雄人物百折不挠的创业历程与进取精神。

首先,《史记》以"本纪"为纲领,叙述了从三皇五帝到秦皇汉武,在国家民族的统一过程中,那些奋发有为、积极进取、艰苦创业的历代帝王的光辉形象。在他们的身上,充分体现了中华民族奋发进取的民族精神。黄帝轩辕氏,擒杀好战、暴虐百姓的蚩尤和称霸一方的炎帝,"天下有不顺者,黄帝从而征之。平者去之"。又教导百姓"时播百谷草木,淳化鸟兽虫蛾……勤劳心力耳目,节用水火财物"①,"披山通道,未尝宁居"。经过艰苦的创业,才统一天下,受到各氏族部落的共同推崇,"诸侯咸尊轩辕为天子",成为统一天下的始祖。舜亲自率民耕种,创制陶器,"舜耕历山,渔雷泽,陶河滨,作什器于寿丘"②。在《夏本纪》中记载:禹率领百姓治水,"劳身焦思,居外十三年,过家门不敢入。薄衣食,致孝于鬼神,卑宫室,致费于沟淢"。"通九道,陂九泽",经过十几年的艰苦创业,终于平治洪水,成为人民心目中理想的领袖。在《周本纪》中歌颂了周的始祖后稷以及公刘、古公亶父、

---

① 《史记·五帝本纪》,中华书局1959年版,第338—339页。
② 同上书,第32页。

周文王、周武王的艰苦创业历程。

司马迁在《秦始皇本纪》《项羽本纪》《高祖本纪》中，以大量的笔墨描写了他们的艰苦创业历程，热情歌颂了他们奋发有为的积极进取精神。秦始皇雄才大略，艰苦创业，他十三岁继承王位，二十一岁亲政，任用李斯、王翦等人才，吞并六国。从公元前230年灭韩，到前221年灭齐，十年之间，消灭了割据称雄的六国，结束了数百年的割据称雄局面，建立了中国历史上第一个统一的中央集权的封建国家。废除分封制，设立郡县制，统一法律、度量衡、货币与文字，修筑驰道，加强交通建设。北逐匈奴，筑长城；南定百越，促发展，功不可没。司马迁在批评他实行暴政的同时，歌颂了他艰苦创业的开拓进取精神。项羽以一名逃犯，聚众起事，以八千江东子弟，艰苦创业，图谋发展，在推翻暴秦的历史中建有大功。巨鹿之战中与秦军决战，破釜沉舟，以一当十，终胜秦军。垓下之围时，尽管部下越来越少，但项羽依然谈笑自若地溃围、斩将、刈旗，勇敢非凡。其英雄气概，千古敬仰。司马迁热情地歌颂道："羽非有尺寸，乘势起陇亩之中，三年，遂将五诸侯灭秦，分裂天下，而封王侯，政由羽出，号为'霸王'。位虽不终，近古以来未尝有也。"[①]刘邦手持三尺宝剑闯天下，武力虽不及项羽，但他善于用人，终成统一大业。他无疑也是具有创业精神的大英雄。由此可见，从黄帝到秦皇汉武，司马迁有选择地进行描绘歌颂，从这些帝王身上，不仅反映了统一事业的艰难，更集中体现了中华民族为追求统一事业而艰苦奋斗的不屈不挠的意志和积极进取的创业精神。

其次，《史记》的"世家"体例是依附于"本纪"而存在的。"世家"的价值就在于表明诸侯士辅佐天子艰苦创业而成就统一大

---

① 《史记·项羽本纪》，中华书局1959年版，第338—339页。

业,突出表现他们奋发有为、积极进取的创业精神。司马迁在《太史公自序》中对三十世家的创作目的有着明确的表述。如说"嘉勾践夷蛮能修其德,灭强吴以尊周室,作《越王勾践世家》第十一"。在这篇传记中,司马迁热情歌颂了越王勾践艰苦创业、报仇复国的精神。"越王勾践反国,乃苦身焦思,置胆于坐,坐卧即仰胆,饮食亦尝胆也。曰:'女忘会稽之耻邪!'身自耕作,夫人自织,食不加肉,衣不重采,折节下贤人,厚遇宾客,振贫吊死,与百姓同其劳"。越王勾践以"卧薪尝胆"的艰苦创业、奋发图强精神成为中华民族的精神力量,砥砺后代自强不息、积极进取。在《孔子世家》中,司马迁赞扬孔子好学不倦的精神、积极用世的态度。他虽身处逆境,到处碰壁,但并不消沉,毫不气馁,周游列国,宣传其主张。明知理想不能实现,但他"知其不可为而为之",积极用世的精神愈加坚强。一方面刻苦自励,充实自己,等待时机,以用于世;另一方面另辟蹊径,整理古籍,著书立说,收徒授业,宣传其主张,表现了艰苦创业、不屈不挠的意志和积极用世的精神。此外,从《萧相国世家》、《曹相国世家》、《留侯世家》、《陈丞相世家》到《绛侯周勃世家》,共写了萧何、曹参、张良、陈平、周勃等五人帮助刘邦打天下、艰苦创业,为汉朝的统一大业奋斗的事迹,在他们身上集中体现了中华民族积极有为、奋发进取的创业精神。

再次,《史记》七十列传是为那些能扶持正义、才干卓越、不让自己失去时机而建功立业的名人作传。除了六篇民族史传之外,司马迁在列传中塑造了众多建功立业的人物群像。同"本纪"、"世家"中的英雄人物一样,在这些人物形象身上,鲜明而丰富地体现了中华民族积极进取的民族精神。如果说"本纪"、"世家"中的英雄人物其民族精神多体现在为国家民族的统一大业而积极进取、艰苦创业的话,那么,列传中的杰出人物的民族精神则多表现在功名事业的追求中,在实现自己的人生价值中的自强不息、奋发进取的精神。在《伍子胥列传》中,司马迁饱含感情地记叙了伍子胥替父兄复仇的故事。荒淫残暴的楚平王听信谗言,杀害了伍子胥一家。伍子胥逃离楚国,凭借他的杰出才智,精心策划,经过多少艰难困苦,辛酸曲折,终于在十五年后,利用吴国的兵力,击败楚国,为父兄报仇。司马迁在这篇传记中,充分表现了伍子胥为复仇而经历的种种常人难以想象的磨难,以及他与艰难困苦作斗争的过程中所表现出的隐忍精神、坚毅品格和积极进取的态度。他逃宋、逃郑历经风险,奔吴路上重重磨难。在吴潜心致志,辅佐阖庐艰苦创业十六年,为破楚作准备。在佐吴兴邦、佐吴破楚、佐吴争霸的长期奋斗中,他的才智、潜能得到超常发挥,终于"五战入郢",掘坟鞭尸,伸报怨仇,实现了自己"隐忍以就功名"的人生价值与奋斗目标。这种"隐忍以就功名"的人生价值观成为中华民族一种在逆境中足以支持人成就大业,在历史上作出惊人贡献的品格。它为身处逆境中的人们提供了一种榜样,一种出路和一种鼓舞力量,凝聚成为中华民族艰苦创业、自强不息、积极进取的一种民族精神。《史记》中记载的众多的军事家、思想家、文学家以及大量的下层人物,如游侠、刺客、商贾、俳优、卜者等等,他们为理想而奋斗的精神同样体现了中华民族积极进取、奋发有为的创业精神。

2. 舍生取义、勇赴国难的爱国主义精神。爱国主义是中华民族精神的一个核心内容与实际表现。司马迁的《史记》以巨大的热情,谱写了一曲曲爱国主义的英雄赞歌,歌颂了历史上一大批爱国的民族英雄和对国家、对民族有重大贡献的杰出人物。在《屈原列传》中,司马迁以极大的热情和无比的愤懑记叙了屈原悲剧的一生,歌颂了屈原伟大的爱国主义精神、刚正不阿的正直品德和不屈不挠的斗争意志。屈原生活在战国后期,或者秦帝，或者楚王，都直接关系着本国人民的命运和利益。作为一个楚国的政治家兼诗人，他"眷顾楚国"，关心祖国的前途和命运，希望自己的国家能走在时代的前列，能够完成统一中原的宏伟大业，所以他"奔走以先后"，主张"举贤授能"、"修明法度"，改革弊政，振兴国家、联齐抗秦。为了改变祖国昏暗的政治，他不顾个人的荣辱祸福，与那些奸佞小人和腐朽的旧贵族集团进行了坚决的斗争。他始终为祖国的富强而斗争，就是受馋见疏，也没有考虑个人的得失，始终以祖国的前途为念。他总结古代兴亡盛衰的历史，以古论今，"一篇之中三致志焉"，希望楚王觉悟，改弦易辙，奋发图强。他明知"鲧婞直以身亡"，"謇謇之为患"，却拒绝女媭明哲保身的忠告，始终"忍而不能舍也"，表现了对祖国的无限忠诚。在他上下求索、追求救国的幻想破灭后，神巫指点他离楚远逝，但他始终不能离开祖国一步，最后以身殉国，用高尚的节操、光辉的品格，表达了对祖国、对人民的无限忠诚与热爱。诗人这种宁死不屈的斗争精神和对祖国无限忠诚的品质，千载以来激励了无数的仁人志士的爱国热忱，也积淀成为一种普遍的民族精神，激励和振奋着全民族。千百年来，中国人民在反抗侵略、反对强暴、维护正义、保卫祖国利益和国家尊严的斗争中，从屈原身上得到鼓舞，获得力量。这力量源于司马迁对屈原爱国精神和不屈不挠、光明磊落品德的热情歌颂与大力弘扬。当然，《史记》中的许多列传都弘扬了这种爱国主义精神，如《廉颇蔺相如列传》、《李将军列传》、《卫将军骠骑将军列传》等。

其次，维护国家的统一与稳定是中华民族发展和强大的保证，是全民族的利益所在，也是爱国主义的一个重要表现。中华民族是一个多灾多难的民族，历史上曾不断地受到外族的侵略。在反抗侵略、保卫祖国的斗争中，涌现出无数的英雄人物与爱国志士，司马迁对他们予以热情的歌颂。在《李将军列传》中，司马迁以十分崇敬的心情记叙了汉之飞将军李广的生平事迹,歌颂了他在反击匈奴、保卫祖国中的功绩。记叙了他超凡绝伦的勇敢和使敌人闻之丧胆的声威,以及他爱护士卒、关心部下、廉洁自律的高贵品质。大力弘扬了李广抗击匈奴、保家卫国的爱国主义精神。在《卫将军骠骑将军列传》中,司马迁颂扬了卫青、霍去病抗击匈奴、保卫国家的历史功绩和他们"匈奴未灭,无以家为也"的爱国主义精神。在《大宛列传》中歌颂了张骞不辞艰险、艰苦跋涉、出使西域,沟通汉朝与西域各国的关系,为国开边的历史功绩。在出使西域的过程中,他被匈奴扣留了十几年,始终"持汉节不失",表现了对祖国无限忠诚的民族节操。"张骞凿空",沟通了西北边境少数民族与汉中央王朝的联系,加强了各民族之间的友好往来和团结,有利于汉朝彻底解除匈奴的威胁,建立统一的多民族国家。同时沟通了中国和世界各国的经济贸易往来和文化交流,对后来的"丝绸之路"起了开创作用。像这样一位历尽千难万险,为国出使西域,始终不变其节的爱国者的英雄事迹,不知激励了多少后起者为国捐躯,如民族英雄岳飞、文天祥以及爱国诗人陆游、辛弃疾等,他们的爱国主义精神激励了多少代爱国志士!每当民族危难之际,人们便自觉地从这些爱国志士身上得到鼓舞与启迪。这种爱国主义精神成为中华民族凝聚力与向心力的最集中表现,成为民族精神的最突出、最生动的表现。

再次,"天下兴亡,匹夫有责"的社会责任感与使命感是爱国主义的又一种表现形式。在《平准书》中,司马迁还记叙了劳动人民出身的爱国者卜式输财助边,济国家之困的动人事迹,表彰了他的爱国行为。他靠自己的劳动致富,富了不忘国家,"是时,汉方数使将击匈奴,卜式上书,愿输家之半县官助边。天子使使问卜:'欲官乎?'卜曰:'臣少牧,不习仕宦,不愿也。'使问曰:'家岂有怨,欲言事乎?'式曰:'臣生与人无纷争。式邑人贫者贷之,不善者教顺之,所居人皆从式,式何故见怨于人?无所欲言也。'使者曰:'苟如此,子何欲而然?'式曰:'天子诛匈奴,愚以为贤者宜死节于边,有财者宜输委。如此而匈奴可灭也'"①。这种有力出力、有钱出钱、将济国家之急视为自己的社会责任,上下一心,团结御敌的爱国精神是何等的可贵!他出钱助边,帮助国家抗击匈奴,并没有任何个人欲求,只是一种出于对国家与民族的热爱,出于一种社会责任感和个人的使命感。后来,"式归,复田牧。岁余,会军数出,浑邪王等降,县官费众,仓府空。其明年,贫民大徙,皆仰给县官,无以尽赡。卜式持钱二十万予河南守,以给徙民。……是时,富豪皆争匿财,唯式尤欲输之助费"②。卜式这种不求官、不慕名、不爱财,一心为国的爱国精神至今感人至深。在《齐太公世家》、《刺客列传》中,司马迁记叙了鲁国的曹沫在盟会上劫持齐桓公、使之归还鲁国侵地的故事,歌颂了曹沫的爱国精神。在《伍子胥列传》中,歌颂了爱国志士申包胥哭秦求救的故事:"申包胥走秦告急,求救于秦。秦不许。申包胥立于秦廷,昼夜哭,七日七夜不绝其声。"③他的爱国真情,终于感动了秦王,派兵救楚,并使楚国收复了失地。这种爱国精神,深入楚国民心。以致后来在反抗秦国暴政时有"楚虽三户,亡秦必楚"的民谚。在《田单列传》中,歌颂了齐国的田单在祖国存亡危机的关头,挺身而出,抗击燕国的侵略,凭着满腔爱国热情和大智大勇,奇计猛袭,打败了强敌,收复了国土,表现了强烈的社会责任感和爱国精神。同传还记叙了不受敌人封赏利诱、不失节叛国的爱国志士王烛。"燕之初入齐,闻画邑人王烛贤",欲封

---

① 《史记·平准书》,中华书局1959年版,第1431页。
② 同上书,第1432页。
③ 《史记·伍子胥列传》,中华书局1959年版,第2177页。

之以万家。王固谢。燕军威胁他,不从,将屠城。他大义凛然地回答燕将的威胁:"国既破亡,吾不能存;今又劫之以兵为君将,是助桀为暴也。与其生而无义,固不如烹。"①依然以自杀殉国,表现了宁死不屈的爱国精神和民族气节。

司马迁为我们谱写了这些爱国主义的英雄赞歌,千百年来激励着人们为保卫祖国而战。这种爱国主义精神支撑着这个历经劫难、但却永远屹立于世界优秀民族之林的伟大民族不断奋起,走向繁荣昌盛的坦途。同时,也正是《史记》所弘扬的这种爱国主义精神,千百年来鼓舞人们在反抗强暴、维护正义、保卫祖国安全和尊严的斗争中,为祖国而战。每当国家处于危难之际,这种爱国精神便化为强烈的社会责任感、使命感与反击行为。中国人民真正的英雄气概和高尚的精神价值,在反击中全部显露,也在这反击中不断成长壮大,形成强大的民族凝聚力和强劲的精神源泉。

3. 开拓进取、大胆创新的变法改革精神。中华民族是一个具有巨大创造力和勇于改革、大胆创新的民族。这些优秀的品质足可使我们的民族去追求进步、迎接胜利、创造新的世界,使中国文明更加光芒四射。而不断推动中国历史前进的原动力,便是中国历史上接踵而来的变法改革运动。改革是人类智慧最惊心动魄的表演,是生命活力的集中体现。他能把一个侏儒变成巨人,把一个落后的民族变成一个生机勃勃的民族。几千年的历史发展已经证明,处在巨变的时代,有能力彻底改革的国家便富强;拒绝改革、开历史的倒车则生乱,墨守成规、固步自封则落后。一个民族要发展、要充满活力,就必须有改革创新精神。

中国历史上的改革,声势浩大,范围广阔,既有政治的改革,

---

① 《史记·田单列传》,中华书局1959年版,第2457页。

也有经济的、军事的和文化教育方面的改革。这些改革,有的成功了,有的失败了。无论成功与失败,都产生了积极的影响,或大或小地促进了政治、经济的发展,推动了历史前进,有着无可估量的价值和意义。司马迁以历史学家的敏锐目光,看到了改革在历史上的巨大推动作用,认为历史是通过各种变革向前发展的。因此,他对历史上的政治、经济、军事、思想文化等改革,总是采取赞赏的态度,给予肯定,作出高度的评价。他以沸腾的民族感情,用如椽之笔描写了一系列更新观念、锐意进取、大胆改革、变法图强的政治改革家形象。这些改革家形象所闪现的思想光辉和所表现的思想品德,汇集、凝聚成为中华民族勇于改革创新、开拓进取的民族精神。这种精神品德激励着炎黄子孙不断改革进取,推动着我们民族不断发展前进。

改革变法运动,首先表现在思想观念方面的转变。在各个历史时期,当社会急剧变化的时候,总有一批具有远见卓识和勇敢刚毅的政治家、思想家、学者应运而生,脱颖而出。他们著书立说,奔走呼号,在理论上进行阐述,作理论的宣传。春秋战国时期是一个大变革的时代,由于社会形态的急剧变化,礼崩乐坏,思想解放的潮流随之涌现。先前"工商食官"的格局被打破了。士、农、工、商处于分化之中。旧的礼、乐、刑、政难以继续维持,"僭越"、"犯上"之事多不胜数,阶级关系发生巨大变化。在新的形势下,昔日的王官之学散入民间,出现了私家讲学、著述的风气。战国之后,随着礼制的日益衰落,人们的伦理道德观念也发生了深刻的变化。社会进入了大变革的时代。七雄奋发图强,变法之风吹遍各国,"士"阶层乘势而起。他们大抵受过"六艺"的教育,有知识,有才干,或用舌和笔,或用刀与剑,身处时代潮流的漩涡,活跃于政治舞台,成为风云际会的人物。其中的一些文士从事教育和著述,聚徒讲学之风盛极一时。诸侯异政,百家异说,于是诸子百家应运而生,争鸣之风大炽天下。他们放言争辩,无所忌惮,造成了旷古未有的思想活跃、精神解放的新局面。如孔子、老子、墨子、孟子、庄子、荀子、韩非子等等,都有"当今之世,如欲平治天下,舍我其谁也"的雄心壮志。他们纷纷到诸侯各国进行游说,宣传自己的政治主张。孔子周游列国,席不暇暖;墨子、宋钘为了反对不义战争,都去游说楚王罢兵;孟子先后游说齐宣王、梁惠王;许行自楚至滕游说滕文公;荀子游齐适楚。至于纵横法术之士,则更是辗转奔走各国,凭着三寸不烂之舌,游说人主,取得卿相之尊。于是创造了辉煌灿烂的诸子百家学说与文化。秦汉之后,又有陆贾、贾谊、晁错、董仲舒、司马迁、主父偃等贤达,或建构自己的理论学说与思想体系,或向神权宣战,或积极推行改革,都表现出大胆的探索精神和强烈的历史责任感和创新精神。司马迁记载了这些诸子百家的游说事迹和他们的思想创新,表现了中华民族在精神领域的大胆探索和积极创新。这种创新与进取使人感受到一种奋发向上的精神力量,同时也体现了中华民族的智慧和力量。

其次,变法改革在思想领域探索的基础上,更为可贵的是有赖于一批实践家勇敢地付诸实施,艰难地进行改革试验。如果没有他们的勇敢改革行动,那么变法也就不可能实现。但由于年代久远、史料不全等客观原因,司马迁对春秋以前的改革活动记载得不多。尽管如此,他也不敢淹没这些改革者的事迹,有云必述。如《夏本纪》记述了夏禹"披九山,通九泽,决九河,定九州",改革治水方法,是一个极具开拓创新精神的英雄形象。《五帝本纪》记述后稷始播百谷,开始农业生产,并发明种植水稻。《周本纪》记述了古公亶父筑城郭居室,变游牧迁徙为定居务农等事迹。春秋战国时期是一个大变革的时代。在这一时期出现了许多勇于探索、大胆改革的历史人物。首先走上改革舞台、进行较为系统的政治、经济、军事改革的要算齐国的管仲。司马迁在《管晏列传》中称赞管仲辅佐齐桓公进行改革,发展生产,富国强兵,"九合诸侯,一匡天下",称霸中原的赫赫功业。

战国时代各国的变法运动风起云涌,波澜壮阔。首先是魏文侯礼贤下士,重用李悝(又称李克)、吴起、西门豹等人进行了一系列的变法改革。在《魏世家》中记述了西门豹治邺"河内称治",又重用李悝,创立"平籴法",编制出我国第一部法典《法经》。在《孙子吴起列传》中记述了吴起的变法改革运动,使楚国民富国强,"兵震天下,威服诸侯",一跃而成为南方强国。在《商君列传》中,司马迁详细地记述了商鞅变法的内容和经过,称赞他的才能,歌颂他的改革进取精神,对他的不幸遭遇则寄予了深切的同情与惋惜。商鞅变法的结果,司马迁称赞道:"居五年,秦人富强。""行之十年,秦民大悦。道不拾遗,山无盗贼,家给人足。民勇于公战而怯于私斗。乡邑大治。"①又在《范雎蔡泽列传》中评价商君、吴起等人的改革说:"夫公孙鞅之事孝公也,极身无二虑,尽公而不顾私;设刀锯以禁奸邪,信赏罚以致治;披腹心,示情素,蒙怨咎,欺旧友,夺魏公子卬,安秦社稷,利百姓,卒为秦擒将破敌,攘地千里。吴起之事(楚)悼王也,使私不得害公,谗不得蔽忠,言不取苟合,行不取苟容,不为危易行,行义不辟难,然为霸主强国,不辞祸凶。大夫种之事越王也,主虽困辱,悉忠而不解;主虽绝亡,尽能而弗离,成功而弗矜,富贵而不骄怠。若此三子者,固义之至也,忠之节也。是故君子以义死难,视死如归。生而辱不如死而荣。士固有杀身以成名,唯义之所在,虽死无所恨。何为不可哉?"②司马迁称他们的改革行为是

---

① 《史记·商君列传》,中华书局1959年版,第2231页。
② 《史记·范雎蔡泽列传》,中华书局1959年版,第2420页。

"以义死难",赞他们的改革精神为"视死如归",肯定改革是一种义举,"唯义之所在,虽死无所恨"。他们为改革而献身是"死而荣",远比"生而辱"高尚得多。

再次,在《赵世家》中,司马迁对赵武灵王胡服骑射、进行军事和民俗的改革事迹,对他的改革图强精神,进行了热情的歌颂。尤其是在《秦始皇本纪》中,尽管对秦始皇的暴政进行了无情的揭露和批判,但对他的改革图强、开拓进取精神则予以热烈的颂扬。司马迁说:"秦取天下多暴,然世异变,成功大。传曰'法后王',何也?以其近己而俗变相类,议卑而易行也。学者牵于所闻,见秦在帝位日浅,不察其终始,因举而笑之,不敢道,此与以耳食无异。悲夫!"①他认为不能因为秦的多暴,朝代短暂,就否定秦统一六国的进步意义和秦始皇顺从时变而进行的改革。秦始皇以雄才大略,"续六世之余烈,振长策而御宇内,吞二周而亡诸侯,履至尊而制六合"②。统一了六国,结束了四百余年的割据混乱局面,这是一项了不起的历史功绩。统一中国后,他又废除分封制,实行郡县制,建立中央集权的国家。在皇帝之下设立宰相和九卿,使政治、军事、监察三权分立,互不统摄而又互相制约,这是一项政治上的伟大创造。为适应大一统帝国的统治需要,他又统一度量衡、文字、货币,修筑公路,开凿渠道,促进了政治、经济、文化的极大发展,其功绩是不可磨灭的。

由此可见,《史记》的"本纪"叙述了从黄帝到武帝在国家民族的统一过程中,那些奋发有为、积极进取、艰苦创业的历代帝王的光辉形象。在他们的身上,充分体现了中华民族奋发进取、追求一统的民族精神。"世家"就在于将诸侯王奋发创业纳入华

---

① 《史记·六国年表》,中华书局 1959 年版,第 686 页。
② 贾谊《过秦论》。见《史记·秦始皇本纪》,中华书局 1959 年版,第 280 页。

夏民族奋斗史的总体构思中,突出华夏民族一统的重大主题,而"列传"则是华夏士林的丰碑。中华民族的民族精神本来就形成于春秋战国士林阶层探讨统一的过程之中,司马迁满怀深情地记述了这些华夏英雄可歌可泣的丰功伟业,揭示了这个英雄群体勇于进取、永不停息的内心世界,弘扬了这些英雄群体所体现的伟大的民族精神。在此之前,还没有一部书能在这样的广度与深度上展现中华民族的心灵史与奋斗史,发掘出中华民族刚健奋发的民族精神。从这个意义上说,《史记》堪称是中华民族的文化昆仑和民族精神的渊薮。

三、《史记》民族精神对后世的深远影响

《史记》所弘扬的民族精神对后世的文化价值观、人生价值观、道德价值观、社会开放观、大一统的政治格局与仁政德治等各个方面产生了深远影响。《史记》两千多年来之所以广泛而深刻地影响着中国思想与文化精神,与其体现的被整个民族文化心理所广泛认同的、并富有东方特色的中华民族的民族精神有深刻的内在联系。而将《史记》放在中国历史文化辽远背景之下考察其所体现的民族精神,将有助于对这部不朽巨著深层文化意蕴的触及与把握。

中华民族的民族精神是能够将我们这个多民族国家凝聚在一起的、代表我们这个民族最本质特征的、推动民族不断前进的精神,是民族之"根"与民族之"魂"。民族精神代表整个民族的性格,体现整个民族的精神风貌,因此它不是一个简单的集合概念,既不是单个个体意识或个体精神的集合,也不是多数人的观念集合。从本质上说,它是一个整体概念,具有整体性意义。它具有统一性、稳定性与延续性,代表了一个民族的统一而持久的

精神面貌,这正是一个民族能够维系和发展的根本原因。上文已经指出,中华民族的民族精神是在春秋战国士林探讨统一的历史条件下形成的,而记录这一统一过程、形成与积淀民族精神的正是《史记》这一不朽的文化巨著。因此,我们要发扬与弘扬民族精神,就不能不对《史记》进行解读,要把古代语言中的意义变为现代人所理解、所接受的财富,仅靠文字翻译是不行的,还必须运用批判理性,进行结构性的分析,把代表民族精神的意义从原来的意义结构中分离出来,实行新的转换。只有这种转换才能将民族精神从历史的语言中,从人们凭吊的对象中,变为时代精神,转化为现实的力量。纵观人类发展史,有无民族精神对一个国家和民族的生存与发展往往具有重大意义。从这个意义上说,研究《史记》所体现的民族精神,不但能够拓宽《史记》的研究领域,挖掘其新的价值,具有重要的学术价值和意义,而且对于我们建设有中国特色的社会主义事业,增强当代中国的精神凝聚力,实现民族的伟大复兴与和平统一,实现长治久安,自然具有重要的现实意义。

（本文原载于《西藏民族学院学报》2005年第6期,中国人民大学报刊复印资料《历史学》2006年第3期全文转载）

论《史记》以人为本的取人原则与价值取向

　　《史记》以人为本,本纪、世家、列传三体皆记述人物,共计112篇,褒贬历史人物是司马迁在篇末"论赞"中最主要的一项内容。从这些论赞中可清楚地看到他取人的原则:以人体现的价值为本,不以成败论英雄,不随世俗论是非。同时,这些论赞体现了司马迁的价值观是从人本位出发确立的。在《史记》之前,中国的叙事文学与史学已经历了漫长的发展过程。先秦历史著作中已有颇为庞大的战争场面的描写和较为复杂的历史事件的叙述,其中也包含不少生动有趣的故事,这为《史记》提供了一定的基础。但先秦史家的主要兴趣还在于首尾完整地记述历史事件,并通过这些事件来表达政治伦理评判,其叙事态度主要是史学性的。司马迁在记述历史事件外,具有更强烈的要努力再现历史上曾经出现过的场景和人物活动的意识;具有更强烈的从多层次、多方面反映人自身价值的意识。

一、对人性的充分尊重

　　需要是人生命活动的必然。欲望是人生需要,体现着人的价值取向,因而,研究人的价值就不能不论及人的欲望和需要。先秦诸子大都主张抑欲,尤其是儒家,更是将人的精神需要强调到与物质需要相对立的程度。司马迁也清楚地看到人欲的负面价值，他说："人生有欲，欲而不得则不能无忿，忿而无度量则争，争则乱"①，"利诚乱之始也"②。但他同时也注意到了人欲的正面价值，从而为探索人性的更多层面需要打开了思路。

在《货殖列传》中，司马迁意识到是人的物质欲望、追求生活满足的要求，支配着人的历史活动。人有社会性的一面，也有自然性的一面。人在物质方面的欲望和追求是自然性在社会性约束之下的流露。他认为农工商虞是"民所衣食之原也"，所以，"人各任其能，竭其力，以得所欲"，从而得出"富者，人之情性，所不学而俱欲者也"。"自天子至于庶人"，无不"好利"。这样就从人的生存权利的角度肯定了人欲趋利的合理性。所以，他将壮士勇于战斗、闾巷少年劫财盗墓、歌妓舞女出卖色相、渔夫猎人冲风冒雪、赌徒彼此争胜、医师方技之人苦心钻研、农工商贾的各项经营，乃至使人舞文弄法以求贿赂，各种不畏苦、不惧死的行为，皆归之于追求财富、追求物质利益的活动。所谓"天下熙熙，皆为利来；天下攘攘，皆为利往"，就是对人性的一种高度概括。放眼社会，上层人物在逐利，平民百姓也要求利。"夫千乘之王，万家之侯，百宝之君，尚犹患贫，而况匹夫编户之民乎！"对于平民百姓追求财利，司马迁不仅不反对，而且认为如此"上则富国，下则富家"，于国于民皆有利。所以，他强调说："布衣匹夫之人，不害于政，不妨百姓，取与以时而息财富，智者有采焉。"③与当时的观念不同，他大谈工商经营，肯定历史上一些经营农虞牧工商而致富者，还以赞赏的口吻说，畜牧主乌氏倮拥有大量的牛马，秦始皇以其"比封君，以时与列臣朝请"。大矿业主巴寡妇

---

① 《史记·礼书》，中华书局 1982 年版，第 1161 页。
② 《史记·孟子荀卿列传》，中华书局 1982 年版，第 2343 页。
③ 《史记·太史公自序》，中华书局 1982 年版，第 3319 页。

清"用财自卫,不见侵犯",他俩皆"礼抗万乘,名显天下,岂非以富焉"？又说,百万家户的庶民可以与封君的收入相比,命曰:"素封"①。他不仅意识到求富求利是人的本性,而且意识到,正是人的求富求利推动了社会生产的发展,成为社会前进的动力。这就充分肯定了各阶层人的社会历史作用。

当然,司马迁虽然肯定求利求富是人的本性,但他强调的是靠生产经营致富,反对权贵奸吏以权谋私,反对奸富。《货殖列传》大谈以末致富的生财之道,说:"夫用贫求富,农不如工,工不如商,刺绣又不如倚市门。""能者辐凑,不肖者瓦解","巧者有余,拙者不足"。所谓"能"与"不能","巧"与"拙"的差别,就在于是否善于生产经营,勤于生产。巧于经营,就可致富;不事生产,经营无方,就不可能致富。"无财作力,少有斗智,即饶争时,此其大经也"。"夫纤啬筋力,治生之正道也,而富者必用奇胜"。所谓"作力"与"斗智"、"争时","筋力"与"奇胜",就是体力劳动与脑力劳动、巧与拙的差别。言用力、筋力是治生之"正道",是对从事生产的体力劳动的肯定,只是指出其难以致富,真正发财致富者并不是那些用力者,而是斗智、争时、出奇制胜者。

司马迁并不反对生产经营的巧者斗智争时而富,但却反对以权谋利的"奸富"。《货殖列传》列举汉代蜀卓氏、程郑、宛孔氏、曹邴氏、齐刀间、洛阳师氏、宣曲任氏、边塞桥姚、长安无盐氏、关中田氏、杜氏等经营农虞牧工商致富者之后说:"此其章章尤异者也。皆非有爵邑奉禄弄法犯奸而富,尽椎埋之去就,与时俯仰,获其赢利,以末致财,用本守之,以武一切,用文持之,变化有概,故足术也。若至力农畜,工虞商贾,为权利以成富,大者倾郡,中者倾县,下者倾乡里者,不可胜数。"这里明确指出,凭智巧

① 《史记·货殖列传》,中华书局1982年版,第3272页。

能干以本末文武手段致富者，"皆非有爵邑弄法犯奸而富"，即都不是王侯官吏以权谋利的"奸富"。奸富的特点是"为权利以成富"。这些以权谋富者与靠生产经营致富有着本质的区别。

司马迁意识到欲望是人的一切自觉行为的心理动力，同时也意识到人的物质需要和精神需要的内在联系。他说："礼生于有而废于无。""渊深而鱼生之，山深而兽往之，人富而仁义附焉。"①这表明，司马迁不仅看到了物质需要的基础性，而且看到人生需要逐层递升的序列性。也就是说，随着低层次需要的满足，人们必然将产生高层次的需求。这种高层次的需求就是人的社会性需要，也就是人的人生价值与社会作用。

二、人的社会作用与价值

春秋时代的鲁大夫穆叔曾把立德、立功、立言称为人生的"三不朽"之事。孔子也曾说："君子疾没世而名不称焉。"这种思想是战国秦汉时代士人的普遍价值取向和人生态度，也是司马迁的价值取向。在《太史公自序》中，司马迁说到他父亲临终时的教诲："扬名于后世，以显父母，此孝之大者。"他自己也要"不令己失时，立功名于天下"。将"立身扬名"作为自己追求的终极目标。在《报任安书》和《悲士不遇赋》中，他不只一次表露出这种立身扬名的人生价值观，所谓"没世无闻，古人唯耻"，"所以隐忍苟活、函粪土之中而不辞者，恨私心有所不尽，鄙没世而文才不表于后也"。他在《与挚峻书》中说："迁闻君子所贵乎道者也：太上立德，其次立功，其次立言。伏维伯陵材能绝人，高尚其志，以善厥身，冰清玉洁，不以细行荷累其名，固已贵矣；然未尽太上

---

① 《史记·货殖列传》，中华书局1982年版，第3255页。

之所由也。愿先生少致意焉。"可见，司马迁继承和发挥了穆叔的观点，把"三不朽"作为人的最高层次的需要。他认为挚峻虽然才华出众，志趣高尚，但尚未尽展其才，达到足以不朽的境界，所以不应该隐居。其实，所谓不朽的要求，按照马斯洛的说法，就是自我实现的需要，也就是把人的全部生命潜能变成现实的需要。自我实现作为人类文明的主体尺度，既具有时代性又具有个体性。司马迁的"三立"观念代表了秦汉时代人们对自身终极价值的理解。其中强调一个"立"字，一方面要求主体充分发挥主观能动性，执著地追求，努力地创造，因为只有创新才能显出人的价值，才能传世不朽；另一方面，要求个体自我实现必须对社会有益，得到群体的认同。因为，只有如此，个体的人生价值才能充分地显现出来。正是由于确立了"三立"的观念，司马迁才能将自己的最高目标确定在立言上。他正是以"三立"为标准，为历史上的风流人物和各阶层的人物立传，赞扬他们各自的社会作用与人生价值，并注意从这些传主的身上总结出人生价值得以实现的规律性。

第一，司马迁选取人物的标准体现了发愤有为的立身原则，表彰个人奋发有为的精神。

司马迁在通古今之变中，发现每当历史面临重大变革时，由于人心向背和种种历史条件的合力作用，往往会形成一种任何人无法改变的客观力量制约着社会的发展变化，显示出历史发展的必然趋势。他把这种力量在大范围内长时间存在称为"势"，在小范围内短时间存在称为"时"。他认为作为个体的人只有顺时应势，才能获取成功，实现自我价值。如果逆时而动，必然导致失败。因此乘势而动是个体实现自我价值的一个重要条件和基本规律。这个规律在秦汉之交的三个领袖人物身上表现得极为典型。

　　刘邦出身低微，贪财好色，游手好闲，痞子本性，自幼成习。他看到秦末大乱，斩白蛇起事。攻进咸阳，见"宫室帏帐狗马重宝妇女以千数"，垂涎不已。东征项羽，攻进彭城，又"收其货宝美人，日置酒高会"。刘邦的卑怯自私亦达到顶峰。当他被项羽打败落荒而逃的路上遇到亲生儿女，为了让车子跑得更快，几次将鲁元、孝惠踢下车，如此等等。尽管刘邦有许多缺点与恶习，但他又不失英雄本色。他之所以能够成功，原因自然是多方面的，但最主要的一条正如他自己总结的："夫运筹策帏帐之中，决胜于千里之外，吾不如子房。镇国家，抚百姓，给粮饷，不绝粮道，吾不如萧何。连百万之军，战必胜，攻必取，吾不如韩信。此三人者，皆人杰也，吾能用之，此吾之所以取天下也。"①刘邦另一个特点就是机智勇敢，随机应变，对政治风云应付自如，与项羽不是争力而是斗智。在战场上胸口中箭后，为稳定军心，他迅速弯腰抚足，并大骂道："虏中吾指。"②当韩信灭齐请求为齐假王时，他勃然大怒，待张良向他示意，他立即心领神会，仍是大骂，内容却已大变："大丈夫定诸侯，即为真王耳，何以假为。"③刘邦随机应变的本领达到了出神入化的境地，难怪司马迁感叹道："语曰'千金之裘，非一狐之腋也；台榭之榱，非一木之枝也；三代之际，非一士之智也'信哉！夫高祖起微细，定海内，谋计用兵，可谓尽之矣。"刘邦之所以能战胜项羽，取得成功，就在于他顽强的毅力、奋发有为的精神，在于他能行仁政，顺应了历史的潮流。

　　陈涉在为人佣耕时就胸怀大志。他看到"天下苦秦久已"，便抓住遇雨失期的机会，率 900 戍卒首举义旗，发难反秦，喊出

　　①　《史记·高祖本纪》，中华书局 1982 年版，第 381 页。

　　②　同上书，第 376 页。

　　③　《史记·淮阴侯列传》，中华书局 1982 年版，第 2621 页。

了"王侯将相宁有种乎"的响亮口号,表现了生活在最底层的劳动人民改变生存环境的强烈愿望。第一个举起了反秦暴政的大旗,由此掀起了一场反抗暴秦的风暴,摧毁了暴虐之秦的统治,开辟了历史的新纪元。司马迁用"风起云蒸"来形容当时应者云集的局势,说明陈涉起义顺乎民心。陈涉为张楚王仅六个月,并无世系可言,而司马迁却将其破例列为世家,将陈涉起义与汤武革命、孔子作《春秋》相提并论,说:"陈胜虽已死,其所置遣侯王将相竟亡秦,由涉首事也。"①

项羽少年时代就表现出与众不同的才能与勇气。他不愿读书,不愿学"一人敌"的剑术,而提出要学"万人敌"的兵法。但他"略知其意,又不肯竟学"。这就预示着后来带兵并非拘守兵法,而是靠勇力取胜。他看到秦始皇巡狩的情景,便声称要取而代之,这种雄心壮志使他的叔父项梁也暗暗称奇。会稽起兵,项梁依靠这位"力能扛鼎,才气过人"的侄子杀死郡守,镇压了府中兵士的反抗,使起义获得成功。以会稽起义为起点,项羽开始了他叱咤风云的政治生涯。尽管他最后自刎乌江,政治上失败了,但司马迁却将他列入本纪。这是因为项羽在反秦斗争和楚汉战争期间是当时实际上的统治者,由他来发号施令,分封王侯。尽管他统治中国的时间极为短暂,但他在历史转折关头所起的作用不可否定。所以,司马迁评论说:"羽非有尺寸,趁势起陇亩之中,三年,遂将五诸侯灭秦,分裂天下,而封王侯,政由羽出,号为'霸王'。位虽不终,近古以来未尝有也。"②这三位领袖人物的成败兴衰,典型地说明了个体价值的实现对于时势的依赖关系,也同时反映了他们自身价值的实现对于历史进程所起的巨大推

---

① 《史记·陈涉世家》,中华书局 1982 年版,第 1961 页。
② 《史记·项羽本纪》,中华书局 1982 年版,第 338—339 页。

动作用。

第二,《史记》弘扬了那些能够忍辱发愤以成就功名与事业的志士仁人,并充分肯定了他们的历史作用。

人生境遇有顺有逆。孟子曾从大量事实中发现逆境对人有特殊的激励功能,并由此得出"生于忧患而死于安乐"①的著名论断。并说:"天将降大任于斯人也,必先苦其心志,劳其筋骨,饿其体肤,空乏其身,行拂乱其所为,所以动心忍性,曾益其所不能……"②司马迁对此有着深刻的体验与认同。正是由于经历了生死攸关的磨难,才造就了他忍辱负重的奇伟性格,才激发了他著书雪耻的生命潜能,才使他把人生价值提升到辉煌的境界,也才使他以自己的人生体验去审视历史人物、选取历史人物。他认为"文王拘而演《周易》,仲尼厄而作《春秋》……韩非囚秦,《说难》《孤愤》,《诗》三百篇,大抵圣贤发愤之所为作也。"③这样,他将身陷逆境发愤有为作为个体实现人生价值的一条重要规律,并通过这个规律来弘扬主体的能动精神、创造精神和坚韧意志,并进而充分肯定个体对历史的巨大推动作用。

在《史记》中,我们深切地感受到,司马迁对那些从逆境中崛起的历史人物怀有一种特别的感情,给予高度的赞扬,并借这些人物的事功记述来表达他忍辱发愤以成就功名的思想。例如,周文王、管仲、伍子胥、勾践、夫差、范雎、蔡泽、韩信、张骞等都是如此。其创立功业的原动力正是那内心熊熊燃烧的强烈不衰的对功名执著追求。管仲曾被齐桓公囚禁而受囹圄之苦,又经过商,当过兵,干过不少低微之事。后经好友鲍叔的推荐而受重

① 《孟子·告子下》,见金良年撰《孟子译注》,上海古籍出版社2004年版,第269页。
② 同上书,第268页。
③ 《报任安书》,见《太史公自序》,中华书局1982年版,第3300页。

用,辅佐齐桓公"九合诸侯,一匡天下",成为春秋时代声名远播的贤相。季布曾为人奴而不死,司马迁说:"彼必自负其材,故受辱而不羞,欲有所用其未足也,故终为汉名将。"[①]这段论赞的意蕴在于说明,忍辱发愤并非人皆能之,只有抱负远大的人才能使逆境发挥出正面效应,从而尽展其才,充分地实现自我价值。伍子胥是司马迁着力刻画的人物之一。他为报杀父之仇,忍辱亡宋。"宋有华氏之乱",又逃到郑国。因太子建图谋郑国,被从者告密,又再次逃亡吴国。经过多年的艰难困苦,最后终于率吴军破郢报仇,并辅佐阖庐称霸。伍子胥的人生经历与奋斗历程雄辩地说明,奇耻大辱不仅能极大地提升人的追求目标,而且能激励人为实现目标而焕发出超常的毅力和非凡的才智。司马迁对伍子胥"隐忍就功名"的复仇精神给予了充分的肯定与赞扬:"向令伍子胥从奢俱死,何异蝼蚁! 弃小义,雪大耻,名垂于后世,悲夫! 方子胥窘于江上,道乞食,志岂尝经更忘郢邪? 故隐忍成功名,非烈丈夫孰能致此哉?"韩信早年家境贫寒,"常从人寄食饮,人多厌之",常受人欺侮,容忍他人袴下之辱,但他没有因小辱而失大志,不因一时贫困而忘功名。后来他的才华得到刘邦的器重,拜为大将军,在楚汉战争中建立了赫赫战功,甚至达到"汉之三分天下有其二"的程度。

孙膑可说是另一类忍辱发愤的典型。他由于受庞涓的嫉害,遭到砍足黥面的奇辱。但孙膑没有因遭嫉身残而丧失远大的志向,相反更加磨练了他复仇的意志。他忍辱负重,先做了田忌的门客,后任齐国军师,终于在马陵道一战中击杀庞涓而名扬天下,为后人称颂,实现了自己的人生价值。

司马迁还通过为范雎、蔡泽立传,阐明了忍辱发愤与乘势应

① 《史记·季布栾布列传》,中华书局1982年版,第2735页。

时的内在联系。范雎、蔡泽虽才智卓异,却历尽艰险,"白首无所遇"。后宦游入秦,先后为秦相,功垂天下。在论赞中司马迁指出,二人之所以不用于魏、燕而用于秦,原因是"强弱之势异也"。也就是说,魏、燕势弱,非英雄用武之地,秦国势强,二人才能以乘势立功。接着,司马迁又提出"士亦有偶合"的观点。他认为乘势必须有一定的机遇,没有机遇就不能乘势。不少人虽然才若范、蔡,但却无范、蔡那样的机遇,因此影响了人生价值的实现。最后,司马迁强调说:"然二子不困厄,恶能激乎?"从而说明范、蔡成功的根本原因在于能忍辱发愤。因为乘势需要机遇,机遇又要靠人去捕捉与把握。只有身处逆境而自强奋发,才有可能找到乘势的机遇。这样一来,司马迁就从主观与客观的结合上揭示出人生价值得以实现的普遍规律。

第三,司马迁并非从个人感情的好恶来判断历史人物的价值,而是从历史进步与发展的角度去肯定历史人物的作用。

司马迁与汉武帝之间有着深刻的矛盾。对于曾经使他遭受奇耻大辱的汉武帝,司马迁仍然以公允的笔法对其历史功绩给予了充分的肯定。他肯定汉武帝加强中央集权的措施,认为实行推恩令起到了强主干弱枝叶的作用,有利于汉的统一。他也肯定了汉武帝在兴修水利方面的贡献。在《史记·河渠书》中,他对汉武帝治河的业绩给予了充分的肯定:"汉兴五世,隆在建元,外攘夷狄,内修法度,封禅,改正朔,易服色。"这些都记录了汉武帝的历史功绩。司马迁对商鞅多有微词,认为商鞅"天资刻薄",甚至不赞成商鞅以严酷法治为基础的社会改革,但对商鞅变法为秦国强大所产生的强大作用则是十分称道的。他说:"卒用鞅法,百姓苦之;居三年,百姓便之。"①"居五年,秦人富强,天

---

① 《史记·秦本纪》,中华书局1982年版,第203页。

子致胙于孝公,诸侯毕贺。"①

第四,司马迁还注意到普通人的社会历史作用,对他们进行了热情的歌颂。

司马迁之前的历史著作都记载了人的历史活动,但这些历史著作中的人物,一是局限于社会上层,至多包括了游士策士;二是局限于政治性人物,范围有限,而《史记》所记述的人物虽然仍以上层政治人物为主,但其范围已扩大到整个社会,包括社会中下层人物和非政治性人物。这表明司马迁认识到社会是一个复杂的组合体,各个阶层的人物都在社会中发挥着不同的作用。这种认识,尤其是对社会中下层人物的态度,在一般"官史"中几乎是看不到的。

《史记》为一些下层人士所作的传记,如《刺客列传》、《滑稽列传》、《扁鹊仓公列传》、《日者列传》、《龟策列传》、《游侠列传》、《货殖列传》等。这些传记主要是为贵族所不屑一提的刺客、游侠、医生、倡优、商人、卜者所作。司马迁之所以为他们作传,是因为他认为衡量一个人的价值,主要不是看他的身份、地位、财富等外在因素,而是看一个人内在的才能。即使出身贫贱,只要具有才能,同样可以记入史册。这些下层人士虽然地位低下,但他们有超人的胆识、非凡的智慧和高尚的情操。更重要的是,这些下层人物利用历史所提供的有限舞台,及时立功名于天下,其中有一些人物行为可歌可泣,事业悲壮动人,具有奇伟的色彩。《刺客列传》是一篇以最激烈的文字写最激烈的人的文章。在这篇文章中,对刺客的视死如归、勇敢无畏的行为进行了绘声绘色的描写,虽然刺客的文化素质并不高,但他们同样希望建立不朽的业绩,得到社会的理解与尊重,实现辉煌的人生。一旦遇到某

---

① 《史记·商君列传》,中华书局1982年版,第2232页。

位名主的知遇和尊重,便会舍身相报,以此突出他们的人格力量,实现自己的人生价值。

自古以来人们瞧不起倡优,他们的社会地位极低,是人们厌弃的对象,也是帝王取乐的工具。而司马迁却专门写了《滑稽列传》,肯定了"他们谈言微中,亦可以解纷"。虽然他们形体丑陋,身份低微,但他们却为别人着想,对国家命运深情关注,表现出奇伟高尚的品格。司马迁为倡优立传,给他们以应有的评价,显示出史家之卓识。在《货殖列传》中,司马迁肯定了私人工商业者的卓越才能,赞扬了他们对国家的贡献。所有这些人物,他们要想建立功名,其难度比王侯将相要大,所以司马迁在《史记》中给他们留有一定的篇幅,并把自己的赞颂毫无保留地留给他们。同时,像侯嬴、荆轲、高渐离等人,他们的精神气质、豪迈行为以及历史作用,也足以使他们跃居于大人物、大英雄行列。司马迁以满腔的热情关注这些下层人士,正视与赞扬他们的历史作用。

第五,司马迁对游侠等社会下层人物的精神品格与作用予以热情的赞颂。

《太史公自序》说:"救人于厄,振人不赡,仁者有乎;不既信,不倍言,义有者取焉。作《游侠列传》第六十四。""不流世俗,不争势利,上下无所凝滞,人莫之害,以道之用。作《滑稽列传》第六十六。""布衣匹夫之人,不害于政,不妨百姓,取与以时而息财富,智者有采焉。作《货殖列传》第六十九。"他在《游侠列传》中称道游侠:"今游侠,其行虽不轨于正义,然其言必信,其行必果,已诺必诚,不爱其躯,赴士之厄困,既已存亡死生矣,而不矜其能,羞伐其德,盖亦有足多者焉。"作为史学家,他感到有一种深深的遗憾,这就是他在本文中说的"至如闾巷之侠,修行砥名,声施于天下,莫不称贤,是为难耳。然儒、墨皆排摈不载。自秦以前,匹夫之侠,湮灭不见,余甚恨之"。由此可见他对于那些"闾

巷之侠"的深深的敬意。他说："汉兴有朱家、田仲、王公、剧孟、
郭解之徒,虽时扦当世之文网,然其私义廉洁退让,有足称者。
名不虚立,士不虚附。至如朋党宗强比周,设财役贫,豪暴侵凌
孤弱,恣欲自快,游侠亦丑之。余悲世俗不察其意,而猥以朱家、
郭解等令与暴豪之徒同类而共笑之也。"①司马迁所称道的是游
侠的品质人格,并将游侠同"暴豪之徒"进行了区别,以让世人对
他们有更多的了解和认识。司马迁对《游侠列传》的评论,表现
了他对于社会普通人的人格价值的肯定以及对他们历史作用与
自身价值的充分肯定。

　　总之,《史记》通过记述中华民族各阶层人物奋发有为的精
神和及时建功立业、显身扬名的功业追求,突出了人的社会历史
作用,体现了司马迁以人为本的思想理念,表现了中华民族奋发
有为、积极进取的民族精神。

　　　　　　（本文原载于《西藏民族学院学报》2007 年第 1 期）

---

　　① 《史记·游侠列传》,中华书局 1982 年版,第 3183 页。

论《史记》的人格自尊精神及其生成

坚持气节操守,具备浩大弘毅的君子人格是中国传统人文精神的重要特征,也是先秦儒家所极力推崇的所谓"君子人格"的重要特征。儒家身任天下的伟大抱负,必然需要与之相契合的人格支撑。曾子说:"士不可以不弘毅,任重而道远。"①孟子进一步说:"天将降大任于斯人也,必先苦其心志,劳其筋骨,饿其体肤,空乏其身,行拂乱其所为。所以动心忍性,曾益其所不能。"②这显示了欲成就一番大事业者必须具备杰出人格的观念。孟子进一步将曾子所强调的这种"君子人格"能量抽象为"至大至刚"的"塞于天地之间"的"浩然正气"③。认为人一旦具备这种"浩然正气",就可以做到"富贵不能淫,贫贱不能移,威武不能屈",成为真正的"至仁至贤"的君子和伟丈夫。

一、《史记》对浩大弘毅的君子人格的颂扬

司马迁的《史记》真实而生动地再现了上述儒家所追求的这种人格风范与气节精神。司马迁对于那些具有苏世独立、卓荦

---

①　[清]阮元校刻《十三经注疏·论语注疏》,中华书局1980年版,第2487页。
②　[清]阮元校刻《十三经注疏·孟子注疏》,中华书局1980年版,第2762页。
③　同上书,第2685页。

超俗的贤哲和高尚人格精神的仁人"君子"予以高度的赞扬。在《伯夷列传》中，司马迁热情赞扬了伯夷、叔齐独立不羁的人格精神。伯夷、叔齐本是孤竹国君的两个儿子，生活于殷末周初之际。因为彼此让位而逃去，投奔当时的西伯侯周文王。当周武王东进灭商之时，曾拦马阻止。商朝灭亡后，他们怀着亡国之痛、故国之忠，"义不食周粟"，饿死于首阳山上。他们的人格精神可歌可泣，因此被孔子称为"至贤"君子。司马迁将《伯夷列传》列于《史记》列传之首，称赞他们的事迹"积仁洁行"，这实际上就是对他们人格精神的充分尊重与热烈赞扬。

在《鲁周公世家》中，司马迁对周公的忠心耿耿、竭诚为国、刚正威严的精神气质十分推崇，并极力渲染这位贤相辞世后的悲剧气氛："周公卒后，秋未获，暴风雷雨，未尽偃，大木尽拔"①，以此来衬托周公的作用与影响。孔子不仅是儒家学派的创始人，是中国传统文化的重要奠基者，也是司马迁极力推崇和倾心仰慕的人物。在《孔子世家》中，司马迁对孔子的伟大人格进行了热情的赞颂与崇高的评价。孔子是一个典型的有骨气的知识分子的代表，他的品德和人格深深地影响了中国无数代知识分子的精神节操。

鲁仲连也是司马迁极力弘扬的具有浩大弘毅的君子人格的典范。他满怀深情地为这位别具一格的奇士写了传记，并从他的行事中精辟地概括出"奇伟俶傥"、"好持高节"这两个方面的品质特征，由此而使鲁仲连成为中国封建时代一种理想的人格典范，引起后代士人无比的仰慕。

司马迁记述了鲁仲连生平的两大奇功——说平原君、新垣衍义不帝秦以及遗燕将书。前者记述的是秦军包围了赵国的都

---

① 《史记·鲁周公世家》，中华书局1982年版，第1523页。

城邯郸,赵在万分危急之际向楚、魏求救,魏国因为害怕秦国而不敢出兵,却私下派新垣衍到赵国游说平原君尊秦为帝。在大军压境、邯郸被秦军重重包围、而魏国又让赵国尊秦为帝的情况下,赵国的平原君犹豫不决:尊秦为帝不仅是一种耻辱,而且等于承认了秦国兼并的合法性,助长了秦人兼并的嚣张气焰;不如此,又是大兵压境,具有灭顶之灾。就在这种特殊的情况下,鲁仲连拜见平原君。他认为秦国是虎狼之国,不讲礼义,赵国如果尊秦为帝,那么秦人就会履行“天子”的权威,对赵国任意摆布与诛杀,而魏国不但得不到任何益处,而且魏王也可能被秦人所杀。如果秦人称帝,他宁愿赴东海而死而不愿意做秦人统治下的百姓。所以他鼓励燕、赵保持自己独立的国格,只有共同抵御秦人的侵略,才能找到生存的机遇。鲁仲连义正词严的一番雄辩,有理有据,终于折服了平原君与新垣衍,放弃尊秦为帝的企图,坚定了赵国与秦国血战到底的信心,为魏、楚援赵赢得了时间。这不仅有助于突破邯郸之围,更重要的是弘扬了一个诸侯国不在强敌面前屈服的应有国格,也突出了鲁仲连反奴役、反强暴的崇高的气节风范。

鲁仲连的另一功业是遗燕将下聊城书。燕将攻下聊城后因为燕王听信谗言而致使燕将不敢归燕,齐将田单要收复聊城,伤亡惨重而久攻不下。在这种情况下,鲁仲连遗燕将书,对燕将实施攻心战。他先指出燕将死守聊城不符合忠、勇、智的品质,从伦理道义上摧毁燕将坚守聊城的信心。然后他向燕将分析当时天下的大势,并给燕将指出两条出路:一是率领燕军撤出聊城退回燕国,保护燕国士卒的生命安全;二是举城投降齐国以得封土之赏。最后规劝燕将去感忿之怨,立终身之名。这封书信从根本上动摇了燕将顽抗到底的斗志,燕将感到归燕与降齐皆非良策,只好自杀。燕将一死,聊城大乱,田单乘机攻下聊城,由此可见鲁仲连的这封书信直可以抵上十万大军。

鲁仲连的奇伟倜傥不仅在于他善于排难解纷,具有侠士的人格风范,更表现在他功成不愿受赏,不为富贵利禄所动,宁愿保持一种独立不羁的人格和自由的意志。游说新垣衍义不帝秦之后,由于鲁仲连的巨大功绩,平原君欲封赏他,但鲁仲连却婉言谢绝。平原君又以千金相赠为鲁仲连祝寿,鲁仲连笑曰:"所贵于天下之士者,为人排患释难解纷乱而无取也。即有取者,是商贾之事也,而连不忍为也。"他分文不取,辞别平原君而去,终身不复相见。鲁仲连辞却封土与千金之赏,这就使他的人格升华到一个更高的境界。说燕将下聊城之后齐侯欲封鲁仲连爵位,他再次逃赏,表现了不为利欲所动的高尚的人格风范。他说:"吾与富贵而诎于人,宁贫贱而轻世肆志焉。"为了精神的自由与人格的独立,他视金钱、爵位如粪土,这正是他浩大弘毅、独立不羁的人格精神。

《史记》中除上述人物之外,其他如忠义刚烈、奋发隐忍、愈挫愈奋的伍子胥;视死如归、大义凛然,敢于面斥秦王、不辱使命的蔺相如;勇冠三军,兵败自刎,决不独自逃生的项羽;敢于在天子面前廷争面折的张释之、冯唐、汲黯等等,这些人物尽管事功各异,个性不同,但他们身上都具有一种令人折服的坚定不移、独立不拘的精神气质与舍生取义的人格风范,显示出卓而不俗、震撼人心的道义力量。由于《史记》的集中再现与热情歌颂,这种浩大弘毅的君子人格遂得到后世的认同与充分肯定,逐渐地积淀成为中华民族传统文化精神中最优秀的成分,升华为中华民族普遍追求的最高人生精神境界。如果说孔孟从伦理哲学的高度规范了中国传统文化正面人格风范的基调,那么《史记》则无疑以一系列典型化、具体化的传记人物形象,塑造了中华民族早期的人文精神与人格风范的典型形象。这对中华民族精神人格的生成无疑产生了深远而巨大的影响。

二、《史记》重视人格尊严,义不受辱

坚持人格尊严,义不受辱,强调强烈的人格自尊精神是战国乃至秦汉社会各阶层的人们一个显著的精神气质特征,也是春秋以来士文化的一个显著的标志。对此司马迁在《史记》中有意识地予以大力的弘扬与热情的赞颂,从而形成了《史记》显著的重视人格自尊精神的文化特质。

《史记》中弘扬人格尊严、抗议与批判轻侮他人人格尊严的事例俯拾皆是。介子推是晋国著名的义士,他跟随晋文公重耳在外流亡十九年。后来晋文公登上王位,赏赐那些跟随自己在流亡途中具有杰出贡献的人,但是却忘记了赏赐和他具有患难之交的介子推,这显然是疏忽所致;但介子推却认为,晋文公之所以能回到晋国执掌政权,是"天未绝晋",自己如果邀功求赏,那是"贪天之功以为己力",是"上下相蒙"①,是不道德的,所以他主动采取了退隐的态度,决不贪功邀赏。这种强烈的人格自尊精神是值得肯定的。

商山四皓是秦汉之际著名的高士,"四人者年老矣,皆以为上(高祖刘邦)慢侮人,故逃匿山中,义不为汉臣。然上高此四人"②。汉高祖刘邦多次召请而不至。后来在刘邦打算废太子而立戚夫人的儿子赵王如意为太子的紧急时刻,太子和吕后请求张良出谋献策保全太子的地位。在张良的巧妙周旋下,这四位出山辅助太子(惠帝)。他们之所以不侍从刘邦就是因为要保

---

① 《史记·晋世家》,中华书局1982年版,第1662页。
② 《史记·留侯世家》,中华书局1982年版,第2045页。

持自己的人格与尊严,宁愿逃避山中,过着隐居的清贫生活也"义不受辱",决不受刘邦的侮辱。

同样,郦食其应召到高阳去拜见刘邦,"郦生至,入谒,沛公方倨床使两女子洗足,而见郦生。郦生入,则长揖不拜,曰:'足下欲助秦攻诸侯乎?且欲率诸侯破秦也?'沛公骂曰:'竖儒!夫天下同苦秦久矣,故诸侯相率而攻秦,何谓助秦攻诸侯乎?'郦生曰:'必聚徒合义兵诛无道秦,不宜倨见长者。'于是沛公辍洗,起摄衣,延郦生上坐,谢之"①。可见郦食其尽管作为一名布衣,在拜见刘邦的时候毅然要求具有人格的尊严,即使在这位"轻士善骂"的帝王面前,也敢于直接面折其过,怒斥他的倨傲。这不仅需要相当的勇气,冒杀头的危险,而且要有为维护人格尊严而勇于牺牲的精神。

张释之也是一位具有高度人格自尊的人物。在担任廷尉期间,有一次汉文帝出行,一位农夫无意之间惊了文帝的马,文帝十分震怒,命令廷尉张释之审判并处置这位惊马者。张释之按照有关律令以"违反戒严罪"判处这位惊马者交"罚金"了事。对此文帝盛怒,欲判惊马者死罪。张释之毫不妥协,他敢于坚持自己的意见,即使在帝王的淫威面前也决不低头,决不附和,保持了人格的尊严与法律的公正性。后来,"有人盗高庙坐前玉环,捕得,文帝怒,下廷尉治。释之案律盗宗庙服御物者为奏,奏当弃市。上大怒曰:'人之无道,乃盗先帝庙器,吾属廷尉者,欲致之族,而君以法奏之,非吾所以共承宗庙意也。'释之免冠顿首谢曰:'法如是足也。且罪等,然以逆顺为差。今盗宗庙器而族之,有如万分之一,假令愚民取长陵一抔土,陛下何以加其法

---

① 《史记·郦生陆贾列传》,中华书局1982年版,第2692页。

乎'"①? 作为一个封建官僚,敢于在至高无上的皇帝面前坚持自己的观点,坚持真理,为维护正义而敢于顶撞皇帝,这是需要胆量与勇气的,更需要有为维护正义和人格尊严而不怕牺牲的舍生取义精神。

周亚夫是汉初功臣绛侯周勃之子,文帝时受封条侯,曾以细柳营威武严明的军纪军容赢得汉文帝"真将军"的赞美。景帝时吴楚七国谋反,周亚夫以太尉身份率兵征讨,三月而破叛军。后升任丞相以刚直忠正立朝,能保持高度的人格尊严,多次触怒景帝。他在任三年即以病免职。后来因为儿子犯法而受到牵连,诏下廷尉审讯。周亚夫不愿受辱,在狱中绝食五天,呕血而死,以死来捍卫了自己的人格尊严。

三、《史记》赞扬为维护生命尊严而死

自尊是主体对自我价值与尊严的一种高度的重视与强调。在某种社会背景下,人会不同程度地意识到自己不同于动物,有高于动物的自我意识。这种自我意识如果提高到形成自己的生死观、荣辱观、人生价值观就会产生强烈的自尊意识。司马迁所肯定与赞赏的是那种具有强烈自尊心的人物。这些人物具有为维护自己的人格尊严而不惜牺牲的舍身精神。在生死对抗中,他们将死亡当作维护自身人格尊严的最强烈的手段,在屈辱的生存和自尊的死亡两种选择中,他们毅然决然地选择后者。他们的自我意识极为强烈,把个人的名誉和意志视为至高无上的追求。项羽之死就是这种极力维护人格尊严的一个典型。

项羽兵败垓下之时,他本可以东渡长江,卷土重来,东山再

---

①　《史记·张释之冯唐列传》,中华书局 1982 年版,第 2754—2755 页。

起,但他却因为无颜见江东父老自刎而死。为了突出项羽的自尊、自傲意识,垓下之围后司马迁多次写到项羽个人的勇猛顽强,最后仅剩二十八骑,仍毫无惧色,几次冲入敌军阵营,连续砍杀数名汉将与数百士卒,使敌人不敢靠近,甚至他的怒吼就能使敌人后退数里。尽管战争失败了,英雄末路,但出于人格自尊,他也要充分展示自己"力拔山兮气盖世"的英雄本色。尽管已经没有任何战略意义,但他那不可征服、不可战胜的意志力量和强烈的英雄意识,不正是主体所追求的生命价值吗?"江东子弟多才俊,卷土重来未可知"。人们对项羽的自杀几多惋惜!几多同情!而李清照则从人格自尊的角度赞扬道:"生当做人杰,死亦为鬼雄。至今思项羽,不肯过江东。"他的人格自尊精神,他的英雄本色,成为我们民族精神的重要组成部分,永远受到人们的尊敬与赞扬。

飞将军李广也是一位具有强烈人格自尊精神的英雄。李广为将门之后,善于骑马射箭,他一生中绝大部分时间都是在和匈奴战争的疆场上度过的。"自结发与匈奴大小七十余战",为保卫汉王朝的边境安全和人民的生命财产立下了汗马功劳。但他的命运却困顿坎坷,竟然没有一次因军功而得到汉王朝的封赏,而他的部下当中,"才能不及中人,因功封侯者数十人"。因此他对自己的不幸遭遇也想不通,"难道吾相不当侯也,且固命矣"。最后,因为大将军卫青的排挤而"失道","遂引刀自刭"。他戎马征战驰骋疆场一生,没有死于匈奴的刀箭之下,却死于他为之征战献身的统治集团的倾轧之中。他临死之前将自己的不幸命运归之于天,这实际上是对统治者的血泪控诉。李广自杀之日,"广军士大夫一军皆哭。百姓闻之,知与不知,无老壮,皆为垂涕"。李广因为"终不能复对刀笔之吏"而自杀,这无疑是对自身人格尊严的极度重视,是以生命为代价来维护人格的尊严。他的死不是懦弱的表现,而给人以崇高与悲壮的美。

《循吏列传》中晋文公的狱官李离因"过听杀人",自己"伏剑而死",自觉执法,也是强烈自尊心的表现。"李离者,晋文公之理也。过听杀人,自拘当死。文公曰:'官有贵贱,罚有轻重。下吏有过,非子之罪也。'李离曰:'臣居官为长,不与吏让位,受禄为多,不与下分利。今过听杀人,傅其罪下吏,非所闻也。'辞不受令。文公曰:'子则自以为有罪,寡人亦有罪邪?'李离曰:'理有法,失刑则刑,失死则死。公以臣能听微决疑,故使为理。今过听杀人,罪当死。'遂不受令,伏剑而死"。这种人格自尊精神是值得尊敬与弘扬的。

《季布栾布列传》记载栾布哭彭越也同样表现了栾布的舍生取义的人格自尊与杀身成仁的自我牺牲精神。栾布和彭越是患难朋友,后来"汉召彭越,责以谋反,夷三族。已而枭彭越头于洛阳下,诏曰:'有敢收视者,辄捕之。'(栾)布从齐还,奏事彭越头下,祠而哭之"。栾布这种冒着杀头、甚至被夷灭三族的风险为朋友鸣不平的精神,具有明显的侠义特征,体现了中华民族舍生取义、见义勇为、视死如归的精神品质。

在弘扬士阶层人格自尊的同时,《史记》也记载了一系列的下层人物强烈的人格自尊精神,最典型的莫过于《平原君虞卿列传》中平原君的那位门客"躄者"。"平原君家楼临民家。民家有躄者,槃散行汲。平原君美人居楼上,临见,大笑之。明日,躄者至平原君门,请曰:……臣愿得笑臣者头"。这位躄者竟然因为人家耻笑自己就要以美人头向自己致歉,这在今天看来显然是惨无人道的、过激的行为要求,但在这位躄者看来却是出于一个残疾人的人格尊严的正当要求,是保持人格自尊的需要。平原君门下众宾客的反应不就说明了这一问题吗? 在平原君没有按躄者要求去做的情况下,"宾客门下舍人稍稍引去者过半"。而当平原君杀了笑"躄者"之后,宾客又纷纷回到门下。这说明在当时士人的心目中,人的人格尊严比生命更可贵。捍卫人格的尊严比保持生命更重要。对个体人格的自尊和高度重视,表明战国秦汉时代的人们主体意识的觉醒。《史记》对人格尊严行为的有意凸现与弘扬,既是这一时代人的价值观念和人文精神的生动反映,也是司马迁人生理想的生动体现。

四、《史记》人格自尊精神品格的生成

《史记》之所以能大力弘扬人格自尊精神,这与司马迁对前代文化精神的继承与总结、与司马迁本人特殊的经历及独特的心理与个性气质等密切相关。

首先,司马迁继承并发展了儒道文化舍生取义的合理内核,并形成了自己独特的生命价值观。儒家文化以追求真理为第一要务,视仁义为第一生命。司马迁继承并发展了儒家的这种价值观,他认为"死,有重于泰山,或轻于鸿毛","勇者不必死节"[①]。他在《史记》中大力弘扬了那些忍辱发奋、积极有为、充分实现其人生价值的杰出人物,同时,他也充分肯定与热情弘扬了那些具有侠义精神和强烈人格自尊精神的杰出人物,形成了一种以实现人生价值为出发点的,既珍惜生命、又具有为道义而献身的舍生取义精神的价值观。

其次,司马迁在《史记》中弘扬的人格自尊精神的价值观也深受战国士林风气的深刻影响。司马迁特别推崇孔孟的人生价值观与"大丈夫"的人格风范。他少负不羁之才,长无乡曲之誉,尽情地呼吸了时代的自由空气,培养了洒脱不羁、慷慨任气的豪

---

① 《汉书》,中华书局1962年版,第2733页。

放个性。他青年时代的壮游使他有机会追踪历史风云,凭吊古战场遗址,沐浴英雄豪杰的流风余韵。祖国壮丽的山河铸造了他富有浪漫色彩的奇伟张扬的人格,特别是他既漫游江南楚地,又东到齐鲁平原,使南北文化在他身上得到了极好的融合。齐鲁文化使他用理解的目光审视社会,楚文化则更多地使他以理想与浪漫的气质与想象来关照社会与人生,用情感来体验人生,从而使他具有浓重的诗人气质。他博览群书,精通天文历法,通晓千年历史,在风云变幻、英雄辈出的历史长河中陶冶了他"立德、立功、立言"以名垂后世的壮烈情怀。面对历史上敢于杀身成仁的侠义志士,面对为万死不顾一生之计以求一逞的无畏的灵魂,司马迁胸中自会涌出一种极为悲壮幽深的情感,他的灵魂往往与古代英雄豪杰相碰撞,为他们的辉煌业绩所倾倒,也为他们的种种不幸遭遇而悲伤。他与历史中超群卓绝的人们进行了经久不息的交流与对话。在这些对话之中,司马迁看到了在命运的席卷下,各种各样顽强奋斗、努力抗争的个体意志,看到了一个又一个追求、受难、抗争、毁灭和成功的人生历程,看到了一个悲壮而丰实的精神宇宙。司马迁得天下英才而塑造之,尽可以挥洒他那无以宣泄的痛苦和压抑,尽可以寄托他那渴望悲壮的伟大灵魂。他在《史记》中为失败的项羽落泪,替重义轻生的游侠、刺客们讴歌,为舍生取义的人格品质而感动,为奇伟倜傥之士立传扬名。这种战国士林的性格特征在他身上表现得极为突出,也使他在封建统治者的淫威面前无论如何也不甘受辱,而要强烈地捍卫自身的人格尊严,同时为了追求有价值的立身扬名事业著作《史记》,他又决不轻易放弃生命,而是追求有价值的、更崇高的事业。

再次,独特的心理与个性气质是司马迁弘扬人格自尊精神的又一重要因素。司马迁的性格是复杂多样的,其中一个主要的方面就是他具有慷慨任侠、豪放不羁的个性气质。从《史记》中我们可以看到,司马迁实际上对于先秦以来在民间流传的慷慨任侠、杀身成仁、舍生取义气质的形成进行过深入的探讨。他在《货殖列传》中,从地域环境、经济生产与民风民俗的关系等方面作了分析与论述。他认为由于地理环境的影响,好武任侠是这些地方民俗民风的显著特征。从历史渊源来看,这些地方历来都是侠客辈出之地。从文化的角度来看,侠从上古产生以来就具有某种超越生命意义的文化精神。这种文化精神广泛而持久地、若隐若现地影响着中国民间的平民百姓的风尚。司马迁游历各地的广泛社会阅历,使他在探访历史遗迹、收集名人遗闻轶事的同时,接触了解到各地方的民风民情。根植于中华民族广大沃土上的这种侠义文化,其扶危济困、好侠尚义、重气轻生、崇尚气节的精神品格对司马迁产生了深刻的影响。《史记》游侠、刺客及许多具有侠义品格的人物传记就是最好的证明。

最后,司马迁惨遭宫刑的不幸遭遇不仅是生理上的严重损伤,更重要的是对心理的严重摧残,也使他对冷酷的现实有了与常人不同的认识和感受。无意识中他在叙述那些具有游侠气质的人物时,便染上了某种特殊的色彩。对于那些历经磨难、顽强不屈、敢于和命运抗争的仁人志士,他由衷地敬佩和喜爱。他仿佛和这些仁人志士一道经历了坚韧顽强的抗争,经历了血风腥雨、慷慨悲壮的舍身取义的拼搏。通过对这些志士仁人的生动记述,他那不甘屈辱、不敢沉沦的思想和灵魂找到了释放的契机。他将自己的一腔愤懑寄托于这些英雄豪杰身上,借他们的复仇、行刺、拼搏使之得到升华。

【参考文献】

[1] [清]阮元校刻《十三经注疏·论语注疏》[Z]. 北京:中华书

局1980。

[2][清]阮元校刻《十三经注疏·孟子注疏》[Z]. 北京:中华书局1980。

[3][清]阮元校刻《十三经注疏·孟子注疏》[Z]. 北京:中华书局1980。

[4][汉]司马迁撰《史记·鲁周公世家》[M]. 北京:中华书局1982。

[5][汉]司马迁撰《史记·晋世家》[M]. 北京:中华书局1982。

[6][汉]司马迁撰《史记·留侯世家》[M]. 北京:中华书局1982。

[7][汉]司马迁撰《史记·郦生陆贾列传》[M]. 北京:中华书局1982。

[8][汉]司马迁撰《史记·张释之冯唐列传》[M]. 北京:中华书局1982。

[9][汉]班固撰,[唐]颜师古注《汉书》[M]. 北京:中华书局1962。

（本文原载于《渭南师范学院学报》2012年第1期）

论《史记》所弘扬的中华民族的气节风范

坚守气节、为道义而献身不仅是一个道德认识问题,而且是一个道德实践问题。尤其是面临生死、荣辱、祸福、穷达之抉择的关键时刻,更能凸显出一个人品德的优劣、气节之高下、人格之正邪。孟子所说的"富贵不能淫,贫贱不能移,威武不能屈",高度概括了气节与人格表现的三个最重要的方面。一个人如果能够经受得住"富贵"、"贫贱"、"威武"的三重考验,那么他就是一个真正的仁人志士。在这三重考验中,威武不屈,刚正不阿,宁可玉碎、不为瓦全是坚守气节最鲜明的标志。孔子的"杀身成仁"、孟子的"舍生取义"强调的都是这种气节。这一悲壮而伟大的牺牲精神与西方的宗教式殉道而死大不相同,而是一种植根于现实社会人生,却又超越一般生命意义的道义献身。这一悲剧精神产生的人格力量和道义精神足以震撼人心,从而使人感到崇高、庄严、悲壮,是生命意义的最高完成形式。司马迁的《史记》大力弘扬了这种民族精神,对中华民族凝聚力、向心力的形成产生了深远而巨大的影响。

一、扶正祛邪,为道义而献身

在《史记》的人物传记中,最催人泪下的正是那些为坚持正义和公道而悲壮牺牲的仁人志士的感人事迹,司马迁以深挚的情感,浓墨重彩地塑造了一批舍生取义、扶正祛邪的人物形象。在这类人物中,最感人的莫过于《赵世家》中所记载的"程婴救孤"的故事。晋景公三年(前597),昏君在位,权奸屠岸贾残酷诛灭忠臣赵盾一族,而赵盾的门客公孙杵臼和朋友程婴为了保全赵氏遗孤,挺身而出,舍身救孤。"公孙杵臼曰:'立孤与死孰难?'程婴曰:'死易,立孤难耳。'公孙杵臼曰:'赵氏先君遇子厚,自强为其难者,吾为其易者,请先死。'乃二人谋取他人婴儿负之,衣以文葆,匿山中。程婴出,谬谓诸将军曰:'婴不肖,不能立赵孤。谁能与我千金,吾告赵氏孤处。'诸将皆喜,许之,发师随程婴攻公孙杵臼。杵臼谬曰:'小人哉,程婴!昔下宫之难不能死,与我谋匿赵氏孤儿,今又卖我。纵不能立,而忍卖之乎!'抱儿呼曰:'天乎天乎! 赵氏孤儿何罪? 请活之,独杀杵臼可也。'诸将不许,随杀杵臼与孤儿"。这样程婴冒着不忠不义的罪名,历经常人难以想象的千辛万苦,含悲茹辛,经历了十五年的艰辛,将赵氏遗孤抚养成人。待至赵氏孤儿长大报仇雪耻之后,程婴于是感到自己的责任已经完成,他要实现自己的诺言,以自杀"下报赵宣孟与公孙杵臼"。

在这个凄绝悲怆的故事中,晋景公、屠岸贾代表了邪恶势力,而公孙杵臼、程婴、韩厥等则代表了正义的力量。后者拼死保卫的不仅仅是赵氏血脉传承,更重要的在于赵氏三代高风亮节、人心所向,是晋国光明正义的象征。公孙杵臼之死也不能简单地看成是为赵氏而死,而是为维护正义、捍卫真理而献身。正因为如此,所以这个故事被司马迁弘扬之后在后代产生了深远的影响。"赵氏孤儿"被广泛地改编成为戏剧和其他文学作品,并在几个世纪以前就被介绍到海外。但是,考察现存的史籍,这一历史事件却与《春秋》、《左传》、《国语》的记录有很大出入。

《史记》中这一事件的主要人物屠岸贾、程婴、公孙杵臼,在《春秋》、《左传》、《国语》中都不存在。据《左传》成公四年、五年、八年记载:"晋赵婴通于赵庄姬。原、屏放诸齐。晋赵庄姬为赵婴之亡故,谗之于晋侯,曰:'原、屏将为乱,栾、郤为徵。'六月晋讨赵同、赵括。武从姬氏畜于公宫。以其田与祁奚。韩厥言于晋侯曰:'成季之勋,宣孟之忠,而无后,为善者惧矣。'乃立武,而反其田焉。"而《史记·晋世家》记述道:"景公十七年,诛赵同、赵括,族灭之。韩厥言赵衰、赵盾之功。乃复令赵庶子武为赵氏后,复与之邑。"这里的记述与《左传》、《国语》基本相吻合,但却与《史记·赵世家》的记述大相径庭。由此可见,"程婴救孤"("赵氏孤儿")在《左传》和《史记·赵世家》中具有以下明显的差异:一是导致这场灾难的元凶,在《左传》中是赵朔之妻庄姬,而在《赵世家》中则是屠岸贾。二是主题明显存在着差异。《左传》记载的是赵氏家族内部因丑闻而引起矛盾,最终导致了灾难。而《赵世家》则表现的是忠奸斗争,忠臣之友舍身救孤,最后与"赵氏孤儿"除掉奸臣屠岸贾,一方面表现了忠奸之间的尖锐冲突与对立,另一方面歌颂了复仇的主题。三是赵朔之妻庄姬在《左传》中是一个与人私通的淫妇,是导致这场灾难的导火索,而在《赵世家》中却成了一个生下遗腹子、并积极救护孤儿的忠贞节烈妇女。四是正如泷川资言所说:"《春秋》经文及《左》《国》俱云晋杀赵同、赵括,未尝有赵朔也。其时朔已死,故其妻通于婴,而同、括逐婴。《史记》谓朔与同、括同日被杀,已属互异"①。五是"武从姬氏畜于公宫。则被难时已有武,并非庄姬入宫后始生,而《史记》谓是遗腹子,又异"②。由此可以看出,司马迁在《赵世

---

① [日]泷川资言《史记会注考证》,上海古籍出版社1986年版,第1064页。
② 同上书,第1063页。

家》中将《左传》中记载的一段家族内部矛盾冲突引起的血案改造成为一幕惊心动魄的忠奸、善恶之间的尖锐冲突,热情歌颂了程婴、公孙杵臼为维护正义、坚持真理而舍生忘死、前赴后继、舍生取义的伟大的自我牺牲精神和崇高而伟大的人格精神。

"荆轲刺秦王"是《史记》最成功、流传最广、最形象感人的故事之一,荆轲也因为《史记》的流传而成为家喻户晓、尽人皆知的侠义英雄人物。荆轲是卫国人,附庸于魏,魏被秦灭亡后,荆轲又流亡于燕国。在秦国大兵压境的危机面前,毅然答应燕太子丹去刺杀秦王。他奇人伟行,大智大勇。为了反抗贪得无厌的暴秦对山东六国的残酷镇压与侵略,为伸张正义,主持天下公道,深入虎穴,勇敢无比地去刺杀秦始皇这个暴君,表现了高度的社会正义感与大无畏的精神。他出身微贱,但心地旷远,志行高洁。虽然平时放荡不羁,玩世不恭,但性格豪爽,光明磊落。为了反暴扶危的正义事业,毅然答应燕太子丹的请求,只身深入虎狼之秦,行刺不可一世的秦始皇。易水送别,他明知有去无回,以肉投虎,但慷慨悲歌,义无反顾地踏上抗暴的征途。前途险恶,凶多吉少,坦然就道,"终已不顾",勇往直前的英雄气概跃然纸上。既到秦廷之后,面对虎狼之秦王,他镇定自若,旁若无人。当秦舞阳临阵怯场,因恐惧而色变,从而引起秦国君臣的怀疑之时,他临危不惧,坦然地以轻松地一"笑",得体的一"谢",掩饰过去,化险为夷,表现得睿智机敏,胆识过人。"图穷匕见",他勇刺秦王之举,惊天动地,震撼山岳。"断左股"、身被八创,仍勇敢地徒手搏斗,直至战斗到最后一刻。就是临死也不倒,"倚柱而笑","箕踞以骂",谈笑而死,面不改色,表现出惊人的勇敢、超凡的豪壮、不屈不挠的斗争精神。他的壮烈行为和舍身赴义的优秀品质,激励了无数的仁人志士为正义而献身。

此外,在这段惊心动魄的描述中,司马迁为我们着力刻画了几位舍生取义的英雄人物形象。太子丹为了反抗暴秦,保卫祖国,散其家财,破费养士,屈膝求贤,深谋策划,不遗余力,表现了高度的爱国精神和民族责任感与坚强的气节。老壮士田光为了国家利益推荐勇士,为了激励荆轲,坚其意志,也为了保守机密,信守然诺,不惜自杀以明志,是一个崇义尚德、舍身取义的爱国长者。樊於期为反抗暴秦,深明大义,不惜献出自己的头颅,一腔忠诚,志行高洁。高渐离虽然浪迹于市屠之中,但为人慷慨好义,为追求正义而舍生忘死,具有侠义品格。司马迁在《史记》中热情讴歌与弘扬了这种舍生取义、超越功利目的、为道义而献身的民族精神。这种精神与品格对后世产生了深远而巨大的影响。

二、扶危助困、救人危难的侠义精神

在中国历史上,司马迁的《史记》最早总结并弘扬了侠义精神。在《游侠列传》中司马迁首先对游侠的本质属性进行了高度的概括与总结:"今游侠,其行虽不轨于正义,然其言必信,其行必果,已诺必诚,不爱其躯,赴士之厄困,既已存亡死生矣,而不矜其能,羞伐其德,盖亦有足多者焉。"侠义精神的本质就是言信行果、不爱其躯、赴士之困厄、舍身救人的品质。这也正是司马迁为游侠立传的根本原因之所在。尽管游侠这一阶层的文化素养并不像士阶层那样高,但他们以扶危济困作为自己安身立命的资本。他们讲义气,重感情,随时准备杀身成仁,舍生取义,而且武艺精湛。他们并不是智慧型学者式的人物,而是一种道德化的群体,他们是将救助危困的社会道德发展到极端的人物。为履行道德责任,他们无视国家法令制度,凭着自己的义气,在乱世之中成为维护社会正义的一股力量,解决社会矛盾的一股不可忽视的势力。但在封建社会正常的情况下,他们往往又为国法所不容。

司马迁对人类社会生活之所以产生游侠这一社会群体的根本原因进行了深入分析。"太史公曰:昔者虞舜窘于井廪,伊尹负于鼎俎,傅说匿于傅险,吕尚困于棘津,夷吾桎梏,百里贩牛,仲尼畏匡,菜色陈蔡。此皆学士所谓有道仁人也,犹然遭此灾,况以中才而涉乱世之末流乎? 其遇害何可胜道哉"! 由此他进一步指出:"缓急,人之所时有也。"在专制体制下,社会各阶层人士都面临着遭受政治经济迫害的现实危机,每个人都可能在现实生活之中陷入某种困境,不论他是圣贤或者庶民。而对于那些弱势群体来说,在遭逢乱世之时就特别需要具有侠士的无私帮助。所以游侠存在的根本原因就在于,人类的社会生活需要能够及时相互救助的力量,尤其是当社会制度欠缺与瓦解的时候,在法制不健全的情况下游侠的出现就是极为自然的事情,而侠义精神也正是人们殷切呼唤的。

正因为如此,所以在《游侠列传》中司马迁特别突出了游侠救人于厄困的高尚精神品质。如朱家"所藏活豪士以百数,其余庸人不可胜言"。他"振人不赡,先从贫贱始。家无余财,衣不完采,食不重味,乘不过軥牛。专趋人之急,甚己之私"。他们的钱财都用于救助那些贫困之士了。游侠的可贵之处还在于,他们施恩绝对不图回报,超越了任何功利目的。朱家"终不伐其能,歆其德,诸所尝施,唯恐见之"。他曾经救助过项羽帐下的名将季布,但是到季布尊显之后,他从此终身不复见季布。郭解"以德报怨,厚施而薄望","既已振人之命,不矜其功"。洛阳曾经有两家互相仇视,当地豪杰多次从中调停劝解都不见效果,郭解深夜拜访其中一个仇家,仇家因为仰慕郭解的名声而听从他的调解。他劝解之后夜半离开,并嘱咐仇家在形式上还要请当地豪杰劝和,意在将劝和之功让与当地的豪杰,自己决不贪功。由此可见,游侠决不张扬自己的功绩。

为了追求主持人间正义的奋斗目标,游侠在面临血缘亲情与社会正义的矛盾冲突时,往往能够放弃亲情而主持正义与公道,具有大义灭亲的人格风范。郭解的外甥曾经依仗舅父的声望与势力,强行给别人灌酒,这个被羞辱者忍无可忍,拔刀刺死郭解的外甥。郭解的姐姐有意将儿子的尸体弃于道路之上,以此来羞辱郭解,意欲郭解能替外甥报仇。由于郭解的名气太大,他救助过的人很多,具有崇高的声望与巨大的影响。如果郭解不能替外甥报仇,岂非奇耻大辱!那个杀人者也明知无法逃脱,就主动登门告诉郭解实情。郭解听完杀人者的讲述之后,说:"公杀之固当,吾儿不直。"他深明大义地放走了仇人,为外甥料理了后事。

游侠由于他们救人于危难之中的侠义精神与不图回报的品质,赢得了广泛的社会赞誉。朱家、郭解、剧孟等人都赢得了士人的衷心爱戴,人们仰慕他们,崇拜他们,歌颂他们,有的甚至愿意为他们而献出自己的生命。朱家的事迹传遍关东地区:"自关以东,莫不延颈愿交焉。"司马迁虽然并未从正面描写剧孟的侠义品质,而是从侧面记述了他的巨大声誉。吴楚七国反叛之时,周亚夫得到剧孟的支持之后便断言,吴楚叛军不足为虑。司马迁对此评论说:"天下骚动,宰相得之若得一敌国云。"由此可见剧孟当时的巨大影响力与号召力。剧孟的母亲死后,从远方赶来送丧的车辆达千乘之多。当然,事情往往具有两面性。游侠的巨大声誉也会给他们带来灾难。郭解之死就是一个典型的例证。汉武帝徙豪强于茂陵,郭解的家产本来够不上迁徙的条件,但却在迁徙之列。大将军出面为郭解开脱,结果由武帝亲自下旨迁徙。郭解因迁徙而与杨氏结仇,一些仰慕郭解声誉的人便杀了杨掾、杨季主和杨季主家上告的人。由此而导致了一场巨大的灾祸,最后由御史大夫公孙弘判定将郭解灭族。这虽然与郭解并无直接的关系,但却是由他的巨大声誉所带来的灾难。

正由于此,为了避免对游侠人格的曲解,司马迁在《游侠列传》中对游侠"不轨于正义"的指责进行了自己的分析辩证。他认为所谓侠者"不轨于正义",其核心就是韩非子所批评的"侠以武犯禁"。韩非子从法家的立场出发,认为"侠士"乃社会的蛀虫,属于"五蠹"之一,认为他们"聚徒属,立节操,以显其名而犯五官之禁",是"治强不可得"和"国必乱,主必危"的重要原因。而司马迁认为,所谓"不轨于正义",其实就是侠士的"赴士之困厄"有违于统治者的社会道德、行为规范。他认为游侠的实质就是助人,是符合"仁义"的标准的。他说:"鄙人有言曰:'何知仁义,已享其利者为有德。'故伯夷丑周,饿死首阳山,而文、武部以其故贬王;趾、蹻暴戾,其徒诵义无穷。由此观之,'窃钩者诛,窃国者侯,诸侯之门仁义存焉',非虚言也。"这段议论并非仅仅是司马迁的一番感慨,它体现了司马迁对统治者所谓"仁义"标准的批判态度。统治者对人、对己历来具有"窃国"、"窃钩"两套道德标准和行为规范。既然如此,那么社会各阶层从自身利益出发,从"缓急,人之所时有"的严峻社会现实出发,去认同侠者的是非标准,去寻觅侠者的帮助,或者从社会公义出发,奉献侠肝义胆,勇于赴士之困厄,就不一定是所谓的"乱法"、"犯禁"了,否则,"窃国者"何其能"侯"呢?所以无论如何,只要是对百姓有好处,助人以利,扶危济困,不图回报,就同样具有"仁义"的价值判断。这样,司马迁就肯定了侠者意识与侠者行为虽不符合封建统治者的标准,但它的确反映了广大中下层社会各阶层久旱逢甘霖式的渴望的观念与行为,而造成广大民众如此渴望的根本原因则在于封建统治者的残暴与虚伪。

司马迁以极大的政治勇气和超越前人的历史眼光,不但为游侠立传,而且大胆呼喊:"侠客之义又何可少哉!"这就充分肯定了侠者意识与侠者行为存在的历史价值。不仅如此,司马迁还对韩非子批判的"侠"进行了客观的分析。他认为那些富贵之侠,若"近世延陵、孟尝、春申、平原、信陵之徒,皆因王者亲属,藉于有土卿相之富厚,招天下贤者,显名诸侯,不可谓不贤者矣"。这一类侠者凭借其权势地位以及财富,为"天下贤者"提供施展才智的机会,报效各自的国家,这些人"不可谓不贤者"。但是和他们相比,那些"闾巷之侠,修行砥名,声施于天下,莫不称贤,是为难耳"。这些侠者的气节风范更值得尊重与赞扬。此外,司马迁还严格将游侠之士和那些"豪暴之徒"区别开来,后者"朋党宗强比周,设财役贫,豪暴侵凌孤弱,恣欲自快"。他们没有侠者意识,不在侠者之列。与之相比,真正的游侠之士"虽时捍当世之文网,然其私义廉洁退让,有足称者,名不虚立,士不虚附"。他们"取予然诺,千里颂义,为死不顾世",其道德价值与实践意义都是值得称颂的。

司马迁从一个历史学家的特殊视觉,对游侠舍身救人、不伐己功的可贵品质进行了热烈的歌颂。之所以如此,这是由于中华民族是一个高度重视道德情操与感情的民族,往往将道德情感置于比较突出的地位。游侠行为虽不为统治者所认同,但由于他们扶危济困的行为具有广泛的社会基础,社会各阶层,尤其是士林阶层对他们见义勇为的行为是热烈赞颂并由衷欢迎的。司马迁本人极其重视士林阶层的价值观,他的许多观点都与士林阶层的价值判断相一致,所以,司马迁同样对他们予以热烈的赞颂。其次,从情感气质上来看,司马迁本人就具有侠义的气质。北宋诗人张耒在其《司马迁论》一文中就曾指出:"司马迁尚气好侠,有战国豪士之余风,故其为书,叙用兵、节气、豪侠之事特详。"正因为如此，他对士林中的游侠阶层有着特殊的感情，自己身上也具有许多狭义之士的气质与情操。他为李陵辩护不仅是欣赏李陵的国士之风，而且也因为李陵正处于患难之中，需要有人像游侠那样提供无私的援助，救人之困，急人之急，不爱其躯。从这件事情中可以看出，在司马迁的人格构成中，确实具有浓烈的侠义的成分。司马迁正是从其侠义的本质出发，不但为游侠立传，而且热情颂扬了他们扶危助困、救人危难的高尚品质。当然，不可否认，司马迁在《游侠列传》中也注入了自己的身世之感。他从自己遭遇李陵之祸的亲身体验出发，深深地体会到世态的炎凉，因此，他真正体验到救人于危难之际的侠义精神的可贵。他认为，正因为社会充满了黑暗、充满了不平与不幸，因此就特别需要有一种社会力量来铲除不平，救助危困，而游侠正是这种社会力量。所以《史记评林》引董份语云："史迁遭李陵之难，交游莫救，身受法困，故感游侠之义，其辞多激。"此外，司马迁热衷于追求立功立名的人生境界，只要立功立名，不管贫富贵贱，而一视同仁为他们立传。所以，他热烈赞颂那些闾巷之侠、匹夫之侠靠自己卓绝的努力而建立名声对他们的功名赞赏有加。

《刺客列传》中的刺客行为虽然并不能等同于游侠行径，但他们"其言必信，其行必果，已诺必诚，不爱其躯，赴士之困厄"，"为死不顾世"，杀身成仁、舍生取义，为伸张正义而不惜牺牲的精神也与侠义精神和品格具有相通之处。刺客的侠义品质主要表现在"士为知己者死"和为伸张正义而主动献身的品质上。他们往往以生命来报答他人对自己的深刻信任和依赖。所以司马迁在《刺客列传》论赞中评论说："自曹沫至荆轲五人，此其义或成或不成，然其立意较然，不欺其志，名垂后世，岂妄也哉！"刺客们为道义、为报答知遇之恩而甘洒热血的牺牲精神，他们杀身成仁、舍生取义的人格风范,千百年来激励了一代又一代仁人志士勇赴国难,杀身成仁。尤其是在国难当头、民族危机严重之时,这一舍身取义的自我牺牲精神总会一再表现出来,形成中华民族强大的民族凝聚力和强大的精神源泉,对中华民族精神的弘扬产生了深远的影响。

三、肯定有价值的从容赴死,反对无为的牺牲

尽管司马迁在《史记》中大力弘扬了杀身成仁、舍生取义的侠义精神,但是他并不主张做无谓的牺牲,肯定有价值的从容赴死。

司马迁认为,人在生死的重要关头要慎于选择,要死得重于泰山,而不能做无谓的牺牲。选择生与死的尺度只有一个,那就是有没有价值。若是"舍生取义"、"杀身成仁",虽万死不辞。这种"有价值的死"就是为"义"而献身。因此他在《史记》中,既弘扬与赞颂了屈原式的为追求理想政治与道德信仰而死;也弘扬与赞颂了游侠、刺客们为"知己而死"、为扶危济困的正义而死;同时也肯定了那些为坚持人格尊严而死的仁人志士。他热烈赞颂了那些发愤图强的历史人物,讴歌了他们坚忍不拔的生存毅力,遭受困辱时决不轻易以死来反抗,面对那些常人难于忍受的羞辱、挫折,没有显露出任何浮躁之气,计较一时的荣辱得失,而是忍辱苟活,表现出主体对生命价值的执著追求。如,伍子胥父兄无辜被杀,他忍辱负重,历经千难万苦,逃往吴国,借兵为父兄报仇,终于实现了自己的价值与理想。所以司马迁评论说:"向令伍子胥从奢俱死,何异蝼蚁?弃小义,雪大耻,名垂于后世,悲夫!故隐忍就功名,非烈丈夫,孰能至此哉!"季布沦为奴隶,历经磨砺终成名将,司马迁在《季布栾布列传》中称赞说:"贤者诚

重其死,故婢妾贱人感慨而自杀者,非能勇也,其计画无复之耳。"韩信未成名时在淮阴市屠中遭遇恶少的欺侮,受胯下之辱,他隐忍一时之愤,最终成为一代名将。……司马迁充分肯定了那些隐忍发愤的抗争精神,反对将殉道推向极端,主张不为一时之辱而舍弃生命,"勇者不必死节"①。他称赞那些"扶义倜傥,不令己失时,立功名于天下"的人,赞颂他们不屈不挠、奋发图强的精神人格。因此,《史记》中虽然写了许多历史人物的悲愤屈辱遭遇,却并不令人感到消沉颓废,相反,都具有一种激越高亢的精神人格力量。在人格主体遭遇到的生死冲突中,他不但向人们展示了历史人物及自己所面临的苦难、屈辱,更令人感到他们为实现理想与抱负、为正义和真理锐意进取的巨大勇气和不屈从于命运摆布的强者精神。这种精神千百年来融入了中华民族的血脉之中,成为我们民族精神的重要组成部分。

【参考文献】

[1] [汉]司马迁《史记》[M]. 北京:中华书局 1982。

[2] 杨伯峻《论语译注》[M]. 北京:中华书局 1980。

[3] 杨伯峻《孟子译注》[M]. 北京:中华书局 1984。

[4] 梁启雄《韩子浅解》[M]. 北京:中华书局 1960。

[5] 杨伯峻《春秋左传注》[M]. 北京:中华书局 1990。

(本文原载于《唐都学刊》2012 年第 1 期)

---

① [汉]班固《汉书》,中华书局 1962 年版,第 2733 页。

论《史记》对中华民族舍生取义精神的继承与弘扬

崇尚气节、杀身成仁、舍生取义、道义高于生命是中华民族精神的又一显著特征,也是司马迁在其伟大的史学名著——《史记》中继承与弘扬的主要内容之一。司马迁记述了历史上那些为正义和公道而悲壮牺牲的仁人志士的崇高品格,热情颂扬了他们舍生取义、杀身成仁的牺牲精神。这种崇高的精神品格和人格风范千百年来曾激励过一代又一代忠臣与爱国志士勇赴国难,注重气节,杀身成仁。尤其是在国难当头,民族危急之时,这一勇于牺牲的悲剧精神总会一再表现出来,形成强大的民族凝聚力和强烈的民族精神源泉。

一

气节又称志气、骨气,它与节操、德操和操守意义近似,指的是政治品质上和道德品质上的坚定性和坚持性,由政治理想和道德理想所决定,是坚定信念和坚强意志的统一。人格是指个人在一定社会中的地位和作用的统一,是个人做人的尊严、价值和品格的总和。成仁取义、注重气节是中华民族高尚情怀的重要方面,也是中华民族精神又一基本的文化内涵。重视品德修养,讲究道义气节,构成了中华民族精神的一个优良传统。从传统文化的角度来看,儒、墨、道、法诸家,虽然思维旨趣迥然不同,但都承认并努力追求道德境界的提升,反对"追于物欲"而不能自拔。儒家先哲孔子说:"三军可夺帅也,匹夫不可夺志也。"①他所说的"志"就是志气、志向。他认为即使一个普通人也不可以用强迫的手段屈服其志气和更易其志向。孔子一生追求真理,视仁义为第一生命,坚持"不义而富且贵,于我如浮云"的信念,提倡"君子谋道不谋食,忧道不忧穷"。他说:"朝闻道,夕死可矣。"②"志士仁人,无求生以害仁,有杀身以成仁"③。孔子的学生曾子也说:"临大节而不可夺也,君子人与? 君子人也。"④曾子以极其肯定的语气说明,只有在紧要关头能够坚守自己气节的人才可叫做君子。孟子继承并发展了孔子的气节思想,他将这种舍生取义的精神称之为能够"塞于天地之间"的"至大至刚"的"浩然之气"⑤。其具体内容和明确要求是"居天下之广居,立天下之正位,行天下之大道;得志,与民由之;不得志,独行其道。富贵不能淫,贫贱不能移,威武不能屈,此之谓大丈夫"⑥。他还说:"尊德乐义,则可嚣嚣矣。故士穷不失义,达不离道。穷不失义,故士得已焉;达不离道,故民不失望焉。古之人,得志,泽加于民;不得志,修身见于世。穷则独善其身,达则

---

①　[清]阮元校刻《十三经注疏·论语注疏》,中华书局1980年版,第2491页。

②　同上书,第2471页。

③　同上书,第2517页。

④　同上书,第2487页。

⑤　[清]阮元校刻《十三经注疏·孟子注疏》,中华书局1980年版,第2685页。

⑥　同上书,第2710页。

兼济天下。"①他认为只有崇尚德，喜爱义，才可以自得其乐。所以有知识有道德的人，在穷困的时候不失掉义，在显达的时候不离开道。古代的人不但得志时能使百姓普遍获得恩泽，而且不得志时还能在世人中显现自己修身的品德。儒家以"内圣外王"表达其对理想人格的追求，并且视"内圣"为"外王"的基础、立足点与关键。《礼记·大学》讲格物、致知、诚意、正心、修身、齐家、治国、平天下，此所谓"八目"，而前五目讲道德自身的完善，属于内圣。在儒家看来，杀身成仁、舍生取义，为追求真理而不惜牺牲生命，体现了一种崇高的殉道精神。

道家力求保全人的真实纯朴的本性。他们宁可清心寡欲也不肯迎合权贵，此所谓"修道"、"积累"，不以物累形。庄子追求的人生最高境界是所谓"至人无己，神人无功，圣人无名"②。无己、无功、无名集中体现为逍遥无为、无所待而游于无穷。庄子的超世脱俗其实是由愤世嫉俗转变而来的。因此，道家也将追求人生的最高境界和人格的完善作为他们的奋斗目标。墨家义利并举，但强调以义为重，以兼爱天下为本。墨子主张以百姓之利为最高价值，弘扬崇尚公利的价值观。《管子·任法》也主张"贵不能威，富不能禄，贱不能事，近不能亲，美不能淫也。植固而不动，奇邪乃恐"。战国末期的荀子进一步提出了"德操"的观念。他说："权利不能倾也，群众不能移也，天下不能荡也。生乎由是，死乎由是，夫是之谓德操。"③他主张面对权力不屈服，面对众议不附和，面对流俗不动摇。凡是遵循此道而生，遵循此道而死，就可以叫做具有高尚道德情操的人了。他主张："士大夫

---

① ［清］阮元校刻《十三经注疏·孟子注疏》，中华书局 1980 年版，第 2764—2765 页。

② 《诸子集成·庄子集解》，中华书局香港分局 1978 年版，第 3 页。

③ 《诸子集成·荀子集解》，中华书局香港分局 1978 年版，第 11—12 页。

莫不敬节死制"①，认为士大夫就应该为崇尚气节而献出自己的生命。法家虽然是典型的功利主义者，但他们以"食有劳而禄有功"作人生价值准则，以精忠报国、天下一统为最高政治理想。《吕氏春秋·诚廉》以"石可破也，而不可夺坚；丹可磨也，而不可夺赤"来颂扬永不变节的精神品质。

这些光彩照人的人格精神给中华民族以深远的影响。坚守气节、成仁取义的价值判断是中华文化内在生命的逻辑要求和必然归宿。它孕育了广大人民的爱国热情，促进了中华民族传统文化中重信誉、讲操守、负责任的人伦关系的形成以及"见义勇为"、"当仁不让"、"舍生取义"等人格风范与价值准则的推行。从孔子的"志士仁人，有杀身以成仁，无求生以害人"，到董仲舒的"正其谊不谋其利，明其道不计其功"，无不浸透着成仁取义的价值判断和人格风范。这种价值判断与人格风范造就了一代又一代不为一己私利，而为天下大同不惜肝脑涂地的仁人志士，成为鼓舞人们为正义和真理不屈不挠地斗争的民族精神。在国家命运多舛、民族生死存亡的关键时刻，中华民族总是以这种浩然正气，用不屈不挠的斗争来挽救国家和民族的命运，从而形成了中华民族精神的一个优良传统。司马迁在其《史记》中自觉地继承了中华民族的这种优良传统，大力弘扬了这种民族精神。

二

司马迁在《史记》中所寄托的人格理想主要体现在他所塑造的一百多位人物形象身上。他塑造了许多坚持正义、恪守节操、忠于祖国的人物，热情歌颂了他们忠心耿耿、勇往直前、坚强不

---

① 《诸子集成·荀子集解》，中华书局香港分局1978年版，第149页。

屈、甘愿为国牺牲的崇高品格。《史记》中所塑造的历史人物多是胸怀壮志的大丈夫,在他们追求理想的道路上,司马迁特别注意集中表现其大悲大患的生死冲突。在激烈的生死矛盾和选择的情境中表现生命的崇高力量和不朽价值。个体在以全部的生命力量投入和承受这一冲突对抗中得以彰显,人生的故事在这里升华,历史和社会的本质、人的精神和个性在这里得到强烈的表现。在司马迁描写的生死对抗主题中,个体都面临着生死的抉择。当生命的存在有利于生命价值的实现时,就选择生,即使这种生存状态是一种屈辱的生;而当生命无法取得作为个体理想的生的时候,主体于是主动选择死亡,死亡成为生命的一个重要组成部分。在生命问题上,司马迁对生命价值的关注远远超过对肉体生命的珍惜,生命只是个体实现其理想的一种手段。

司马迁为我们刻画了一大批为实现生命的社会价值和道德价值而主动放弃生命的光辉形象。屈原之死可以说是最为典型的。屈原一生忠贞爱国,耿介不阿,屡遭同僚的暗算和君王的疏远,却依然不肯与恶势力同流合污,一心想在楚国实现其"美政"理想。为推行自己的"美政"理想,复兴楚国,他与保守而腐朽的旧贵族集团进行了长期不懈的顽强斗争。"这就构成了历史的必然要求与这种要求的实际上不可能实现之间的悲剧性冲突"①。在这种情况下,尽管他以"香花"、"香草"、"美人"比喻自己高洁的人格,突出、加强、高扬作为"我"特定理想的生命过程的主体精神,但是当理想的生存方式可望而不可求时,生命的激流遭遇到强烈的阻碍时,他毅然决然地选择了走向死亡。死亡成了主体执著的极端到彻底放弃生命的另一端。这种选择死亡

①　中共中央马克思、恩格斯、列宁、斯大林著作编译局,《马克思恩格斯全集》,人民出版社1983年版,第586页。

的方式、这种消解矛盾的方式,是以消灭生命来改变不合理想、无法忍受的存在方式,突兀显示出屈原对否定生命价值的社会存在状态的拒绝、是生的意志的折断。他高扬着人所希望和追求的真善美的东西,坚决而痛楚地拒绝现实给予他的不公正命运,拒绝加之其身的人类突出而真切的处境:失败、飘泊、孤独、卑琐、专横与背叛……。正因为如此,死亡反而成了生命的一个光辉的组成部分,而生命力量至此才如此激烈而蓬勃。对此,司马迁在其本传中予以高度而热烈的赞扬:"其志洁,故其称物芳;其行廉,故死而不容自疏。濯淖污泥之中,蝉蜕于浊秽,以浮游尘埃之外,不获世之滋垢,皎然泥而不滓者也。推此志也,虽与日月争光可也。"①

在《廉颇蔺相如列传》中,司马迁以极大的热情赞颂了蔺相如为了维护国家的尊严,在国难当头的关键时刻,能挺身而出,英勇赴难,具有为国牺牲的高尚品质。当蔺相如见秦王将璧"传以示美人及左右"而"无意偿赵城"之时,他假说"璧有瑕,请指示王"而将璧又骗了回来。这时他"持璧却立倚柱,怒发上冲冠",厉声斥责秦王的无信无礼,并警告秦王说:"大王必欲急臣,臣头今与璧俱碎于柱矣!"说着就"持其璧睨柱,欲以击柱",终于使得强秦屈服。为了针锋相对地维护赵国的尊严,他又胁迫秦王为赵王击缶。为了维护正义,他机智勇敢,大义凛然,面对强秦与死亡的威胁,毫不退缩,坚强不屈,表现了甘愿为国牺牲的精神。所以司马迁在本传中评论说:"知死必勇,非死难也,处死者难。方蔺相如引璧睨柱,及叱秦王左右,势不过诛,然士或怯懦而不敢发。相如一奋其气,威信敌国,退而让颇,名重泰山,其处智勇,可谓兼之矣!"懂得如何"处死"的人是坚持正义、恪守节操、

---

① 《史记·屈原贾生列传》,中华书局1959年版,第2482页。

舍身取义的人。蔺相如的高尚的人格风范和大义凛然的气节精神经过司马迁的弘扬,在中国历史上对民族精神的形成与传统文化品格的生成,都产生了深远而巨大的影响。

王烛和蔺相如一样也是一位出身低微的小人物。司马迁在《田单列传》中热情歌颂了这位布衣隐士恪守节操、为正义而献身的感人事迹。作为一介平民,在齐国被燕国占领之后,燕国的侵略者为了收买人心,实现其对齐国的长期占有与统治,"闻画邑人王烛贤",打算收买他:"齐人多高子之义,吾以子为将,封子万家。"王烛丝毫不为利诱所动,坚决予以拒绝。燕人无计可施,又威胁他说:"子不听,吾引三军而屠画邑。"王烛又不为之所屈。在敌人软硬兼施面前,为"义不北面于燕",坚决表示"忠臣不事二君,贞女不更二夫"。"国既破亡,吾不能存,今又劫之以兵为君将,是助桀为暴也。与其生而无义,故不如烹"!为恪守节操,忠于祖国,王烛"遂经其颈于树枝,自奋绝脰而死"。这位舍生取义的爱国志士以死向侵略者作了最后的抗争,表现了宁死不屈的爱国精神和崇高的民族气节。

司马迁所弘扬的这类坚持真理与正义、为国献身的志士仁人的可歌可泣的崇高品格,大都具有重大的政治意义及深刻的社会影响。例如,商鞅来到秦国变法,使秦国富民强,"行之十年,秦民大悦,道不拾遗,山无盗贼,家给人足,民勇于公战,怯于私斗,乡邑大治"。但变法的内容严重触犯了旧贵族的既得利益,尤其是为了推行新法的顺利执行,商鞅曾对犯过法的太子的师傅进行过处罚,这样,以太子为首的一大批旧贵族集团对商鞅的变法恨之入骨,伺机图谋报复。秦孝公死后,以太子为首的旧贵族集团乘机报复,诬陷商鞅谋反,最后商鞅不但被车裂,而且全家被杀。尽管商鞅死了,但是商鞅变法却获得了极大的成功。商鞅变法之后使秦国从此走上了富国强兵的道路。所以司马迁在《范雎蔡泽列传》中借范雎之口评价商鞅、吴起等人的变法说："夫公孙鞅之事孝公也，极身无二虑，尽公而不顾私……若此三子者(按：指商鞅、吴起、大夫种)，固义之至也，忠之节也。是故君子以义死难，视死如归。生而辱不如死而荣。士固有杀身以成名，唯义之所在，虽死无所恨。何为不可哉！"显然，司马迁歌颂他们的死是"以义死难"，赞扬他们的改革精神是"视死如归"，肯定改革是一种义举，是为"义"而献身。这种"死而荣"远比"生而辱"高尚得多。

如果说商鞅的死是一种被动的为国为民而献身的话，那么晁错的死则是一种积极主动地为"义"而献身。司马迁在《袁盎晁错列传》中记载晁错出任御史大夫后，向汉景帝提出"削藩"的主张遭到同姓诸侯的强烈反对，于是"错父闻之，从颍川来，谓错曰：'上初即位，公为政用事，侵削诸侯，别疏人骨肉，人口议多怨公者，何也？'晁错曰：'固也。不如此，天子不尊，宗庙不安。'错父曰：'刘氏安矣，而晁氏危矣，吾去公归矣！'遂饮药死，曰：'吾不忍见祸及吾身'"。果然不出错父所料，他饮药身死不及旬月，吴楚七国就在江南打着诛杀晁错的旗号轰轰烈烈地起事谋反。景帝不及深思就将晁错当作逼反吴楚七国的罪魁祸首，推出东市斩首。更令人深思的是司马迁在传中记述了景帝与邓公的一段对话。晁错死后，邓公被派往征讨叛军的前线，不久，邓公回到京城向景帝汇报前线的情况。景帝问吴楚叛军听到晁错的死讯后罢兵没？"邓公曰：'吴王为反数十年矣，发怒削地，以诛错为名，其意非在错也。且臣恐天下之士噤口，不敢复言也。'上曰：'何哉？'邓公曰：'夫晁错患诸侯强大不可制，故请削地以尊京师，万世之利也。计画始行，卒受大戮，内杜忠臣之口，外为诸侯报仇，臣窃为陛下不取也。'于是景帝默然良久，曰：'公言善，吾亦恨之。'"从这段对话可以看出，晁错的削藩政策是正确的，是有利于国家的长治久安的。但是,由于种种历史的原因,心怀赤诚之忠的晁错却因此而获罪问斩,真是"出师未捷身先死,常使英雄泪满襟。"当初,晁错与其父的矛盾冲突是:谋国还是谋家?面对父亲谋家的苦言相劝,晁错不为所动;当父亲以自杀相迫时,晁错仍不为所动,并不改变自己坚持真理与正义的初衷。这充分显示出晁错忠而忘身、国而忘家的崇高品质。相反,当汉景帝面临谋国(支持晁错的削藩之策)和谋家(杀晁错以平息吴楚七国同姓王的谋反)的抉择时,他却毫不迟疑地选择了后者。晁错的选择与汉景帝的选择形成了强烈而鲜明的对照!在削藩与反对削藩这两种力量的尖锐对立与冲突中,代表历史必然性与必然要求的进步的削藩主张在当时的条件下,显然是弱势,是不可能实现的。于是,就这样舍家为国的晁错不可避免地被毁灭,从而构成震撼人心的悲剧结局。晁错的悲剧强烈地折射出忠心为国、坚定不移、威武不屈、为坚持真理与正义而甘愿舍身成仁的崇高的精神品格。

三

司马迁不仅在《史记》中热情讴歌与弘扬了那些为国为民而英勇献身的仁人志士的气节风范,而且热情歌颂了那些处于社会下层的小人物为砥砺名节、忠信守诺、坚持操守、视死如归、舍身取义的高尚情操与人格风范。

在《平原君虞卿列传》中,司马迁热情歌颂了邯郸传舍吏的儿子——李同舍身取义的英雄事迹。在秦军围困邯郸、魏国救兵迟迟不至、平原君无计可施的关键时刻,李同不顾自己地位的卑微前往游说平原君尽散家财,招募敢死之士三千人,李同与三千壮士共赴强秦军前作飞蛾扑火式的决战,给秦军一个迎头痛击。这时正好楚、魏援军也赶到了,邯郸之围被解除了,而李同也在这次战斗中壮烈牺牲,以死殉国。

在《田儋列传》中,司马迁热情歌颂了田横及其门客坚持气节、杀身成仁、舍生取义的高尚节操。齐王田横在汉灭楚而统一全国之后,他率领门客五百人逃入海岛。高祖刘邦"以为田横兄弟本定齐,齐人贤者多附焉,今在海中不收",恐其为乱。于是派人赦其罪而招降他们。田横不愿奉诏,无奈刘邦再次派人来胁迫:"田横来,大者王,小者乃侯耳;不来,且举兵加诛焉。"不得已,田横于是和他的两名宾客奉诏赴洛阳。"未至三十里,至尸乡厩置,横谢使者曰:'人臣见天子当洗沐。'止留。谓其客曰:'横始于汉王俱南面称孤,今汉王为天子,而横乃为亡虏而北面事之,其耻固已甚矣。且吾亨人之兄,与其弟并肩而事其主,纵彼畏天子之诏,不敢动我,我独不愧于心乎?且陛下所以欲见我者,不过欲一见吾面貌耳。今陛下在洛阳,今斩吾头,驰三十里间,形容尚未能败,犹可观也。'遂自刭"。显然,田横此行的目的并不是为了觅封王侯,而是为了保护门客的身家性命。而临近洛阳之所以自杀,则是为了保持其高尚的节操,义不受辱。这一侠义的行动也深深地打动了刘邦。刘邦认为田横是"起自布衣"的"贤者",并为之痛哭,而且以王者之礼厚葬了田横,并将他所带的两位门客封为都尉。但是没有料到的是,这两位门客却是忠义之士,视富贵如浮云,他们在埋葬田横之后,"二客穿其冢旁,皆自刭,下从之"。刘邦大为震惊,他认为田横的门客都是贤能之人,便派使者到海上去招降田横的其他门客。然而更出乎意料的是,这五百门客"至则闻田横死,亦皆自杀"。这一幕幕震撼人心的为义死节,表现了视死如归的悲壮之美,体现了杀身成仁、舍生取义的精神品质。因此,司马迁评价说:"田横之高节,宾客慕义而从死,岂非至贤!"

在《魏公子列传》中,司马迁在对魏公子礼贤下士的精神热情赞扬的同时,也对那位大梁夷门监者的侯嬴舍生取义的高尚人格,予以热情地歌颂。司马迁在传中曲折淋漓地描述了魏公子亲迎侯生赴宴的情景。既体现了魏公子仁而下士、谦虚恭敬的高贵品质,同时也反映了侯生非常的气魄与胆识。在魏公子一生中,"窃符救赵"是他获得巨大声誉的一项义举,而对这一事业做出最重要贡献的正是这位出身贫贱的侯生。秦兵在长平之战大获全胜之后,又挥师包围赵国都城邯郸,赵国的平原君向魏国求救。魏王因为害怕引火烧身,名为派兵救赵,而背后却指示大将晋鄙屯兵边境,实际上是防止秦人趁机袭魏。平原君在万般无奈的情况下,只好对魏公子以姻亲之义加以责备。魏公子一时激于大义而乱了方寸,打算亲自率领自己的门客和秦军以死相拼,以此来报答平原君。正如侯生所指出的那样,魏公子的这种愚蠢的举动无异于投肉饿虎。于是侯生向魏公子献计,让魏王身边的宠姬偷出魏王卧内的兵符,然后又推荐自己的朋友大力士朱亥槌杀不肯交出兵权的大将晋鄙。这个周密的计划获得了成功,魏公子率领八万魏军解救了邯郸之围。侯生本人由于年老而未能亲自参加战斗,但他在魏公子到达晋鄙军中之日,北向自刭,以激励魏公子果决行动,用自己的鲜血和生命谱写了一曲慷慨报恩的悲歌。这充分体现了士为知己者死、舍生取义、救人围困的侠肝义胆。

《史记》中这种出身于社会下层而能坚守气节、成仁取义、舍生忘死的人物不胜枚举,如《游侠列传》、《刺客列传》中的侠客义士,大都具有这种重名节、轻死生,忠信守诺、视死如归、舍生取义的道德操守和高尚的人格。司马迁在《史记》中大力弘扬了中华民族舍生取义的精神品格并对这种自我牺牲精神予以热情的弘扬。由于《史记》的巨大影响,这种杀身成仁、舍生取义的精神品格最终凝聚积淀成为中华民族精神的有机组成部分,在后世得到了继承和发扬。

【参考文献】

[1] [清]阮元校刻《十三经注疏·论语注疏》[Z].北京:中华书局,1980。

[2] [清]阮元校刻《十三经注疏·孟子注疏》[Z].北京:中华书局,1980。

[3] [汉]刘安撰《诸子集成·庄子集解》[M].香港:中华书局香港分局,1978。

[4] [汉]刘安撰《诸子集成·荀子集解》[M].香港:中华书局香港分局,1978。

[5] [汉]司马迁撰《史记·屈原贾生列传》[M].北京:中华书局,1959。

[6] 中共中央马克思、恩格斯、列宁、斯大林著作编译局《马克思恩格斯全集》[M].北京:人民出版社,1983。

(本文原载于《咸阳师范学院学报》2012年第1期)

浅谈司马迁对汉武帝伐大宛的认识

　　《史记·大宛列传》主要记述了汉武帝时代两个相互关联的事件:一是张骞通西域,另一个是汉武帝拜李广利为贰师将军伐大宛。对于前者,司马迁称之为"凿空"之行,给予很高的评价;而对于后者,司马迁及后代许多评论者都持否定态度。司马迁认为武帝伐大宛的目的是"天子既好善马"又"欲侯宠姬李氏",故"拜李广利为贰师将军","期至贰师城取善马"。对这场战争的意义,司马迁也持否定态度,认为武帝捐五万之师,靡亿万之费,经四年之劳而仅获骏马数十匹而已。那么,对于汉武帝伐大宛的目的意义究竟应该怎样评价,笔者不揣浅陋,欲谈点自己的看法,以求教于方家。

一

　　西汉文帝年间,匈奴势力伸展到西域,统治了天山南北的车师后部、乌孙、龟兹、疏勒等三十余国。匈奴单于派日逐王在西域设置"僮仆"都尉,经常率数千骑往来于焉耆、危须、尉犁之间,并将当地百姓变为其奴婢,而且命西域诸国交纳赋税,为其增加财富,对西域实行压榨和掠夺。匈奴靠西域的人力和财力,经常向中原地区发动进攻,攻城屠邑,掳掠人口和畜产。但"西域诸国,各有君长,兵众分弱,无所统一。虽属匈奴,不相亲附。匈奴能得其马畜旃罽,而不能统率与之进退"①。这样,被役属的西域诸国,显然与匈奴存在着尖锐的矛盾和斗争。

汉武帝在与匈奴的战争中了解到这种情况。一次,汉武帝"问匈奴降者,皆言匈奴破月氏王,以其头为饮器,月氏遁逃而常怨仇匈奴,无与共击之"②。这一情况引起了汉武帝的高度重视。他想利用大月氏和匈奴之间的矛盾,截断匈奴的右臂,以彻底战胜匈奴,解除匈奴对西汉王朝的威胁。于是便派张骞出使西域,意欲约大月氏共同夹击匈奴。张骞这次出使,对昆仑东西诸国的强弱盛衰、土俗物产以及山川河流等都做了详细的了解与记录。并扩大了汉王朝的影响,传播了汉民族的先进文化,不仅大大扩大了汉王朝对于世界的视线,而且是西汉王朝抗击匈奴、巩固封建经济、发展统一事业的一个有机组成部分,又是汉王朝与西域诸部正式联系、相互交往的开端,并将汉王朝的统一事业推向新的阶段。

但是,张骞这次出使西域,并未完成外交使命,并未能实现汉武帝欲与大月氏联合,以断匈奴右臂的战略策略。匈奴仍然控制着西域的大部分地区。如不把匈奴势力赶出西域,就无法巩固和扩大北伐匈奴的胜利,也无法巩固和扩大汉王朝的统一事业。在此情况下,元狩四年(前119),汉武帝再次派张骞出使西域,欲与乌孙联合,结为兄弟,使之居浑邪王故地,以"断匈奴右臂"。

张骞这次出使,带着三百人,每人备两匹马,并携带了价值数千万的金、帛、货物以及上万头牛羊。他们顺利到达乌孙,传

---

① 《汉书·西域传》,中华书局1962年版,第3930页。
② 《史记·大宛列传》,中华书局1982年版,第3157页。

达了汉廷的旨意,表示只要乌孙能与汉联合夹击匈奴,东居故地,则汉遣公主为夫人,结为昆弟。但是,由于"乌孙国分,王老,而远汉,未知其大小,素服属匈奴日久矣,且又近之;其大臣皆畏敌,不欲移徙,王不能专利,骞不得其要领"①。张骞被乌孙拒绝后,又遣副使若干人,分别到大宛、康居、大月氏、安息、大夏、身毒、于窴等国去联络。张骞先由乌孙派人伴送回国,时在元鼎二年(前115)。张骞回国后,西域诸国亦先后与汉使同来汉朝。于是西域诸国"始通于汉矣"。

张骞二次出使西域后,"汉使去西域者频于道,岁中使者多至十余辈,远者八九岁,近者数岁而返"。出现了"西北外国使者更来更去","使者相望于道"的景象。汉使的辈出,一方面加强了汉与西域各国的交往,同时也引起西域各国的厌烦。西域各国往往"禁其食物,以苦汉使"。汉使因乏食,也往往攻击之。这样便引起了矛盾。特别是楼兰和姑师,攻劫汉使尤甚,又常为匈奴耳目。为了解决这种矛盾和打通使西域的道路,武帝就不能不与匈奴展开对于西域"优势地位"的争夺,因而就不能不用兵西域。

武帝用兵西域是自元封三年(前108)出征楼兰和姑师开始的。

楼兰一名鄯善,在今罗布卓尔附近;姑师亦名车师,在今吐鲁番境内。此二国皆当交通要道,在匈奴的指使下,时常阻拦和攻杀汉使,又屡为匈奴耳目。为打通敦煌到西域间的交通要道,公元前108年,汉武帝命大将赵破奴率属国骑兵和郡兵数万人进攻姑师,同时派王恢率轻骑七百先驰至楼兰,俘楼兰王。接着汉军又北进,攻破姑师、楼兰,"因暴兵威以动乌孙、大宛之

---

① 《史记·大宛列传》,中华书局1982年版,第3169页。

属。……于是汉列亭障至玉门"①。又据《史记·大宛列传》及《汉书·张骞传》记载,玉门亭障始自酒泉,为元封四年所筑。早在元狩二年(前121),汉就从令居(今甘肃永登)向西修筑亭障,直至酒泉为止。至此,汉又将亭障自酒泉西延至玉门。长城西延,汉朝兵威西渐,西域震动。这样,就初步建立起汉王朝对于西域的优势地位,削弱了匈奴的控制,也保护了这条通道。

元封六年(前105),原为"中立"的乌孙亲眼见到汉王朝的强大,又怕遭受匈奴的侵袭,便主动遣使者到汉朝献良马千匹,并求尚汉公主,结为兄弟。汉武帝出于联乌孙以击匈奴的战略考虑,答应了乌孙的条件,遣江都王刘建的女儿细君公主嫁给乌孙昆莫并赠送了丰厚的嫁妆,以及官署宦官侍御数百人。但匈奴为争夺乌孙,立即将单于的女儿送给了乌孙王昆莫,昆莫以细君为右夫人,以匈奴女为左夫人,以致在行动上仍持有两端,想在汉与匈奴间周旋。细君公主先嫁昆莫,后嫁昆莫之孙岑陬。细君死后,汉武帝又以楚王刘戊的孙女解忧公主嫁于乌孙。这样汉与乌孙便长期保持着一定的友好关系。

但是,由于匈奴不肯放弃对于西域的控制,西域诸国,尤其是昆仑以西的国家,对汉存有不同的看法。据《史记·大宛列传》记载说:"自乌孙以西至安息,以近匈奴,匈奴困月氏也,匈奴使单于一信,则国国传送食,不敢留苦。及至汉使,非出币帛不得食,不市畜不得骑用。所以然者,远汉,而汉多财物,故必市乃得所欲。"由此可见,匈奴对昆仑以西诸国的控制力量还是相当强大的。武帝为了争得在西域的优势地位,不仅注意昆仑以东诸国,也注意昆仑以西诸国。正因如此,才发生了太初年间用兵大宛这件事。

----

① 《汉书·西域传》,中华书局1962年版,第3876页。

对于武帝为何要用兵大宛,司马迁在《大宛列传》中记述说:武帝听曾到大宛的人说,"宛有善马在贰师城,匿不肯与汉使"。武帝生平喜好养马,又"欲侯宠姬李氏",故"拜李广利为贰师将军","期至贰师城取善马"。武帝先"使壮士车令等持千金击金马以请宛王贰师城善马"。但大宛王不肯给汉使者善马,在无奈的情况下,汉使车令等人出言不逊,椎毁金马,大骂而返。宛王令其驻守东部郁成城的将士,将汉使者杀死,并抢去汉使者的财物。武帝闻讯大怒,便拜李广利为贰师将军(因要攻伐贰师城故名),发属国六千骑及郡国恶少数万人前往伐宛①。这次讨伐大宛之役,汉军没有充分的准备,仓促出征,因此,汉军在郁成城即被打败,损失惨重。

这次伐宛,汉军往返两年之久,汉军之所以失败,主要原因乃是"当道小国恐,各坚城守,不肯给食"。李广利在给武帝的上书中说:"道远多乏食;且士率不患战,患饥。"在远离故土、穿越中亚内陆沙漠戈壁的征战中,没有当地小国的支持,得不到当地百姓的粮草供给,汉军远道而来,饥饿疲惫,已无战斗力可言,哪有不败之理!所以汉军到达大宛边境郁成城时,"士至者不过数千,皆饥罢"。李广利败退而归,到达敦煌时,"士至者不过什二三",只剩下三千多人了。武帝听说李广利大败而归,非常气愤,派人到玉门关截住李广利说:"军有敢入者辄斩之。"②李广利只好留在敦煌待命。

李广利伐宛失败,引起汉庭的极大震动。再加之这年夏天,汉朝另一支军队在堤野被匈奴打败,损兵折将两万余人,所以朝廷公卿及议者皆主张停止伐宛,而专力攻胡。但武帝执意要再

① 《史记·大宛列传》,中华书局1982年版,第3174页。
② 同上书,第3175页。

度伐宛，于是"赦囚徒材官，益发恶少年及边骑，岁余而出敦煌者六万人，负私从者不与。牛十万，马三万余匹，驴骡橐它以万数。多赍粮，兵弩甚设，天下骚动，传相奉伐宛，凡五十余校尉。宛王城中无井，皆汲城外流水，于是乃遣水工徙其城下水以空其城。益发戍甲卒十八万酒泉、张掖北，置居延、休屠以卫酒泉，而发天下七科适，及载粮给贰师。转车人徒相连属至敦煌。而拜习马者二人为执驱校尉，备破宛择取其善马云"①。

李广利这次伐宛，兵士众多，粮草充足，将领齐心，大军分南北两路，并肩西进，声势浩大。"所至小国莫不迎，出食给军"。汉军顺利到达大宛。宛军前来抵抗，被汉军击溃。李广利遂率军围宛都贵山城，猛攻四十余日，破外城。驻守内城的大宛贵族看到形势危急，于是就共同计议，杀死宛王毋寡，与李广利谈判。此时，李广利亦得知大宛城中有汉人帮助挖了许多水井，并储备了大量的粮食，有坚守的可能。加上李广利又怕大宛邻国康居前来救援，便答应了大宛请降的要求。之后，李广利又立亲汉派宛贵族昧蔡为宛王，并挑选好马数十匹和一般牝牡马三千多匹，结盟罢兵，班师回朝。

由上可见，汉武帝伐大宛的目的与动机并非像司马迁所说的仅是"天子既好善马"，又"欲侯宠姬李氏"，称李广利为贰师将军而"期至贰师城取善马"。而其真正目的和实质，仍在汉、匈奴在中亚地区的力量对比上。

西域地区物产丰饶，长期以来就是匈奴人力、财力的一个重要来源。匈奴转向西北，汉朝夺取河西，促使这里成为拉锯地区。对于汉王朝来说，在西部边疆首要的是解决西域的归属问题。若西域问题不解决，非但东西交通阻塞，就连河西四郡也难

---

① 《史记·大宛列传》，中华书局1982年版，第3176页。

保。汉武帝自即位以来就一直面临着这个问题，所以，他一贯的战略方针便是要控制西域，以"断匈奴右臂"，这样，便可断绝匈奴人力、财力的一大来源。这对西汉王朝抗击匈奴、保卫边疆的安宁、发展生产，自然是极为有利和重要的。

从战略态势上来看，自匈奴的战略重点由长城以北转向西域以后，西域诸国均采取了远汉而亲匈奴的政策。大宛又是西域诸国中的强国之一，这时已屈从匈奴。匈奴虽然迁徙到大漠以北，但在西方则与大宛勾结起来。大宛又和危须以西西域各国结成同盟，隔断东西之道。他们杀死许多西汉使臣，阻截大月氏派往长安的使臣，杀死身毒国的国使。因而这时大宛实际上承担了匈奴在西域代理人的角色。大宛对汉政府态度的变化（即由对张骞的亲善友好态度变为杀人越货的不友好态度），并非局部问题，而事关汉在西域政策的全局，它直接影响着其他国家的倾向。所以解决大宛问题也就成了解决西域问题的焦点，成为打击匈奴的一个重要步骤。

此外，汉朝用兵大宛，解决了西域问题，便可将汉王朝后顾之忧的西域，转化为匈奴的后顾之忧。这对西汉王朝的战略策略至关重要。因此，汉武帝两次派遣出使西域，皆为达到此种目的。然而，如前所述，张骞出使西域，从军事上来讲，并未完成汉与大月氏、乌孙结成同盟而夹击匈奴的任务，但张骞两次出使却开通了西域商路，使汉与西域各国的交通进一步扩大，这一成果必须有一捍卫、巩固和发展的更大行动，这个行动便是李广利伐大宛。

从东西交通史的角度来看，如果没有李广利伐大宛以及西汉王朝对西域小国楼兰、东师等国用兵的军事行动，就不会导致汉在西域地区的地方政权"西域都护"的建立，"丝绸之路"的安全就没有保障，张骞通西域的成果就会化为乌有，而且李广利伐大宛不仅完成了"断匈奴右臂"的军事任务,而且也使这条沟通中亚交通大动脉的"丝绸之路"得以畅通。这是符合中国及西域诸国经济发展的要求和各国人民愿望的,是顺应历史潮流的。由此可见,李广利伐大宛绝非为"仅获骏马数十匹"而已,其确有抗击匈奴、保卫中西交通的战略意义。

　　大宛之役后,"西域震惧,多遣使来贡献,汉使西域者益得职,于是自敦煌西至盐泽,往往起亭,而轮台、渠犁皆有田卒数百人,置使者校尉领护,以给使外国者"①。从此可以看出,武帝用兵大宛之后,在西域建立了一条防御线和交通线,东起敦煌,西至盐泽,直至轮台,沿途都有亭燧的建置。同时在西域建立了屯田,并设立了管理屯田和督察西域诸国的"使者校尉"之官,这便是以后"西域都护"一职的前身。从此,汉和西域各国长期保持友好亲密的关系。

二

　　汉武帝损五万之师,靡亿万之费,经四年之劳,用兵大宛,虽然有穷兵黩武、劳民伤财,带来消极后果的一面,但是,如果我们的视野不仅仅局限于汉宛关系上,而扩展到中西交通乃至整个世界的形势上,从当时汉同匈奴争夺的整个形势来看,那就不难看出它在历史上所起的积极作用远远超过了它的消极后果。

　　第一,汉武帝经营西域,代替了匈奴在西域的统治权,这无论对西汉王朝,还是对西域诸国来说,都具有积极的作用和巨大的意义。

　　对西汉而言,武帝经营西域的最初目的具有军事性,即企图

---

① 《汉书·西域传》,中华书局 1962 年版,第 3873 页。

联合月氏和乌孙等击匈奴,或者说"以断匈奴右臂"。汉经过长期的经营,不仅取得了河西至盐泽的匈奴居地,建河西四郡,使匈奴不能再取富于西域,而且取得了对西域的统治权,代替了匈奴对西域的统治。这样,"断匈奴右臂"的目的得以实现,大大削弱了匈奴的国势,使其在与汉的斗争中处于不利的地位。

对西域而言,当时西域诸国分散,经济落后,它们经不起外来的侵袭,但匈奴自冒顿单于以来,逐渐役属了西域诸国。匈奴是游牧民族,具有很强的掠夺性。这样性质的民族在役属西域诸国时,自然是极为残酷的。《汉书·西域传》云:"匈奴西边日逐王,置僮仆都尉,使领西域,常居焉耆、危须、尉黎间,赋税诸国,取给富焉。"由此可见,匈奴在天山南路的中部,设立了一个专征赋税的官,名曰:"僮仆都尉"。所谓"僮仆都尉",是将西域诸国看作僮仆,亦即把西域诸国视为"部落奴隶"而进行控制的意思。既然如此,匈奴对于西域诸国的束缚和控制必然极为残酷、极为严厉。《大宛列传》云:"匈奴使持单于一信,则国国传送食,不敢留苦。"汉王朝取代匈奴在西域的统治权以后,虽然也有征发西域诸国人随汉军为兵,或迎送汉使充役的事,也征调西域诸国的粮米牛羊,供作各种"廪给"事,但这并非经常的、固定的制度,而是偶然的,或某一时期所为。汉在西域设官驻军,基本上采取自给的政策,屯田之设,就是为了这个缘故。因此汉王朝要西域诸国做到的,主要是脱离匈奴来归于己,如果不是特殊的缘故,并不干涉它们自己的独立。当然,在西域诸国投归匈奴,存有贰心时,汉王朝也必然采取军事强制的手段。根据以上情况加以比较,应该说西域诸国归属于汉,比起归属于匈奴来,不仅受着较轻的控制和束缚,而且能够保持它们自己较大的独立性,继续存在和发展。因此,汉武帝经营西域,不仅解除了匈奴对西域的奴役和对汉的侵略,而且有力地抵制了匈奴侵略势力的滋长蔓延,使亚洲各地少受匈奴骑兵的蹂躏、破坏、劫掠。这对东方世界的整个历史都做出了巨大贡献。

第二,汉武帝用兵大宛及一系列在西域的经验活动,增进了东西之间的关系,对于亚洲各地经济与生产的发展具有巨大的促进作用。

中国是当时世界上最强大、最富饶的一个国家。经济的发展不仅远在匈奴之上,也走在西域各国的前面。这样,中国与西域各国建立起密切的关系之后,不仅对于中国自身经济的发展有益,而且对于西域各国经济的发展,甚至对于地中海沿岸各国经济的发展都产生深远的影响。在这方面,商业的关系十分重要。中国与希腊、罗马之间很早就有一条商路,只因匈奴控制了西域,这条商路不得通畅。武帝通西域之后,这条商路不仅恢复,而且大大发展起来。中国的手工业制造品,如丝织品,可以不受很大阻碍而达到西域诸国与地中海沿岸诸国。西域与地中海沿岸诸国的物品,自然也贸易到中国。这种具有世界性的贸易,对于欧亚历史所起的作用不可轻视。

其次,汉武帝经营西域,对于各地的生产发展也有良好的影响。自张骞通西域后,葱岭以西各国的物产,如大宛的苜蓿、葡萄,安息的石榴以及其他各地的红兰、胡豆、胡瓜、胡桃等都传入中国。这对中国农作物与染织手工业的生产,都起着巨大的促进作用。至于昆仑以西的玻璃以及和阗等地的玉传入中国,对中国雕造手工业的发展也有促进作用。从西域诸国来看,武帝经营西域之后,中国的金属制造业传入西域,"自宛以西,至安息国……其地皆无丝漆,不知铸钱器。及汉使亡卒降,教铸作他兵器。得汉黄白金,辄以为器,不用为币"①。这说明大宛等国的

---

① 《史记·大宛列传》,中华书局1982年版,第3174页。

金属制造技术是从中国人学会的。此外,中国的穿井汲水技术,也传入西域各国,司马迁说:"宛王城中无井,皆汲城外流水。……贰师与赵始成、李哆等计,闻宛城中新得秦人,知穿井。"①此外,中国先进的农业生产技术和经验,也通过汉在西域的屯田等渠道,传入西域诸国。而中国在兴修水利方面的井渠法等经验和技术,也随着汉和西域交往的日益加深而传入西域各国。这对地处沙漠地带的西域各国农业生产的发展,自然会起到更大的促进作用。

第三,汉武帝用兵大宛及对西域的经营,对于中西之间的文化交流也起了很大的作用。当时中国的文化,因受西方文化的影响而起着某些变化和发展。司马迁说:"初汉使至安息……汉使还,而后发使随汉使来观汉广大。以大鸟卵及黎轩善眩人献于汉。"②又云:"于是大觳抵,出奇戏诸怪物……及加其眩者之工,而觳抵奇戏岁增变。"③眩人之术,据《史记索隐》引韦昭语云:"眩人,变化感人也,《魏略》云:'黎轩多奇幻,口中吹火,自缚自解。'小颜亦以为植瓜等也。"④这是类似今日马戏的一种。从《史记》的记载来看,当时的觳抵戏吸收眩人之术,而大大丰富了它的内容。至于西域音乐之传入者就更为丰富了。

中国文化传入西域的也不少。由于汉王朝在西域设官驻军,中国的文学、书籍传到西域的不少。近人在西北不仅发现武帝以后的汉简,也发现了武帝时的汉简,就足以证明。中国的文字并不一定被西域诸国采用了,但在文化潜移的势力中却起着一定的作用。至于西域诸国纳子入质,或国王入朝,都吸收了汉

---

① 《史记·大宛列传》,中华书局 1982 年版,第 3176—3177 页。
② 同上书,第 3172—3173 页。
③ 同上书,第 3173 页。
④ 同上。

王朝的礼仪、制度,对于他们的文化也有影响。由此可见,汉武帝通西域,对于中西文化的交流与沟通,起了很大的作用。

（原文刊载于《司马迁与史记论集》

陕西人民出版社 1996 年 10 月出版）

论司马迁对西汉时代汉匈和战关系的认识

西汉时代匈奴奴隶主势力空前强大。他们为了掠夺财物和人口,经常侵扰西汉边境,杀掠吏民,给西汉王朝造成了巨大的威胁。因此,如何解除这种威胁就成为西汉王朝所面临的一个重大问题。从高祖至武帝,和亲与征伐两种意见对峙。作为史学家的司马迁亲眼目睹了两种政策的利弊及其导致的后果,并对此提出了自己的主张和意见。

一、司马迁对汉匈和亲的认识

匈奴是我国古代北方的一个游牧民族。它生活于西起今甘肃河西走廊、东至今东北、北抵漠北、南据河套的广大地区。西汉时,"控弦之士三十余万"①,力量最为强大。它利用楚汉相争、中原内乱的时机,南越长城,袭扰中原,杀虏吏民,给刚刚诞生的西汉王朝以巨大的威胁。汉高祖十六年(前201)匈奴冒顿单于又率大军围攻马邑(今山西朔县),韩王信投降。接着又在第二年围攻晋阳(今山西太原西南)。高祖亲率大军前往抵御。

---

① 《史记·匈奴列传》,中华书局1982年版,第2890页。

结果在平城白登山(今大同东南)被匈奴四十万精兵围攻七日七夜,形势危急。后用陈平之计,使人暗中以厚礼疏通单于的阏氏,方得解脱①。

汉高祖经过这场白登之围后,吃尽了苦头。他眼看匈奴经常掳掠边地,但由于此时汉朝内部统治还不牢固,战争创伤依然存在,社会经济尚未恢复,所以他是欲战无力,欲罢不忍。对此,司马迁在《刘敬列传》中记述道:"高帝罢平城归,……当是时,冒顿为单于,兵强,控弦三十万,数苦北边。上患之。……刘敬对曰:'陛下诚能以適长公主妻之,厚奉送之,彼知汉嫡女送厚,蛮夷必慕以为氏阏,生子必为太子,代单于,何者?贪汉重币。陛下以岁时汉所余彼所鲜数问遗,因使辩士风谕以礼节。冒顿在,固可无战以渐臣也。'……使刘敬往结和亲。"刘敬以为一旦长公主下嫁,就建立了子婿关系,使"久远子孙为臣"的目的可以实现。这未免带有浓厚的书生气的天真。但在当时的历史条件下,汉匈之间保持亲善和平关系,对于汉王朝医治战争创伤、稳定政局、恢复发展生产是极为重要的。所以,高祖权衡利弊得失,还是采纳了刘敬和亲的建议。以宗亲女嫁给单于,每年赠送匈奴大量的絮、缯、酒、食物等等。并和匈奴约为兄弟,双方以长城为界。"长城以北,引弓之国,受命单于;长城以内,冠带之室",汉王统治②。此外,汉匈还商定在边界互"通关市",使互相间早已存在的商贸往来得到保障和发展。

这种和亲政策,从高祖开始实行,经过惠帝、高后、文帝、景帝、直至武帝初年,并没有大的改变。只不过匈奴并未因为汉朝"约为兄弟"的和亲而放弃对汉的侵略,仍不时地骚扰汉边境。

①　参见《史记》之《刘敬列传》、《高祖本纪》、《韩信卢绾列传》、《匈奴列传》等。

②　《史记·匈奴列传》,中华书局1982年版,第2902页。

所以,文帝时不得不采用灵活的政策来对待匈奴;一方面继续与匈奴和亲,希望和平相处,另一方面加强对匈奴侵犯的反击。对此,司马迁在《匈奴列传》中说:"至孝文帝初立,复修和亲之事。其三年五月,匈奴右贤王入居河南地,侵盗上郡葆塞蛮夷,杀略人民。于是孝文帝诏臣相灌婴发车骑八万五千,诣高奴,击右贤王。右贤王走出塞。""汉孝文皇帝十四年,匈奴单于十四万骑入朝那(今甘肃平凉西北)、萧关(今宁夏固原南),杀北地都尉印"。抢掠大批人畜财产,并进抵彭阳(今甘肃镇原),焚毁回中宫,游骑至雍、甘泉一带。在此情况下,文帝"大发车骑往击胡。单于留塞内月余乃去,汉逐出塞即还"。文帝后元六年(前 158),"匈奴复绝和亲,大入上郡、云中各三万骑,所杀略甚众而去。于是汉使三将军军屯北地,代屯句注,赵屯飞狐口,缘边亦各坚守以备胡寇。又置三将军,军长安西细柳、渭北棘门、霸上以备胡。……数月,汉兵至边,匈奴亦去远塞,汉兵亦罢"。

由《匈奴列传》的记述可以看出,司马迁对匈奴的负约不断侵扰汉朝边境、杀虏人民、掠夺财物的侵略战争采取了揭露与批判的态度,但他对文帝对匈奴采取的和亲与反击相兼顾的"坚边设侯,结和通使,休宁北陲"①的策略则是赞赏的。正由于文帝采取了和亲与反击相兼顾的灵活政策,所以才使"百姓无内外之徭,得息肩于田亩,天下殷富,粟至十余钱,鸣鸡吠狗,烟火万里,可谓和乐者乎"!② 司马迁对此在《史记》许多纪传中予以热情地称颂,并认为"汉兴,至孝文四十有余载,德至盛也"③。

景帝尊文帝之业,在位十六年间,匈奴与汉王朝没有大的冲突。司马迁记述说:"孝景帝复与匈奴和亲……终孝景时,时小

---

① 《史记·律书》,中华书局 1982 年版,第 1242 页。
② 同上。
③ 《史记·孝文本纪》,中华书局 1982 年版,第 437 页。

入盗边，无大寇。"①武帝即位初期，仍执行和亲政策，"厚遇，通关市，饶给之。匈奴自单于以下皆亲汉，往来长城下"。

由上述司马迁的记述可以看出，"和亲"是在汉王朝政局未稳，国力空虚、敌强我弱的特殊情况下，汉朝为了避免匈奴的不断侵扰所采取的措施。这种和亲政策为汉王朝换取了整顿内政、修养生息、发展经济、积蓄力量的时间。暂时缓和了汉与匈奴间的矛盾，减少了匈奴贵族野蛮的军事掠夺，避免了汉、匈双方大规模的战争，促进了中原与匈奴间政治、经济、文化的交流，使双方形成相互依存、和平相处、友好往来的密切关系。这给汉、匈双方都带来巨大的利益。特别是这种和亲政策的实现，对于以往"务安诸夏，不事要荒"、"毋亲夷狄，以疏其属"、"内诸夏而外夷狄"等传统观念，是一个开创性的伟大突破。这对于巩固和发展汉族与少数民族的关系，从而加强统一的多民族国家的统治，具有重大的历史意义。司马迁正是看到这一点，才对坚持和亲的汉初四帝给予高度的赞扬②，认为汉初的和亲使"黎民得离战国之苦，君臣俱欲休息乎无为，故惠帝垂拱，高后女主称制，政不出房户，天下晏然。……民务稼穑，衣食滋殖"③，"海内殷富"④。在这些赞语中，司马迁突出了一个"安"字。国家安定，无杀伐之苦，无多徭役，这乃是发展经济、强国富民一个极为重要的条件。由此认识出发，他对匈奴的背约犯境、杀掠吏民予以严厉的谴责。早在两千多年前，司马迁能够这样辩证地看待汉、匈关系，能认识到争取一个安宁的周边环境对发展经济、稳定社

①　《史记·匈奴列传》，中华书局1982年版，第2904页。

②　参见《史记》之《吕太后本纪》、《孝文本纪》、《孝景本纪》、《律书》、《太史公自序》。

③　《史记·吕太后本纪》，中华书局1982年版，第412页。

④　《史记·孝文本纪》，中华书局1982年版，第433页。

会所起的重要作用以及非正义战争给汉、匈两族人民所带来的巨大灾难,这是十分难能可贵的。由此也可以看出,他的见识是高明的,是站在时代的高度来看问题的。

二、司马迁对汉匈战争的认识

司马迁虽然赞同汉初与匈奴的和亲政策,但这并不能表明司马迁就反对汉、匈战争。相反,他认识到汉、匈之间战争的不可避免性,并对这场战争的积极意义与消极结果进行了比较深入的分析,从而表现出一个伟大史学家的卓越见识。

1.汉、匈战争的不可避免性

第一,根据司马迁的记述来看,西汉初年的"和亲"政策,并没有从根本上彻底消除匈奴对西汉的威胁。匈奴尽管与汉"约为兄弟",但始终没有停止对汉边的掳掠。武帝时,社会生产已得到恢复和发展,"非遇水旱之灾,民则人给家足,都鄙廪庾皆满,而府库余货财。京师之钱累巨万,贯朽而不可校。太仓之粟陈陈相因,充溢漏积于外,至腐败不可食"[1],出现了"天下殷富,财力有余,士马强胜"的繁荣局面,政治上经过平定异姓诸王叛乱及文景削藩,使中央集权得到巩固,封建统治日益加强,具有了抵抗与反击匈奴大规模侵略的力量。

第二,早在文帝时,随着汉王朝经济的逐渐恢复发展,为抵御匈奴的侵略做了许多工作。首先加紧西边、北边诸郡的守备,针对备塞的人"少发则不足;多发,远县才至,则胡又已去。聚而

---

① 《史记·平准书》,中华书局1982年版,第1420页。

不罢,为费甚大;罢之,则胡复入"①的情况,汉采取了募民实边的措施,加强了边备力量。其次,针对屯戍者不断增多、边粮不足的情况,汉"于是募民能输及转粟于边者拜爵,爵得至大庶长"②。这一政策有力的刺激、吸引了不少人,使其向边地贡献粮食,为加强边备力量做出了贡献。这就为反击匈奴侵略打下了坚实的物质基础。

第三,汉朝野内外抗击匈奴的呼声越来越高。文帝时期贾谊就曾上疏说:"凡天子者,天下之首,何也? 上也。蛮夷者,天下之足,何也? 下也。今匈奴嫚侮侵掠,至不敬也,为天下患,至亡已也。而汉岁致金絮采缯以奉之。夷狄征令,是主上之操也;天子共贡,是臣下之礼也。足反居上,首顾居下,倒悬如此,莫之能解,犹为国有人乎? ……陛下何忍以帝皇之号为戎人诸侯,势既卑辱,而祸不息,长此安穷!"③这番话虽不免有歧视夷狄的《春秋》大义思想,夹杂着君臣尊卑意识,但他已认识到汉、匈两个民族在生产力发展水平上的巨大差距,牧业民族的匈奴常常侵扰西汉边境,和亲、奉赠已不能维持和平局面,反而长养祸害,没有个尽头。只有敢于"猎猛敌",改变"天下倒悬"的被动局面,才是唯一出路。这种看法不但很有见地,而且代表了当时的思想潮流。这表明,到了武帝时代,汉朝为反击匈奴的侵略,为建立统一的多民族国家,在精神上也有了充分的准备。

第四,匈奴的不断的侵扰也是武帝下决心反击匈奴的最主要原因之一。他说:"朕饰子女以配单于,金币文绣赂之甚厚,单于待命加嫚,侵盗亡已。边境被害,朕甚闵之。今欲举兵击

---

① 参见《汉书》之《晁错传》、《贾谊传》。
② 《史记·平准书》,中华书局1982年版,第1419页。
③ 《汉书·贾谊传》,中华书局1962年版,第2240—2241页。

之。"①这样汉、匈间的战争便不可避免了。

再从匈奴方面来看,根据司马迁的记述:第一,匈奴自冒顿单于起,统一了整个蒙古草原,"引弓之民并为一家"。这时正是其奴隶制社会迅速发展时期。它只从事畜牧业的单一经济,加上无"城郭田宅之归居,如飞鸟走兽于广野,美草甘水则止,草尽水竭则移。……往来转徙,时至时去"②。如果遇上恶劣天气,畜群易灾,这样,他们势必要靠掠夺来生存,因此其掠夺战争就更加频繁,而经济财富丰饶的中原自然是其最好的猎场。由此可见,汉与匈奴的矛盾实际上是农业民族与牧业民族的矛盾,是先进生产力发展水平与落后生产力水平的矛盾。这种矛盾此时已经达到不可调和的程度,即使再和亲,也不能缓和其矛盾。于是矛盾上升为战争。

第二,汉与匈奴之间的领土之争也是战争的原因之一。我国北方内蒙古河套地区,自商周以来就是我国北方游牧民族的活动区。这带地区以及晋、陕北部,商时有方、土方、鬼方,周时有猃狁、犬戎;战国时为匈奴所占有。秦时蒙恬击匈奴,悉收河南地,因河为塞。武帝击匈奴又取河南地,置朔方郡,复秦时所为塞,并渡河以北取阴山之地。(匈奴)"外有阴山,东西千余里,草木茂盛,多禽兽,本冒顿单于依阻其中,治作弓矢,来出为寇,是其苑囿也。至孝武世,出师征伐,斥夺此地,攘之于幕北。……幕北地平,少草木,多大沙……边长老言匈奴失阴山之后,过之未尝不哭也"③。再如,甘肃河西走廊,武帝以前也为匈奴所有,为浑邪王、休屠王的游牧地。武帝时,征破之;降浑邪之众,置四郡。匈奴对此也是极不甘心的。匈奴失祁连山、焉支山

---

① 《汉书·武帝纪》,中华书局1962年版,第162页。
② 《汉书·晁错传》,中华书局1962年版,第2285页。
③ 《汉书·匈奴传》,中华书局1962年版,第3803页。

后歌曰:"亡我祁连山,使我六畜不蕃息;失我焉支山,使我嫁妇无颜色。"①上述地区的得失和争夺,当然是匈奴战争的一个主要原因。《匈奴列传》曰:"匈奴右贤王怨汉夺之河南地而攻朔方,数为寇盗边及入河南侵扰朔方,杀略吏民甚众。"

2. 司马迁对汉、匈战争的认识

由于司马迁对这场战争不曾做正面的评论,所以对于这一问题,后世论者意见颇为分歧。笔者认为,司马迁对汉、匈战争是肯定的。他意识到汉、匈之间的战争是不可避免的,并且看到了这场战争的进步作用与历史意义,对这场反侵略的统一战争所带来的积极意义是赞颂的,但他同时因这场战争给汉、匈双方人民所带来的灾祸与经济损失是否定的。他认为带来灾祸的这场战争的原因在于匈奴的背约侵略,而把这场战争给汉朝所带来的经济萧条、"户口减半"之因,归咎于武帝在战争中用人不当。

其一,司马迁对汉、匈战争并不反对。他在《建元以来侯者年表赞》中说:"匈奴绝和亲,攻当路塞,闽越擅伐,东瓯请降。二夷交侵,当盛汉之隆,以此知功臣受封侯于祖考矣。何者? 自《诗》《书》称三代'戎狄是膺,荆荼是征',齐桓越燕伐山戎,武灵王以区区赵服单于,秦缪用百里霸山戎,吴楚之君以诸侯役百越。况乃以中国一统,明天子在位,兼备文武,席卷四海,内辑亿万之从,岂以宴然不为边境征伐哉!"不少论者认为这段话是"明颂暗讽","表面上是歌颂汉王朝征服四夷,将卒为之立功封侯,实际上是说汉王朝恃强惹是生非,不以边境安宁、国家无事为目

---

① 《史记·匈奴列传》《索隐》引《西河旧事》,中华书局 1982 年版,第2909 页。

的,而是想在征伐中立功受封"①。这种观点疑为论者的主观臆断。这里根本不存在什么"明颂暗讽"之意。"匈奴绝和亲,攻当路塞"是历史事实,"闽越擅伐,东瓯请降"也是事实。在"二夷交侵"又"当盛汉之隆"时,难道对"交侵"的侵略者不应予以反击么? 司马迁何以要反对? 有战争便自然有因军功而受封者,司马迁又何以要"讽刺"呢? 况且,如果说这是"明颂暗讽"的话,那么,对"齐桓越燕伐山戎,武灵王以区区赵服单于,秦缪用百里霸山戎,吴楚之君以诸侯役百越"又当如何理解呢? 这难道也是"明颂暗讽"吗? 而司马迁对这些人物在各自的传记中显然是歌颂的,并不存在什么讽刺意味! 至于"中国一统,明天子在上,兼备文武,席卷四海"数句,仍然是史实的叙述。汉武帝时代无疑是中国大一统局面形成和巩固的时代,而武帝本人确实是中国历史上一位"兼备文武"雄才大略的君主。他在位期间使汉朝国力达到鼎盛,政治、经济、文化、外交各方面都获得了极大的发展。由此可见,司马迁此段是客观事实的叙述,是由衷的赞颂,并非"明颂暗讽"。所以他说:"自三代以来,匈奴常为中国患害。预知强弱之时,设备征讨,作《匈奴列传》。"

正因为他对武帝反击匈奴是赞同的,所以他在《匈奴列传》及有关纪传中,一方面对匈奴奴隶主常常负约背汉、侵扰边境、杀掠人民抢夺财产予以深刻的揭露和无情的批判;一方面对武帝所采取的优待匈奴的政策(如优待匈奴俘虏,为单于在长安兴建官邸,为得病的匈奴使者治病并在死后厚币送还其丧等等②)予以赞颂。另一方面对这场反侵略的统一战争所带来的积极意义,也予以热情的歌颂。

---

① 朱枝富《论司马迁民族思想》,《中央民族学院学报》1986 年第 3 期。
② 参见《史记·匈奴列传》。

司马迁认为,首先,汉匈战争基本上消除了长期以来匈奴对汉王朝的巨大威胁,有力地遏止了匈奴对汉边人民生命财产的侵略与掠夺,捍卫了国家、民族的安全。如果没有这场反侵略战争,就不会出现"至孝宣之世……(北方边境)边城晏闭,牛马布野,三世无犬吠之警,黎庶无干戈之役"①的和平兴盛景象。同时,汉对匈奴战争的胜利,也给匈奴人民带来了安宁、和平与利益。呼韩邪颛氏就曾说:"匈奴乱十余年,不绝如发,赖蒙汉力,故得复安。"这说明,它顺应了历史的潮流,有力地推动了历史前进的步伐。

其次,汉、匈战争不仅解除了匈奴对中原的侵扰,而且解除了乌桓、丁零、西嗕乌孙和西域各族人民所受匈奴贵族的奴役和剥削,使他们脱离匈奴奴役制的束缚,保卫了人民的生命财产安全,加强了与汉民族先进经济文化的交流和影响。

再次,汉、匈战争及其在战争过程中武帝所采取的移民垦殖、屯边等政策,增加了各民族的相互了解,密切了汉族与各少数民族的关系,促进了各民族的经济、文化交流,加速了各民族的融合。这对于统一的多民族国家的形成具有重大意义。因此,武帝时对匈奴的战争是顺应了历史发展的潮流、符合各民族人民利益的,具有巨大的进步作用和积极意义。它既是汉和匈奴在各自历史发展进程中的相互矛盾、相互斗争的必然产物,也是双方相互联系、趋向统一、逐步融合的过程。从此,在中华民族的大家庭中,又增添了一个新成员。司马迁对这些都是由衷的歌颂的。

其二,司马迁对这场战争给汉王朝所带来的经济衰退,"海内虚耗,户口减半"及其由此所产生的各种社会危机,予以揭露

---

① 《汉书·匈奴传》,中华书局1962年版,第3832—3833页。

和批判。并认为造成这种严重后果的原因是武帝用人不当的结果。他在《匈奴列传》中说："世俗之言匈奴者，患者徼一时之权，而务谄纳其说，以便偏指，不参彼此，将率席中国广大，气奋，人主因以决策，是以建功不深。尧虽贤，兴事业不成，得禹而九州宁。且欲兴圣统，唯在择任将相哉！唯在择任将相哉！"他对武帝在汉、匈战争中重用的卫青、霍去病、李广利颇多微辞，认为这些靠裙带关系得到重用的人，并无什么真本领。他们所取得的胜利是以巨大的牺牲和损失换来的。《平准书》中说：自"匈奴绝和亲，侵扰北边，兵连而不解，天下苦其劳，而干戈日滋。行者赍，居者送，中外骚扰而相奉，百姓抏弊以巧法，财赂衰耗而不赡。"这说明连年的战争，不仅使汉兴七十余年的财货积蓄荡然无存，而且入不敷出。司马迁看到战争造成惨重的损失，十分痛惜，在许多纪传中如实地记载了这一笔笔损失。《平准书》记述，元朔五年、六年，卫青两次出击匈奴，共获首虏三万四千级，"捕斩首虏之士受赐黄金二十余万金，虏数万人皆得厚赏，衣食仰给县官；而汉军之士马死者十余万，兵甲之财、转漕之费不与焉。于是大农藏钱经耗，赋税既竭，犹不足以奉战士。……军功多用越等，大者封侯卿大夫，小者郎吏。吏道杂而多端，则官职耗费"。元狩四年，"大将军、骠骑大出击胡，得首虏八九万级，赏赐五十万金，而汉士卒物故亦数万，汉马死者十余万"。此外，还有对浑邪王等匈奴归降者的赏赐、巩卫朔方等，所费都以百万计。战争给西汉王朝所带来的巨大损失和严重后果，由此可略见一斑。

其三，既然战争造成了社会经济的极度变化，"赋税既竭"、"财赂衰耗而不赡"，那么，统治阶级要解决上述问题，缓和经济危机，就不免要任用兴利之臣，巧取豪夺了。司马迁对此也做了大胆的揭露与深刻的剖析。他在《平准书》中说："百姓抏弊以巧法,财赂衰耗而不赡。入物者补官,出货者除罪,选举凌迟,廉耻相冒,武力进用,法严令具,兴利之臣自此始也。"武帝任用"兴利之臣"桑弘羊等,实行更钱造币,垄断盐铁、酒的专卖,算缗造缗,均输盐铁等一系列"与民争利"的措施。这些措施虽然取得了较大的积极意义,促进了当时社会上的封建制,并暂时缓和了阶级矛盾,充裕了汉王朝的财政,使武帝得以继续实现其对内、对外政策,但同时也造成了极为严重的后果。司马迁对此在《平准书》中说:"中家以上大抵皆遇告。""得民财物以亿计,奴婢以千万数,田大县数百顷,小县百余顷,宅亦如之。于是商贾中家以上大率破,民偷甘食好,不事畜藏之产业。"一遇到天灾,"人或相食"。

　　兴利之臣"与民争利"的结果,必然要引起百姓的破产与反抗,于是任用"酷吏",推行"严刑峻法"。司马迁对此揭露说:"自公孙弘以《春秋》之义绳臣下取汉相,张汤用峻文决理为廷尉,于是见知之法生,而废格沮诽穷治之狱用矣。"[①]他们往往以"莫须有"的罪名诛杀反对"兴利"的人。结果使百姓被迫铤而走险,《酷吏列传》说:"百姓不安其生,骚动。""盗贼滋起","大群至数千人,擅自号,攻城邑,取库兵,释死罪,缚辱郡太守、都尉,杀二千石"。"小群以百数,掠卤乡里者,不可胜数也"。由此可见,社会矛盾尖锐到何种程度!当然,造成上述种种社会矛盾与危机的,并非仅是汉、匈战争的消极后果,而是由当时各种社会因素所导致的。

　　综上所述,司马迁对于西汉时代汉、匈的和战关系采取了具体分析的实事求是的态度:认为无论是汉初所采取的和亲政策,还是武帝时代的反击战争,都是为了实现多民族国家的统一,都

---

　　①　《史记·平准书》,中华书局1982年版,第1424页。

有利于民族融合和各民族共同繁荣与进步,都具有积极意义;同时,他对匈奴贵族的背约、发动侵略战争,破坏双方相互依存、和平相处、友好往来的关系,给汉、匈人民带来的巨大灾难,采取了揭露与批判的态度,把这场战争给汉朝带来的经济萧条,"户口减半"及由此所产生的各种社会危机,归咎于武帝用人不当。早在一千多年前司马迁能这样辩证地、实事求是地认识问题,可见他的见识是卓越的。

（原文刊载于《司马迁与史记论集》
陕西人民出版社 1995 年 7 月出版）

《史记》的体制结构反映了
司马迁的民族大一统思想

  《史记》由本纪、表、书、世家、列传五体构成。这五体结构是司马迁的伟大创造。"百代而下,史官不能易其法,学者不能舍其书"①,成为中国传统史学的主要形式,形成所谓"纪传体"的史例,"自此例一定,历代作史者遂不能出其范围"②。对此,历代学者做了大量精辟的分析,产生了不少独到的见解,这是我们应该继承的财富。但是,前代学者多从事于对纪传体得失的探讨,偏重于史料的编纂方法研究,而疏于从《史记》的体制结构与司马迁民族大一统思想的关系方面去探讨。因此,本文试图从这一角度做一初步探讨。

一

  《史记》的五体结构是一个完整统一的形象体系,它们不仅各具笔法,自成系统,而且又是一个严密的整体。五体结构不仅是一种历史的编纂方法,而且更是司马迁民族思想的表述法。

---

  ① [宋]郑樵《通志·总序》,中华书局1987年版,第1页。
  ② [清]赵翼著,王树民校证《二十二史札记校证》卷一,中华书局1984年版,第3页。

它形象地反映了司马迁的民族大一统思想。

先说"本纪"。本纪,《史记正义》引裴松之《史目》解释说:"天子称本纪,诸侯曰世家。"张守节发挥说:"本者,系其本系,故曰本;纪者,理也,统理众事,系之年月,名之曰纪。"刘知幾说:"盖纪者,纲纪庶品,网罗万物,论篇目之人者,其莫过于此乎!"又说:"盖纪之为体,犹《春秋》之经系日月以成岁时,书君上以显国统。"①可见,"本纪"乃纲纪庶品,为全书的提纲。它以王朝的更替为体系,用编年的形式记载天子国君之言事,排比一代大事。这反映了司马迁以帝王为中心的民族大一统思想。

《史记》的十二本纪,根据义例和时间顺序,大致可以分为三类:

《五帝本纪》、《夏本纪》、《周本纪》为一类,主要阐明以德统一天下的思想。《五帝本纪》不仅将黄帝说成是中国各民族的祖先,而且突出了"明德"思想。他说:"自黄帝至舜、禹,皆同姓而异其国号,以章明德。""明德"二字,反映了司马迁对五帝三王以德统一天下的总看法。至于夏、殷、周各本纪,司马迁也一再强调以德统一天下的可贵,如"汤修德,诸侯皆归汤,汤遂率兵以伐夏桀"。而殷纣王不修德,才使天下分裂,战乱日滋,故被文、武所灭。

《秦本纪》、《秦始皇本纪》、《项羽本纪》为一类,主要揭示秦统一各民族的历史过程。司马迁详细地叙述了秦经过一百多年的努力,最终以武力征服天下,统一各民族。秦始皇的统一,"成功大",但统一天下后,依赖武力实行残暴统治而不施德治,因而加速了秦的覆亡。项羽亦如此。在这三个本纪中,司马迁得出

---

① [唐]刘知幾撰,[清]浦起龙释《史通通释》卷二,上海古籍出版社1978年版,第37页。

了以武力统一天下是应该的，以武力治理天下必然灭亡的结论。

《高祖本纪》以下五篇为一类。《高祖本纪》意在说明，结束天下分裂的局面，完成中国境内各民族的统一，不能不用武力。而吕后、文、景本纪意在说明，天下统一之后须行德治。

《史记》十表，司马迁将古代两千三百年的史事分为古代、近代、今世三个段落、五个时期。《三代世表》从黄帝到西周共和，表现积德累善得天下的礼治时代，民族统一。《十二诸侯年表》从共和到孔子卒年，表现王权衰落的霸政时代，天下分裂。这是古代史。

《六国年表》以周元王元年到秦亡，表现力征兼并得天下，民族由分裂走向统一。《秦楚之际月表》从陈涉起义到刘邦称帝著月表以表现八年之间，天下三嬗的剧烈变革时代，各民族由统一到分裂，再到统一。这是近代史。

汉兴以来六表，分类著录，表现加强中央集权的民族大一统时代。这是今世。司马迁的十表，创立了我国古代的年代学理论，这是一项伟大的贡献。

《史记》八书，是分门别类的典章制度文化史。记述了各种典章制度的历史变化，并借此抒发了他对社会现实的种种看法。

《史记》三十世家。司马贞、刘知几都认为，"世家"是记载诸侯及家世的。它和本纪一样，也是编年记事。只不过本纪记天子之事，而世家记诸侯之事。但这种解释似不尽符合司马迁的原意和《史记》世家的实际。司马迁在《太史公自序》中说："二十八宿环北辰，三十辐共一毂，运行无穷，辅拂股肱之臣配焉，忠信行道，以奉主上，作三十世家。"这明确地说明，世家是记载那些"辅拂股肱"、"忠信行道，以奉主上"之臣。所以陈涉、孔子均非"开国世家，世代相续"之人，也被列入了世家。在司马迁看来，孔子、陈涉、外戚，虽非诸侯，但都有功于国家的统一，如孔子"悼礼废乐崩,追修经述,以达王道,匡乱世反之于正,见其义辞,为天下仪法,垂《六艺》之绝纪于后世"。是"辅拂股肱之臣",故将之列入"世家"。至于陈涉,因其反秦首功,故亦列入世家。其余各"世家",有的是统一天下的开国功臣,有的是汉家宗戚,皆对统一天下、完成和巩固各民族大一统的政治局面做出过贡献,故列入世家。

《史记》七十列传,记载功臣贤人的言行,以表示人臣拱卫主上之意。

综上所述,"本纪"编年,记载天子军国大事,是全书的大纲。以黄帝至汉武帝用王朝嬗递和帝王兴替作为科分条析的大纲,以象征历史发展趋向统一的走向。"世家"述开国承家诸侯;"列传"叙人臣之事,辅弼君上,如众星之拱卫北辰,以象征君臣之道。这表现了司马迁的民族统一和等列天子臣民的思想。他打破了"别种殊域"的界限,把民族区域纳入统一的封建帝国体系、版图之内来叙述,视各民族皆为天子臣民,皆为黄帝子孙,这充分体现了司马迁民族一统思想的光辉。

二

在古代典籍中,《尚书》记事起于尧,《周易》起于庖羲,《春秋》起于鲁隐公元年。而《史记》记事起于黄帝,这充分表现了司马迁各民族皆为黄帝子孙的民族大一统思想。

据《史记》记述,黄帝之前是一个四分五裂的部落战乱时代,"轩辕之时,神农氏世衰。诸侯相侵伐,暴虐百姓,而神农氏弗能征。于是轩辕乃习用干戈,以征不享,诸侯咸来宾从。而蚩尤最为暴,莫能伐。炎帝欲侵陵诸侯,诸侯咸归轩辕。轩辕乃修德振兵,治五气,艺五种,抚万民,度四方,教熊罴貔貅貙虎,以与炎帝战于阪泉之野,三战,然后得其志。蚩尤作乱,不用帝命。于是黄帝乃征师诸侯,与蚩尤战于涿鹿之野,遂禽杀蚩尤。而诸侯咸尊轩辕为天子,代神农氏,是为黄帝。天下有不顺者,黄帝从而征之,平者去之,披山通道,未尝宁居"。从这段记述可以看出,黄帝之前,四分五裂,部落纷争,战乱迭起。黄帝经过与炎帝、蚩尤等战争,才统一了社会,完成了父权制时代的统一,结束了各部落间的纷争。所以司马迁有意识地以为《史记》述史的开端,借黄帝来表现自己的民族大一统思想。

此外,司马迁认为,中国境内各民族皆为黄帝子孙,都是兄弟,并在《五帝本纪》中给他们一一排列了世序。《夏本纪》说夏朝(夏族)是黄帝的后代,在《殷本纪》《周本纪》中说商人(商朝)、周人(周朝)皆为黄帝的后代。同时进一步认为春秋战国各诸侯国以及匈奴、东越、闽越等都是黄帝的后代。司马迁这种各民族皆为黄帝子孙的说法虽然是不科学的[1],但它却是春秋战国以来大一统要求的反映,是司马迁民族大一统思想的表现。

春秋战国时代,诸侯兼并,战争连年,各民族融合统一的趋势日益发展。秦汉以来,中华民族多元一体格局的形成,民族大一统局面的出现,国内各民族以及中华民族与其他国家的民族之间广泛的经济文化交流,使人们的眼界大大地开阔了,民族融合加快了,人们的民族自信心、自豪感达到了前所未有的高度。这种民族间的相互融合与交流,政治上的空前统一,要求建立与之相适应的文化思想。春秋以降,儒、墨、名、法各家往往捃摭《春秋》之文以著书,他们虽然"直所从言之异路",但"此务为治

---

[1]　池万兴《司马迁民族思想阐释》,陕西人民教育出版社1995年版,第96页。

者也"①("治"即大一统),其目的都在宣扬大一统。

司马迁继承和发展了大一统理论,抛弃了先秦儒家"戎狄是膺,荆舒是惩"②以及"尊王攘夷"、"内诸夏而外夷狄"的大民族主义,形成了诸族同源的民族大一统思想,并使之成为《史记》的指导思想,贯穿在《史记》的体制结构之中。这在当时历史条件下是巨大的进步,对促进多民族国家的统一和巩固,无疑具有伟大的作用。

三

《史记》的体制结构,形象地表现了历史的大一统方向。作为全书大纲的"本纪",从《五帝本纪》到《今上本纪》,司马迁着重表现的是从黄帝的统一到秦皇汉武的统一。它象征了中华民族历史的发展方向,也表现了帝王德业的日益兴盛和民族的不断进步。

炎黄时代,攻伐不休,黄帝修德振兵,统一了天下。"昔虞、夏之兴,积善累功数十年,德洽百姓,摄行政事,考之于天,然后在位。汤、武之王,乃由契、后稷修行仁义十余世,不期而会孟津八百诸侯,犹以为未可,其后乃放弑"③。三代之后,春秋战国期间,"秦起襄公,章于文、缪、献、孝之后,稍以蚕食六国,百有余载,至始皇乃能并冠带之伦。以德若彼,用力如此,盖一统若斯

---

① [汉]司马迁《史记·太史公自序》,中华书局 1959 年版,第 3288—3289 页。

② 程俊英、蒋见元著《诗经注析》,中华书局 1991 年版,第 1017 页。

③ [汉]司马迁《史记·秦楚之际月表第四》,中华书局 1959 年版,第 759 页。

之难也"①。司马迁这段议论,十分简略地勾勒了中国从虞夏至秦汉大一统发展变化的轮廓。中华民族由分裂走向一统。这一发展,经历了漫长的过程,故司马迁感叹道:"盖一统若斯之难也!"

正由于此,司马迁《史记》的"微旨"之一虽然是"抑秦"②,但对秦的统一之功,却予以高度的赞扬和由衷的歌颂。秦始皇在统一六国中和统一之后,采取了极为残酷的措施和统治,致使社会矛盾日趋激化,秦王朝在农民起义的浪潮中很快覆亡了。于是,当时许多人对秦政无不切齿攻击,但司马迁在《礼书》中却说:"秦有天下,悉内六国礼仪,采择其善,虽不合圣制,其尊君抑臣,朝廷济济,依古以来。至于高祖,光有四海,叔孙通颇有所增益减损,大抵皆袭秦政。自天子称号下至佐僚及宫室官名,少有变改。"可见,司马迁对秦统一天下的历史作用不仅没有抹煞,而且给予充分的肯定。他提倡德治,反对帝王对人民施加暴力,但并不反对施暴力于民族统一。他之所以高度评价秦用武力统一的功绩,既是实事求是的态度,也是为了古为今用。他在《高祖功臣侯者年表》中说:"居今之世,志古之道,所以自镜也。"由此可见,他赞赏秦统一正是宣扬他的民族大一统思想,也是肯定黄帝和秦皇汉武的统一功业,为汉代中央集权的民族大一统制造舆论。《史记》的体制结构便孕含了这一大一统的民族思想。

四

从《史记》的体制结构来看,《史记》的篇目结构明显地表现

---

① ［汉］司马迁《史记·秦楚之际月表第四》,中华书局 1959 年版,第759 页。

② 钱大昕《与梁耀北论〈史记〉书》,《潜研堂文集》卷三十四。

出尊汉的倾向。据张大可《史记研究》统计："《史记》一百三十篇，五十二万六千五百字，其中专载汉史的有六十二篇，兼及汉史的有十三篇，共七十一篇。"这"载述汉史的七十五篇，计本纪六篇，表七篇，书八篇，世家十三篇，列传四十二篇，纯言汉史的字数二十五万多"①。司马迁对这百年汉史的记述充分体现了详变略渐的原则。高祖时期仅十二年，便有二十五篇，九万余字。这是民族由分裂走向统一的时期，也是社会由动乱到安定的时期。因此司马迁便用了二十五篇。而惠景时期六十年，却仅用了十三篇约五万字。因为惠景年间是所谓无为而治的安定时期。武帝期间三十四年，共二十篇，此外还有四篇重点记述武帝时史事，约十万余字。这三十四年间是武帝对内兴作、对外征伐的时代，故司马迁记述又详于惠景时期。可见，《史记》载述了约二千三百多年的史事，但仅有百年左右的汉史竟占了全书篇目和字数的一半。这充分体现了司马迁的尊汉观念。

司马迁之尊汉并非大汉族主义的狭隘的民族观念，而是尊重历史的发展方向，拥护多民族国家的中央集权统治。他之所以认为汉武帝是"至明天子"，就是因为汉武帝雄才大略，对内兴作，对外征伐，巩固了中央集权制度，完成了四海一家的多民族国家的统一大业。对汉武帝的统一功德，司马迁在《太史公自序》中热情地称赞："汉兴五世，隆在建元，外攘夷狄，内修法度。"尽管司马迁后来和汉武帝有一定的矛盾，并惨受宫刑，但对武帝的民族统一之功还是十分崇奉的。他以大量的篇幅、高昂的激情记述西汉盛世，颂扬伟大的时代，歌颂武帝的雄才大略，乃是赞成加强中央集权、巩固和发展多民族国家的统一局面。因此，

---

① 张大可《史记研究·从司马迁写当代史看他的政治观》，甘肃人民出版社 1985 年版，第 384 页。

《史记》结构中的尊汉倾向,是司马迁民族大一统思想的体现。

五

《史记》体例固然在许多方面是伟大的创造,但司马迁将周边少数民族史传与有关人物传记排列在一起,等列天子臣民,同样是一个更了不起的创举。

司马迁之所以为匈奴等周边民族立传,就是因为这些周边少数民族,或奉藩贡职,或荷守封圉为臣,或保塞为外臣,或请为内臣,或通使往来,都是汉帝国的一个组成部分,或同汉帝国关系密切。因此,他将这些民族史传分插在名臣将相的列传之中,与相关的人物并列,等列天子臣民。这显然是"普天之下,莫非王土;率土之滨,莫非王臣"的四海一家的民族大一统思想的表现。如对匈奴一组的安排,从《韩长儒列传》到《平津侯主父列传》一组五篇,完整地表述了司马迁虽赞成武帝反击匈奴,但却批评其因用人不当所造成的危机的思想。

韩长儒曾为御史大夫,在武帝提出"朕饰子女以配单于,金币文绣赂之甚厚,单于待命加嫚,侵盗亡已,边境被害,朕甚闵之,今欲举兵攻之,何如?"①韩长儒认为"击之不便,不如和亲"。但是,和亲并没有终止匈奴的不断侵犯。事实证明韩长儒的保守意见是愚腐不合时宜的,因而司马迁将他列为这组列传之首,实际上是对匈奴不断侵扰边境的抨击和对保守派的讽刺。韩长儒之后,继为李广作传。司马迁十分同情李广的遭遇,赞颂其人品高尚,治军有方。一方面是对李广反击匈奴的肯定,另一方面隐含了对武帝用人不当的讽刺,故将《李将军列传》排于《匈奴列

---

① 　[汉]班固《汉书·武帝纪》卷六,中华书局1962年版,第162页。

传》之前。《匈奴列传》详叙匈奴史以及汉、匈和亲、争战史,并说匈奴也是黄帝子孙。这便意在说明汉对匈奴的反击战争是民族统一战争。《卫将军骠骑列传》则排于《匈奴列传》之后,司马迁写他们是武帝外戚,受宠重用,立功封侯,扬名天下,把他们列于《匈奴列传》之后,一方面表明抗击匈奴告一段落,双方都在战争中损失惨重,无力再战,另一方而也暗含讥讽之意。后作《平津侯主父列传》以谏伐匈奴结束,对汉、匈战争予以总结,指出战争给双方带来的重大损失和危机。《主父列传》之后,司马迁依次写了南越、东越、朝鲜、西南夷等史传,并将《司马相如列传》排在《西南夷列传》之后。这种因事相连的排列方法,不仅反映了他那匠心独运的史识义例,而且更为突出地表现了其民族一统和等列天子臣民思想。

关于《大宛列传》之所以排在类传中,是因为在司马迁看来,大宛以东、敦煌以西是匈奴故地,属于中国境内民族,而大宛以西,即葱岭以西中亚的乌孙、康居、大月氏之属,皆中国之外的民族,故排在类传中是以附传的形式记载。既然是国外民族,又何以为之作传呢?这是因为他认为大宛及其周围国家与汉关系密切,"引领内向,欲观中国"的缘故。此外,《大宛列传》记载大宛的文字并不多,更多的文字记载了以大宛为基点的周围国家,而这些国家的情况是通过张骞给汉武帝的述职报告讲出来的。正因为前有张骞的出使西域,才后有贰师将军李广利的伐大宛。因此,从实际情况来看,《大宛列传》实际上记述了张骞通西域和李广利伐大宛两个相互关联的事件。司马迁将之置于游侠、佞幸传之前,儒林、酷吏传之后,其用意似乎在说明,他写的是人物类传。司马迁如此安排,而不为博望侯、贰师将军另立其传,表现了其卓越的史识。

总之,《史记》的五体结构形象地表现了司马迁的民族大一统思想。他将周边民族史传放在列传之中叙述,与名臣将相的列传交错等列,这不仅表现了他等列天子臣民的民族一统思想,而且表明了他已有意识地将周边民族纳入中华民族的同一体中,把他们当作中华民族统一体中的一员来看待。这充分表明了东南西北各少数民族均为天子臣民的民族大一统思想,并着重指出他们的历史发展是走向统一。这种结构体制安排及其所表现的民族统一思想,对后代的史学产生了深远的影响。《史记》之后的绝大多数史书,都为少数民族立传,并把少数民族看作是各个封建王朝的重要组成部分和成员。这对维护国家的统一与民族的团结,起了巨大的凝聚作用。

（本文原载于《渭南师专学报》1998年第4期）

试论司马迁的民族大一统思想
对后世史学的影响

　　《史记》是我国第一部纪传体通史,它在许多方面都具有开创性:诸如首创通史体;开创纪传体编纂史书的体例;创立"太史公曰"的史评形式;创造"互见法"的写作方法以及实录精神和创造了历史和文学相统一的叙述方法等等。这些对后世的史学都产生了深远而巨大的影响。对于这一问题,前人及当今学者多有论述,但对于《史记》所体现出的司马迁民族大一统思想对后世史学的深远影响,学术界却很少有人论及,这里仅就这一问题谈几点粗浅的看法,以求教于方家。

一、司马迁首创通史体,肯定了中华民族走向统一的事实和成果,对后世史学产生了深远的影响

　　司马迁首创通史体,不仅记述华夏[汉]主体民族的发展史,而且记述了周边各少数民族的发展演变史。这一方面表明整个中华民族的历史发展是系统的、连续的、发展进步的;另一方面清楚地表明了中华民族经过不断的融合与统一,逐渐走向统一的历史轨迹,更重要的是司马迁通过通史体肯定了中华民族走向统一的事实和成果。这对后代的史学奠定了一个良好的基

础,树立了良好的榜样。

司马迁之前,我国还没有一部体例完备、囊括中外、贯通古今的通史著作。司马迁第一次汇总古今典籍,"厥协六经异传,整齐百家杂语",创作了我国第一部通史,从内容到形式都是划时代的独创。它述史上起黄帝,下迄太初,跨越三千年,贯穿古今,包罗万象,是一部百科全书式的中国古代通史。诸如政治、经济、文化、学术、民族、社会以及自然界星象、历法、地理、水利等无所不备。特别是《史记》对西汉周边民族的记载,不仅具有各民族通史的性质,而且对周边民族的记载远及西亚,已具有世界史的意义。后世史学家对中华民族自黄帝至汉武的历史记述以及对各个少数民族历史的探究,都是以司马迁的《史记》为蓝本和重要资料来源的。这对后世的史学无疑产生了深远而巨大的影响。此外,《史记》详述秦汉史,突出了大一统的观念,肯定了统一的多民族国家的中央集权的大一统政治。这不仅对后世追求大一统的民族统一的政治格局,也对后世史学家的述史原则和方法,产生了极为深远的影响。

司马迁民族大一统思想的一个重要方面便是认为,中国境内各民族皆为黄帝子孙,都是兄弟。他在《五帝本纪》中说:"黄帝者,少典之子,姓公孙,名曰轩辕。……黄帝二十五子,其得姓者十四人。黄帝居轩辕之丘,而娶于西陵之女,是为螺祖。螺祖为黄帝正妃,生二子,其后皆有天下;其一曰玄嚣,……其二曰昌意……昌意娶蜀山氏女,曰昌仆,生高阳。……高阳立,是为帝颛顼也。……帝颛顼生子曰穷蝉。颛顼崩,而玄嚣之孙高辛立,是为帝喾……帝喾娶陈锋氏女,生放勋。娶娵訾氏女,生挚。帝喾崩,而挚代立。帝挚立,不善(崩),而弟放勋立,是为帝尧。"而帝舜则是颛顼的七世孙,距黄帝九世。《夏本纪》说:"禹者,黄帝之玄孙而帝颛顼之孙也。"《殷本纪》说:"殷契,母曰简狄,有娀氏之女,为帝喾次妃。三人行浴,见玄鸟堕其卵,简狄取吞之,因孕生契。"《周本纪》说:"周后稷,名弃,其母有邰氏女,曰姜原,姜原为帝喾元妃。"由此可见,在他看来,夏、商、周人(族)都是黄帝后代。不唯如此,司马迁甚至认为春秋战国各诸侯国以及春秋战国时被认为是少数民族而予以蔑视的匈奴、东越、闽越,也都是黄帝的子孙①。这种诸族同源的思想,并非出于要把黄帝这个始祖强加给少数民族,而是像《太史公自序》所说:"汉兴以来,至明天子,获符瑞,封禅,改正朔,易服色,受命于穆清。泽流罔极,海外殊俗,重泽款塞,请来献见者,不可胜道。臣下百官,力诵圣德,犹不能宣尽其意……主上明圣,而德不布闻,有司之过也。"是他出于对天下一统格局形成的歌颂。这一方面反映了司马迁进步的民族史观,另一方面也反映了多民族大一统政治的需要,是司马迁为适应大一统帝国的政治需要所提出的,是巩固多民族封建国家、维护大一统政治局面、促进民族一统与祖国统一的民族理论。司马迁有关各民族皆黄帝子孙的大一统观念,已深深地扎根于世世代代中华民族成员的心理之中,得到了世世代代黄帝子孙的认同,并成为中国历史上进行爱国主义教育和民族凝聚力教育的宝贵资料,数千年来激励了无数的仁人志士为中华民族的生存、繁荣和进步而斗争。司马迁之后的各朝各代的历史著作,如《汉书》、《三国志》等等,可以说都是对司马迁这种民族大一统思想的弘扬,对民族分裂的鞭挞。

---

① 司马迁《史记》之《秦本纪》、《楚世家》、《越世家》、《吴太伯世家》、《匈奴列传》、《东越列传》等,北京:中华书局 1959 年版。

二、《史记》首开纪传体史书体例,以五体结构形象地反映了大一统的民族思想

中国古代就有左史记言、右史记事的传统。这似乎是对历史十分重视,但这种记事记言的方法却十分的狭隘,只不过将历史看作统治阶级个人的视听言动,这便失去了历史的真正科学价值。孔子以前,我国上古史书都是官书,是由史官按照统治阶级的规范剪裁记录的流水账,缺乏思想深度。孔子修《春秋》,别嫌疑,明是非,寓褒贬,自成一家言。司马迁十分推崇孔子修《春秋》,并把自己的工作看成是继《春秋》的事业。但《春秋》仅仅是记载了一些新闻标题,还算不上一部真正的历史书。在解释《春秋》的三传中,《左传》详载历史事件,称得上一部历史著作。但《左传》的记载范围和时间都是有局限性的,它的内容也只是偏重于春秋各国间的会盟和征伐,而没有社会各阶层代表人物的活动,也没有制度沿革和经济、地理等状况的叙述。《国语》在很大程度上是一部资料汇编,远不及《左传》有深度。至于其他史书,更不足观。司马迁的《史记》第一次创造了本纪、表、书、世家、列传五体形式,囊括古今中外,汇总百科知识,自成体系,完成了"一家之言"。

《史记》的五体结构是一个完整的、统一的、形象的体系,它们不仅各具笔法,自成系统,而且又是一个严密的整体。五体结构不仅是一种历史的编纂方法,而且更是司马迁民族思想的一种表述法,它形象地反映了司马迁的民族大一统思想。"本纪"纲纪庶品,为全书的提纲,它以王朝的更替为体系,用编年的形式记载天子国君之言事,排比一代大事。"上记轩辕,下至于兹,

著十二本纪,既科条之矣"①。用王朝嬗递和帝王兴替作为科分条析的大纲,以象征历史发展的趋向统一的走向。这反映了司马迁以帝王为中心的民族大一统思想。"世家"述开国承家诸侯,"二十八宿环北辰,三十辐共一毂,运行无穷,辅拂股肱之臣配焉"②,作三十世家和七十列传。"列传"叙人臣之事,辅弼君上,如众星之拱卫北辰,以象征君臣之道。这表现了他的民族统一和等列天子臣民的思想。他打破了"别种殊域"的界限,把民族区域纳入统一的封建帝国体系、版图之内来叙述,视各民族皆为天子臣民,皆为黄帝子孙,这充分显示出司马迁民族统一思想的光辉。这种思想,反映了武帝时代加强中央集权,消灭割据势力的时代要求。而这一时代是中国封建社会中央集权制确立和巩固的时代。中央集权制度加强了多民族国家的统一,结束了长期的分裂割据和战乱,使封建经济获得极大的发展。司马迁正处于这样一个朝气蓬勃的封建社会上升的时期。他继承了前代思想家的大一统理论,用以作为考察历史发展的指导思想,从而又系统地发展了这一理论,形成了自己独具特色的希望加强中央集权、巩固大一统局面的思想。这种思想从某种意义上来说,也就是一切以君主为中心,或扩大一些说,即一切以帝王为中心的思想。这也是《史记》五体结构的特点。

由此可见,司马迁首创的纪传体史书体例以及由五体结构所体现的民族大一统思想,都对后代的史学产生了深远的影响。后代的正史著作绝大多数都继承了《史记》的纪传体史书义例,都将少数民族史的叙述纳入整个中华民族史的叙述之中,看成是一个有机的整体。这一首创之功,自然归功于司马迁。因此,

---

① 司马迁《太史公自序》,北京:中华书局1959年版,第3319页。
② 同上。

郑樵在《通志·总序》中赞叹道:《史记》"使百代而下,史官不能易其法,学者不能舍其书。六经之后,惟有此书"。赵翼在其《二十二史札记》中也说:"此例一定,历代作史者遂不能出其范围,信史家之极则也。"

三、《史记》开创史学著作记述少数民族史的范例,对后世史学产生了深远的影响

我国自古以来就是一个多民族的国家,但是,在司马迁之前的我国众多史学家著作中,没有一部史学著作为周边少数民族立传,并系统、完整地叙述周边少数民族史。不仅如此,而且在我国古代不少典籍中,如《诗经》、《春秋》、《左传》等,都程度不同地存在着歧视、贬低和排斥周边少数民族的思想。

但是,司马迁的时代已经是大一统局面完全稳固、西汉一统国家正处在日丽中天的鼎盛时期,而伐匈奴、击朝鲜、事两越,特别是张骞通西域后,使人们关于天下的观念大大地扩展了;此外,在处理与匈奴、西南夷、西域等现实的民族关系中,司马迁不仅亲自参加了某些民族工作,而且对于历史上处理民族关系正反两方面经验的郑重思考,使之站在历史的和时代的高度,以前所未有的博大胸怀和广阔的眼界来看待民族关系问题,认识上便获得了新的升华和飞跃,从而在其《史记》中,第一次成功创造了六篇周边民族史传。各篇史传独立成篇,详近略古,着重叙述汉武帝时代各周边民族与中原王朝的关系。

司马迁将周边民族史传放在列传之中来叙述,与名臣将相的列传交错等列,这不仅表明了他等列天子臣民的民族统一思想,而且表明了他已有意识地将周边各民族纳入中华民族的同一体中,把他们当作中华民族统一体中的一个成员来看待。这

充分表明了东南西北各少数民族均为天子臣民的民族大一统思想,并着重指出他们的历史发展是走向统一。这种观点及其将少数民族史入传的做法,对后代的史学产生了深远的影响。

司马迁不仅首创了民族史传,而且在各民族史传中对其社会、经济及物产作了详尽的叙述,并在《货殖列传》、《平准书》这些经济史传中,首次打破地域和民族的界限,将少数民族经济纳入其经济史传中一并叙述。这在中国历史上是一个伟大的创举,对后世各史书记载民族史传和在民族史传中详细叙述该民族经济发展状况以及在后代史书中的经济史传中载述周边民族建筑情况,都产生了深远的影响。自从《史记》体例一定,后代各种史书不仅大都载述各周边民族史,而且详细载述该民族的经济状况以及商业生产流通情况,并在经济史传中将各少数民族经济纳入其内。这一功绩应归之于司马迁。

司马迁首次为少数民族商人立传,这对后代重视少数民族商业生产和商品流通具有重大影响。

我国古代重农抑商的思想很早就产生了,并成为历代王朝的治国之道。秦代就实行重农抑商的政策,贬低商人的社会地位,把商人和罪犯归为一类。汉承秦制,也把商人作为贱民对待。汉初规定商人另立户籍,对商人采取各种形式的人身污辱,如不准穿丝绸衣服,不准乘车骑马,不准携带武器,不准购买土地,不准做官等等,违者严惩。武帝时又实行均输平准政策和禁榷制度,后来又没收商人的财产,给商人以严重打击。在社会上一片贱商的声浪中,司马迁却不同凡响地首次为商人立传,而且为少数民族商人立传,将少数民族的商人以及其商业活动记载于史册之中,纳入大一统的封建统一国家之内来叙述,这充分体现了司马迁的民族大一统思想和其远见卓识。这说明,在司马迁的头脑中有一个统一整体观念,无论中原汉族地区抑或少数民族地区,都是统一的封建国家重要组成部分。少数民族商人的商业活动,不仅促进了少数民族地区的商业发展,而且对整个统一的封建国家的经济繁荣起了巨大的推动作用。因为有些商人——如陶朱公的商业贸易活动,已打破了民族和地域的局限,形成为一种生产力和时代潮流向前发展着。这种远见卓识对后代的正史为少数民族商人立传以及对后代的政治、经济都产生了深远而良好的影响,使后代的史书在记载中国的经济发展时,不再有陈腐的"夷夏之别",同时也对后代的统治阶级注意发展少数民族经济、加强边疆和少数民族经济建设,产生了良好的影响。

司马迁在《匈奴列传》、《西南夷列传》、《大宛列传》、《货殖列传》等有关传记中,对于汉族与少数民族地区的经济交流做了比较详尽的记述,并且对这种经济交流予以热情的赞颂。他认为少数民族地区所产生的物质生活资料,丰富着中华民族的物质生活,这不仅带动了各民族经济的发展与繁荣,而且进一步密切了各民族之间的友好关系。司马迁的观点,一方面对后代的史书详尽地记述各民族经济交流产生了深远的影响,另一方面对后代的统治阶级重视民族间的经济交流,发展民族经济、加强边疆少数民族地区的经济建设也起了积极的作用。

各民族之间的经济交流,不仅增强了汉族对少数民族的吸引力,而少数民族的向心力也更为强烈了。汉民族与少数民族间的经济交流终于冲破了"内诸夏而外夷狄"的民族区域界限,造就了多民族封建集权国家的整体观念。从此以后,不管政治风云如何变幻,各个封建王朝作为统一多民族的封建国家始终沿着曲折的道路向前发展着。

四、司马迁的民族大一统思想对后世史学家的民族观也产生了深远的影响

《史记》是我国第一部百科全书式的纪传体通史,它在许多方面都具有独创性,因之,《史记》对后代史学的影响也是多方面的。其中表现在《史记》中的司马迁民族大一统思想,就对后代不少史学家的民族观产生了深远影响。司马光便是其中比较典型的一位史学家,他在民族观上继承了司马迁的民族大一统思想而又有新的发展。

在民族问题上,司马光首先肯定了一个基本前提,即少数民族也是人,应当善待。他说:"《书》称:'天地,万物父母。惟人万物之灵,亶聪明,作元后,元后作民父母。'夫蛮夷戎狄,气类虽殊,其就利避害,乐生恶死,亦与人同耳。御之得其道则附顺服从,失其道则离叛侵扰,固其宜也。是以先王之政,叛则讨之,服则怀之,处之四裔,不使乱礼义之邦而已。若乃视之如草木禽兽,不分臧否,不辨去来,悉艾杀之,岂作民父母之意哉!"①与中原汉族相比较,周边少数民族的政治经济文化相对落后一些,司马光不把他们视之为"草木禽兽",而是分辨是非,把少数民族看作是与汉族一样的人,这和司马迁的民族观是一脉相承的。

其次,司马光对少数民族所建立的政权给予汉族政权基本同等的地位。他说:"及汉室颠覆,三国鼎跱,晋氏失驭,五胡云扰,宋、魏以降,南、北分治,各有国史,互相排黜,南谓北为索虏,北谓南为岛夷。朱氏代唐,四方幅裂,朱邪入汴,比之穷、新,运

---

① 司马光《资治通鉴·汉纪》卷五十六,北京:中华书局1956年版,第1817页。

历年纪,皆弃而不数,此皆私己之偏辞,非大公之通论也。"①由此可见,司马光认为,无论索虏或岛夷,均是中华民族之一员,那些曾经被视为"别种"的少数民族进入了中原,并建立了分裂割据的政权;而那些被视为"殊域"里的边疆少数民族,由于社会经济的发展而建立起民族地方政权,像汉代的匈奴等,不管主观上承认与否,这是客观存在的历史事实。司马光对不承认这种事实者的种种言论,斥之为"私己之偏辞"。这是对正统论的大胆挑战,在当时不能不说是一种比较进步的民族观。

再次,司马光主张对边疆少数民族应采取慎重的态度,反对轻率用兵。据《宋史·司马光传》记载:有次西夏遣使入宋,而延州使高宜为押伴,对使者非常傲慢,并侮辱了西夏使。夏使诉于朝,司马光和吕海请朝廷加罪高宜。不从,第二年西夏犯边。时以赵滋为雄州,他"专以猛悍治边",司马光以为不可。至于契丹之民捕鱼界河,伐柳白沟之南,朝廷以知雄州李中祐为不材,将代之②。司马光上书说到:"国家当戎夷附顺时,好与之计较末节,及其桀骜,又从而姑息之。近者西祸生于高宜,北祸起于赵滋。时方贤此二人,故边臣皆以生事为能,渐不可长。宜敕边吏,疆场细故辄以矢刃相加者,罪之。"③由此可见,他主张对边疆少数民族以和睦为上,凡涉及边疆民族之事应持慎重态度,不能动不动就诉诸武力。这一观点和司马迁是相通的。譬如司马光对汉武帝以李广利伐大宛一事的评论,就和司马迁十分接近。他说:"武帝欲侯宠姬李氏,而使广利将兵伐宛,其意以为非有功不侯,不欲负高帝之约也。夫军旅大事,国之安危,民之死生系

---

①　司马光《资治通鉴·魏纪》卷六十九,北京:中华书局1956年版,第2186页。

②　[元]脱脱《宋史·司马光传》,北京,中华书局1977年版,第10760页。

③　同上书,第10761页。

焉。苟为不择贤愚而授之,欲徼幸咫尺之功,藉以为名而私其所爱,不若无功而侯之为愈也。然则武帝有见于封国,无见于置将,谓之能守先帝之约。臣曰过矣。"①司马光认为为了一人一家之利,不惜对少数民族地区发动师出无名的战争,这是极其有害的。

最后,总结少数民族所建立政权的得失,不以其为"蛮夷"而见外,却以"据其功业之实而言之"。如他总结慕容评之败亡时说:"慕容评者,蔽君专政,忌贤疾功,愚暗贪虐以丧其国,国亡不死,逃循见禽。"②又如总结苻坚之破灭时,他认为不完全由于不杀慕容垂和姚苌之故,而是由于"骤胜而骄"③。"秦王坚不以为诛首(即慕容评),又从而宠秩之,是爱一人而不爱一国之人也,其失人心多矣。是以施恩于人而人莫之恩,尽诚于人而人莫之诚,卒于功名不遂,容身无所,由不得其道故也"④。这样看问题,其实质完全是同汉族中原的历史经验教训融为一体了。这显然也是受了司马迁民族大一统思想的影响,将少数民族看作中华民族的成员之一了。

(本文原载于《武警技术学院学报》1997 年第 3 期)

---

① 司马光《资治通鉴·汉纪》卷二十一,北京,中华书局 1956 年版,第 700 页。

② 司马光《资治通鉴·晋纪》卷一百零三,北京:中华书局 1956 年版,第 3255 页。

③ 司马光《资治通鉴·晋纪》卷一百零六,北京:中华书局 1956 年版,第 3348 页。

④ 司马光《资治通鉴·晋纪》卷一百零二,北京:中华书局 1956 年版,第 3255 页。

《史记学概论》的出版与"史记学"的建立

——评《史记学概论》

  司马迁的《史记》不仅是中国文化史上一部不朽的杰作,也是世界文化宝库中一颗璀璨的明珠。司马迁以其伟大而崇高的人格、宽广而博大的胸襟、坚强而超人的毅力、卓越而天才的史识与文才,在两千多年前就写出了一部具有百科全书性质和世界史性质的、中国第一部纪传体通史与第一部传记文学作品,成为历代史学的楷模与文学的典范,对后世的史学、文学、经济、政治、文化等各个学科,皆产生了深远而巨大的影响。因此,自《史记》问世两千多年来,有不可胜计的中外学者阅读它、研究它,产生了数以万计的《史记》研究作品,从而使《史记》研究成为一门具有世界性质和意义的专门之学。据《史记教程》初步统计,从汉代到 1998 年底,两千多年来有关司马迁与《史记》的研究"论文总量 3704 篇,论著总量 293 部,总字数一亿一千余万字,作者2028 人,当代 20 世纪 80 年代以来的 19 年间的研究成果占两千多年来总量之半"①。从地域来看,《史记》不仅在中国家喻户晓,而且具有广泛的世界性影响。《史记》被翻译成英、日、德、

---

  ① 安平秋、张大可、章榆华主编《史记教程》,华文出版社 2002 年版,第16 页。

法、俄、韩等各种文字。不少国家有专门研究《史记》的学者和组织。当代《史记》越来越受到世界各国的欢迎与重视。由此可见，《史记》不仅愈来愈热，而且已经走向了世界，建立"史记学"已是时代的热切呼唤。张新科同志的《史记学概论》适应了时代的需要，成为"史记学"的奠基之作。它首次对"史记学"的学科特点与体系等问题进行了全面而深入的系统论述。因此，可以毫不夸张地说，《史记学概论》的出版，标志着"史记学"这一新兴学科的诞生。

新科同志二十多年来，始终执著地辛勤耕耘在"史记学"的研究领域，是当代《史记》研究领域一位卓有成就的中青年专家。他先后出版有《史记研究史略》、《史记与中国文学》、《中国古典传记论稿》、《唐前史传文学研究》等专著，发表有关论文数十篇。而这本《史记学概论》，无疑是他的代表作。通读此书，我感到有以下几个方面的主要特点：

一、宏观立论，自成一家

《史记》是一部"究天人之际，通古今之变，成一家之言"的百科全书性质的史学名著。两千多年来，研究成果汗牛充栋，不可胜计。面对众多的成果与史料，如何取舍，是一个十分棘手的问题。此外，什么是"史记学"，似乎并不难回答。但是，如果进一步要问：作为一门学问，"史记学"的"学科体系"是什么，它的基础理论、研究范围、研究内容、研究任务、研究方法以及以往的研究过程与研究成果、当前的研究现状与未来的研究走向又是什么？这恐怕就不是人人都能够回答的了。因此，该选题具有很大的研究难度。新科同志知难而上，能够像当年司马迁写作《史记》"网罗天下放失旧闻"那样，博览前人大量的研究成果，认真分析当今《史记》研究的走向与特点,在广泛阅读和深入思考的基础上,对前人的成果一一进行梳理,分清主次,理清线索,决定取舍。然后在深入思考的基础上,构建自己的"史记学"学科理论体系。该书分为七论 17 章,全面阐述了"史记学"的范畴、价值、源流、本质、方法等学科内涵与特点。在"范畴论"中,作者首先对"史记学"的基础性研究进行了系统梳理与论证。其次对"史记学"的理论性研究进行了界定,认为理论性研究是"史记学"研究的重点所在。在"史记学"的研究范畴确定之后,作者进一步深入探讨了"史记学"的学科体系建设。在这一章中,作者重点论述了"史记学"的研究任务、研究方向、研究历史与现状,建立"史记学"学科体系的必要性和现实可能性。作者指出"'史记学'的体系应是基础部分、相关部分、理论部分三个层次的综合体"①。而"史记学"这一学科建立的目的,"落脚点应有益于现实,不能搞成纯书斋式研究","'史记学'最终是要回到现实的土壤之上,为现实服务"。在"价值论"中,作者首先简明扼要地论述了《史记》本身所具有的丰富的文化内涵和价值,认为这是《史记》之所以能成为一门独立学科的关键所在,是"史记学"建立的基础。然后重点论述了"史记学"的价值与意义。在"源流论"中,作者用两章的篇幅,简要论述了两千年来《史记》研究的历程,并对"史记学"的重要疑案进行了梳理,提出了自己的一些新观点。在"本质论"中,首先论述了"史记学"的特点。认为作为社会科学的一个分支学科,"史记学"与其他社会科学有共同之处,但作为有两千多年研究史的一门独立的学科来说,"史记学"又具有不同于其他学科的四个特点,即多学科性、多层面性、现实性和世界性。其次,作者重点论述了"史记学"与史学、哲

---

① 张新科《史记学概论》,商务印书馆 2003 年版,第 40 页。

学、文学、民族学、地理学、自然科学以及其他社会科学的关系，主张打破"史记学"单一的研究模式，进行多学科的综合研究和跨学科的交叉研究。在"方法论"中，作者重点论述了"史记学"的基础理论、基本资料与研究方法，认为"史记学"必须坚持的基本理论就是马列主义的唯物史观。在这一理论的指导下，可以广泛采用各种理论研究"史记学"。而"史记学"的基本资料是多方面的，其研究方法自然也应该是多方面的。在"生存论"中，作者分三章论述了"史记学"与现实社会，"史记学"的学术组织以及"史记学"的成果产生与批评。这一"论"是作者的匠心独运之处，有许多独到的见解与建设性的意见。"主体论"着重论述了研究者作为"史记学"的主体，要对客体进行认识、分析、研究，就必须具有一定的素养，要掌握基本的研究技能，并且要有使命感、责任感，树立远大的目标，脚踏实地，实现既定的目标。总之，《史记学概论》第一次构建了"史记学"的学科模式与理论框架，从宏观上立论，视野开阔，七论17章，组织严密，自成体系，是一部开创性的著作，填补了《史记》研究的一项空白，奠定了"史记学"的基本理论与基本框架体系。

二、微观探讨，深入浅出

《史记学概论》尽管是对"史记学"这一新兴学科的"概论"，注重宏观把握，着重构建学科体系，但同时也十分注重微观探讨，是在深入的微观研究基础上的宏观论述。如第4章论述"'史记学'建立的基础"，作者认为，《史记》本身丰富的文化内涵和价值是它成为一门学科的关键所在，也是"史记学"建立的基础。这一章分六节来探讨《史记》的文化内涵和价值。在"不朽的民族精神"这一节中，作者提出了"《史记》一书借历史人物来显示民族的发展历史和民族精神"①的观点。为了论证这一观点,作者从"积极进取,建功立业"、"坚忍不拔,战胜挫折"、"勇于革新,敢于革命"、"忧国、爱国"、"崇尚德义,追求独立人格"等五个方面对《史记》的文化内涵和价值进行了深入探讨。在"鲜明的人物形象"一节中,作者从三个方面全面深入地论述了"《史记》的出现使人物活动在时、空方面都大大扩展,可以跨越年代,也可以跨越空间(国别),给人物形象的刻画创造了有利的条件"②。第一,《史记》"不受时空限制,可以从容不迫地写一些细节,做到粗细结合";第二,"由于时间的连续和空间的拓宽,可以多侧面写人,使人物由平面化转向立体化";第三,《史记》"以人为中心,形成曲折生动的故事情节"。此外,作者运用了大量的例证论述了《史记》人物的个性化、人物形象的丰满性、人物形象的流动性和复杂性,以及人物形象的形神兼备等问题。这些论述条分缕析,中心明确,重点突出,又能够旁征博引,层层深入,分析透辟,深入浅出,行文若高山流水,酣畅淋漓,使人产生深刻的印象。这是《史记学概论》的又一特点。

三、立足前沿,不断创新

尽管《史记》研究已经有两千多年的历史,但纵观以往的研究情况,从汉代到清代,两千年的《史记》研究全部集中在文献方面。传统的《史记》研究,偏重微观,多在名物典章、地理沿革、文字校勘、音韵训诂、版本源流、疏解、读法、评注等方面下工夫,方法是抄撮材料,排比印证,集甲说乙云。这是传统注疏与乾嘉考

---

① 张新科《史记学概论》,商务印书馆 2003 年版,第 59 页。
② 同上书,第 78 页。

据的治学方法。只是到了近代(1905—1949)①,在传统研究的基础上,开始有人注意到对于《史记》丰富的文化内涵的研究,也从单纯的微观研究开始注意到宏观研究。现代30年间(1950—1979),尽管《史记》研究处于一个低潮,但思想研究与普及方面仍产生了不少成果,有关《史记》的通俗读物与选本逐渐增加。1980年之后,研究的视野进一步开阔,学者们开始对《史记》进行全方位、多层次的研究。研究领域不断扩大,研究方法日益丰富多样。尤其是思想研究与普及工作取得了很大的成绩。近二十年来的研究成果,论著一百多部,论文数千篇,研究队伍有两千多人。在这样一个"史记热"的环境下,创立一门新兴学科——"史记学"的任务便提到议事日程上来了。10年前,曾经就有学者提出这一倡议,但并没有得到学术界的普遍响应。新科同志筚路蓝缕,悉心钻研,奋力开拓,终于完成了学术界期待已久的建立"史记学"学科体系的开创性的工作。这一课题,处于当前《史记》研究的前沿,对于引导《史记》研究具有重要的指导性作用和巨大的现实意义。

其次,《史记学概论》系统地梳理、总结了两千多年来《史记》研究的各种成果,详尽而系统地阐释了这一新兴学科的研究目标、研究内容、研究工程、研究方法。这无疑将进一步推动《史记》研究深入发展,使研究者减少盲目性,增强针对性与科学性。

再次,《史记学概论》对于许多问题的论述也处于学术的前沿。例如,第9章在阐释"史记学"的特点时,作者从"多学科性"、"多层面性"、"现实性"和"世界性"等四个方面去论述。在"多学科性"这一节中,作者将两千多年来《史记》研究的过程和成果概括为35门、278个子目。这不但是对以往研究成果的科

---

① 此分法采用了安平秋主编的《史记教程》的分法。

学概括与归纳,充分展示了《史记》研究内容的丰富性与多样性,而且也是进一步拓展《史记》研究内容、丰富研究方法的又一个新的出发点。因此,本著具有重要的指导意义与借鉴价值。又如,《史记》研究的方法论是研究中一个十分重要的问题。作者对于这一问题在第12章第3节进行了全面深入的论述,明确指出了《史记》研究中的一些误区:1. 有些研究者出于对司马迁的崇敬,有美化、拔高司马迁的倾向。"以今人思想去解释、认识司马迁思想,把司马迁现代化"①。而有些研究者为了拔高司马迁,在分析问题时出现了以点带面、以偏概全的错误倾向。2. 研究中的又一误区是所谓"为尊者讳"。有些研究者为了为司马迁回护,不能正确认识司马迁思想上的矛盾和局限性。这些思想上的矛盾与局限性表现在:一是为李陵辩护问题;二是对汉武帝不能正确评价问题;三是司马迁在评价人物时往往带有个人的主观感情色彩;四是将司马迁的某些局限性说成是他的伟大、过人之处。3. 另一个误区是对《史记》材料不加详细甄别,一律视为司马迁的思想。作者认为,司马迁转录的材料不一定代表司马迁本人的思想。转述历史人物的话,不一定反映司马迁的思想。这些论述不仅十分中肯,而且具有指导性意义。

四、着眼现实,服务当代

《史记学概论》不仅在于开拓了《史记》研究的新领域,建立了"史记学"研究的学科体系,更为重要的是,它为当今的《史记》研究提供了理论指导与借鉴。同时,它从人文精神方面为今天的社会提供有价值的营养,从传记文学创作方面为今天提供成

---

① 张新科《史记学概论》,商务印书馆 2003 年版,第 276 页。

功的范例。因此,本著既有显著的理论意义,又具有较大的现实意义。尤其是在最后的两论5章之中,作者论述的重点显然是着眼现实,服务当代。如第13章"'史记学'与现实社会"共4节,就有3节分别论述了"'史记学'与当代人文精神"、"'史记学'与当代社会经济"、"'史记学'与当代学术"等问题。再如第17章"《史记》研究者的使命与努力方向",也是从现实出发的。作者指出:"《史记》研究者肩负着时代的使命,应该在以下方面进行努力,取得新的成果,达到新的高度。"①一是走综合化研究之路;二是以理论作统帅;三是多样化的研究方法与多样化的成果形式;四是立体化的研究;五是世界化的研究目标;六是生产化的方式。这些都是对当代《史记》研究具有指导意义和现实意义的真知灼见。又如作者在第1章论述《史记》的普及宣传工作时,不但提出要明确普及对象,而且要有多层次的普及内容。第一层次是普及《史记》的人物、故事、内容以及大力宣传司马迁,这只是初级的普及历史知识。第二层次是普及司马迁精神、人格魅力、思想精华以及努力弘扬《史记》的价值。这是深层次的普及,具有强烈的社会意义和现实意义,是建设新文化、提高民族文化素质的需要。第三层次是普及研究成果,形成更为深广的社会影响。如开设《史记》课程、《史记》研究成果的数字化、产业化以及用其他高科技手段进一步普及《史记》。经过作者这样的描述,当代如何普及《史记》就有了明确的目标与方向,有了具体的内容,就不再是一句空话,而是要求实实在在地去努力工作了。由此可见,该著的现实意义是十分突出的。

（本文原载于《西藏民族学院学报》2005年第2期）

---

① 张新科《史记学概论》,商务印书馆2003年版,第358页。

史家之绝唱　无韵之离骚　文化之大成

——《史记》系列大辞典《文化卷》前言

一

　　《史记》不单是一部万古不朽的史学巨著、文学巨著,而且是中国文化史乃至世界文化史上一座巍峨的丰碑,是司马迁对三千年中国历史文化的第一次全面系统的大整理。这部文化巨著体大思精,俯仰古今,纵横万端,无所不包;举凡政治、经济、军事、哲学、美学、伦理、科技、医学等都广采博收,兼容并纳,上至天文,下及地理、典籍著述、诸子百家、礼仪典制、社会生活、风俗民情、文学艺术、山川风物、神话歌谣等等,是一部集先秦汉初中国文化之大成的大百科全书。鲁迅先生曾称之为"史家之绝唱,无韵之《离骚》"①,从史学和文学方面给《史记》以极高的评价。但是我们认为,《史记》的价值和功绩并不局限于史学和文学两个方面,更重要的是《史记》在中国文化史上的开拓意义。这就是我们编撰《史记》系列大辞典《文化卷》的原由。

　　《史记》作为一部中国古代综合性文化史巨著,它不是简单

---

　　①　鲁迅《汉文学史纲要》,见《鲁迅全集》第九卷,人民文学出版社 1982 年版,第 420 页。

地局限于叙述历史过程、历史人物及其活动,而是透过纵横复杂的历史事件、历史过程之表象,来挖掘和揭示历史规律、文化背景和人生哲理,概括多元一体的中华民族的文化成果。司马迁曾自述著史动机说:《史记》乃"网罗天下放失旧闻,考之行事,稽其成败兴坏之理,凡百三十篇,亦欲以究天人之际,通古今之变,成一家之言"①。南北朝时期的刘勰在评述中指出:"《史记》者,纪以包举大端;传以委曲细事;表以谱列年爵;志以总括遗漏。逮于天文、地理、国典、朝章,显隐必该,洪纤靡失,此其所以为长也。"②古今大多数《史记》研究者多只片面强调《史记》"通古今之变",即考察古今历史过程的纵的方面,却往往忽视了"究天人之际"所包含的文化史方面的丰富内容,即横的方面。其实,"究天人之际"是指探讨自然和社会各方面的内在联系及其外在表现,具体来说是包括经济、政治、思想、著述、文艺、典制、天文、科技、法律、习俗等人类生活的各个层面。《史记》正是这样囊括人类生活各个方面的、中国第一部集文化之大成的巨著。

首先,整理研究古籍及著述是文化史研究的基本内容,《史记》第一次为我们搜集、整理、保存了先秦及汉初的重要古籍及著述书目。司马迁所见书是相当丰富的。他曾说:"迁为太史令,䌷史记石室金匮之书……天下遗文古事,靡不毕集太史公。"③仅《史记》直接引用的古籍就有万余种,点明的文献著述有260余部(篇)。同时,《史记》并非简单地引用古籍,而是从研究中华文化史的多角度着眼,辨章学术,考镜源流。对于中国古代百家学术,司马迁引用其父司马谈《论六家之要旨》,第一次明

---

① 司马迁《报任安书》,见《汉书》,中华书局1962年版,第2735页。

② 刘知幾《史通·二体》。见浦起龙《史通通释》一《内篇》,太平书局1964年版,第17页。

③ 司马迁《史记·太史公自序》,中华书局1959年版,第3296—3319页。

确地把春秋至汉初的中国古代学术文化,相对区分为六种思想系统,整理出学术的渊源和流派。譬如司马迁明确论析出申韩刑名之学本于道家的学术渊源,已被1973年长沙马王堆汉墓出土之帛书所证实。此外,《史记》很关注古代文化现象产生的历史背景和心理活动,更不放过人物及社会生活、生产中的各种文化背景,把历史与文化有机地融合为一体。这是一种伟大的创造,对后世产生了深远的影响。

其次,《史记》在整理、勘误先秦古籍方面,对中国文化史做出了许多贡献。《史记》的有关记载保存了大量信史。与其相比,《战国策》与《汉书·艺文志》则多有欠缺。如《战国策·赵策四》记有"触詟说赵太后",而《史记》则作"触龙言"。姓名虽一字之差,却成为中国文化史上的一桩千古疑案。1973年马王堆汉墓出土帛书则与《史记》此句相同。《汉书·艺文志》载《吴孙子兵法》为八十二篇,《史记》则为十三篇。后人研究证明,《汉书·艺文志》数目有误,而《史记》"十三篇"与1972年银雀山汉墓出土竹简《孙子兵法》相合。《史记》还最早为我们记录了中国古代第一次大型文物典籍,即孔宅古文《尚书》的发现,为古文经学派提供了许多论证根据。《史记》又收录了司马迁壮游天下所发现有关的黄帝、舜、禹、孔、孟、秦皇及其他著名文化遗迹,把搜罗的罕见的遗事轶闻、文物圣迹,特别是秦代众多刻石、战国秦汉的民谣俗谚大量收入,为古代文化史研究保存了许多珍贵史料,也为此后的金石学研究开了先河。

再次,《史记》将学术史、经济史、思想史、哲学史作为文化史的重要内容加以叙述,这不仅拓宽了史学的研究领域,而且保存了大量的珍贵的文化史料。除《论六家之要旨》外,在《孔子世家》、《老子韩非列传》、《孟子荀卿列传》、《商君列传》、《管晏列传》等一系列记传中,司马迁第一次全面系统准确地评述了先秦学术思想的发展演变及其轨迹,还专设《儒林列传》、《太史公自序》、《孙子吴起列传》等,构成了先秦思想史、文化史、学术史的基本线索。又特创《平准书》、《货殖列传》、《河渠书》等,专门记述经济发展、地理环境等,说明了先秦社会思想文化发展的基础和前提。

此外,风俗习惯是文化史的重要内容之一,它的包容十分广泛。《史记》对于中国姓氏制度、婚姻丧葬、祭祀信仰、交往礼仪、民风民俗、交通特产,各地区、各民族的经济文化交流,均作了详细记载。即以物产而言,《史记》收录的便有数百种。反映风俗民情及政治得失的风谣歌诗就收录了近 30 首,其中还有一首儿歌。两汉的诗歌今仅存三十多首,《史记》保存的汉初诗歌就达14 篇。这就为我们提供了珍贵的文化史资料。

再从横的方面来看,《史记》是中国古代多元一体文化的荟萃,也是中国多元传统文化形成的标志。《史记》融合了儒、道、名、法,从整体上接轨了齐鲁文化、秦晋文化、荆楚文化、吴越文化、巴蜀文化以及各边地少数民族文化,从而使中华多元文化凝聚成为统一的整体,全面完整地呈现在世人的面前。

再从世界文化发展史的角度来看,《史记》也是世界文化宝库中的一颗璀璨明珠。梁启超说:《史记》"举其时所及知之人类全体自有文化以来数千年之总活动冶为一炉"[1]。同西方史学之父希罗多德的《历史》相比,作为世界文化巨匠的司马迁,在"西洋中世纪的初期还没有这样的人物"[2]。这不仅在于《史记》的《大宛列传》、《朝鲜列传》等描写了条支、安息、大宛等世界各国的"异国情调",从时、空两方面记载了东亚及中亚、西亚甚至

---

① 梁启超《梁启超讲国学》,金城出版社 2008 年 5 月版,第 20 页。
② 侯外庐《中国思想通史》第二卷,人民出版社 2011 年版,第 140 页。

南亚上古及中古初的社会文化内容,使它远胜于《历史》。更重要的是《史记》无所不包,更具整体的文化体系。《史记》中的人物传记在体现全人类的艺术精神方面,也领先于西方古典文学。《史记》所表现的理性精神、人文精神、科学实践精神和社会文化的形象画卷,是对全人类的文化贡献,从而奠定了《史记》在世界文化史上的重要地位。季镇淮在《司马迁》一书中说:司马迁"在中国文化史上,固然有其永久的、崇高的地位,即在世界文化史上,也应有其一定的、不可磨灭的地位。他的伟大著作《史记》……是中国人民最为宝贵的文化遗产之一,也应是世界人民的文化宝库里光辉的一份"。

二

《史记》的作者司马迁是继孔子之后,中国古代最伟大的文化巨匠。他不仅是位杰出的史学家,而且是最伟大的文学家和思想家。他适应秦汉大一统政治形势的需要,吸收了儒家的大一统观念、民本思想、德治思想和法家的法治观念以及黄老的清净无为思想,形成了自己德刑并重的大一统政治观;吸收管子、韩非的经济学说,形成了农、工、商并重的经济思想;吸收法家的法后王思想、进化思想并改造了阴阳家的五德说,形成了以进化观点为主的大一统的历史观;吸收老庄道法自然的思想、先秦朴素的辩证法和含有神秘意味的阴阳家的阴阳五行说,形成了"究天人之际"的自然观;吸收了孟子重义与管子重利的思想,形成了义利并重的独特的义利观。从而形成了其大一统的文化观。为民族文化输入了宝贵的理性精神、人文精神和实践精神。他通过《史记》中一个个仁人志士、英雄豪杰、文人侠客舍生取义、爱家爱国、为民请命、不畏强暴等人物的实践行动,展示了中华民族所追求的伟大的人格理想图画。同时,他通过对先秦学术思想文化的历史性总结,自觉不自觉地将百家诸子改造、建设成为大一统的中国传统主体文化。

司马迁是中国第一位"通古今之变"的史学家。顾颉刚先生指出,司马迁的《史记》,"实为吾国史事第一次有系统的整理",司马迁"独其创定义例,兼包巨细,会合天人,贯穿古今,奠史学万祀之基,炜然有其永存之辉光。自古迄今,未有能与之抗颜而行者也"。而翦伯赞认为"司马迁的不朽,不仅因为他草成了一本《史记》,特别是因为他开创了一种前所未有的新的历史学方法,即纪传体的历史学方法。……而且在于他具有远大的历史见识。他的见识之远大,首先表现在他的眼光能够投射到中国以外的世界,即以世界规模研究中国历史……而且又在于他具有大胆的批判精神"。①

司马迁不但在中国文化史上开了纪传体通史之先河,第一个自觉地创建了中国的历史学体系,而且也体现出司马迁的文化主体意识和客观形成的社会价值体系。司马迁的治史方法,就是尊重历史,提倡"实录"。在"实录"的基础上,"原始察终,见盛观衰,论考之行事,略推三代……究天人之际,承敝通变"②,"近性情,通王道"③。不但寄托着司马迁的人生追求,也寄托着人民的理想信念和正义要求。李长之说:"从来的史书没有像它这样具有作者个人的色彩的。其中有他自己的生活经验,生活背境,有他自己的情感作用,有他自己的肺腑和心肠。"④

司马迁创造了纪传体的历史学,同时也创造了传记文学。

---

① 翦伯赞《中国历史学的开创者司马迁》,载《中国青年》1951年总57期。
② 司马迁《史记·太史公自序》,中华书局1959年版,第3319页。
③ 同上书,第3304页。
④ 李长之《司马迁之人格与风格》,三联书店1984年5月版,第220页。

"从中国文学史上看,文学家的司马迁是可以和伟大诗人屈原的名字并列在一起的"①。司马迁十分推崇《离骚》"辞隐文约"的写作方法,提倡"发愤著书"、"成一家之言"。他说:"夫《诗》《书》隐约者,欲遂其志之思也。……《诗》三百篇,大抵贤圣发愤之所为作也。"②司马迁以奇异的情节、精心的构思,以互见法和巧妙的材料剪裁,塑造出一个个或顶天立地,或感人泣鬼,或独具特色,栩栩如生、千古不朽的人物形象,许多人物还成为文学史上的艺术典型。所以,鲁迅先生称《史记》为"无韵之《离骚》",诚非过誉。

从散文发展史上看,司马迁将中国历史散文推向了一个高峰。在《史记》以前,《左传》虽增强了历史散文的形象性,但叙事为年月所分割,不够完整。《战国策》的人物形象虽然比较生动,但都是片言只语,不够完整丰满。《史记》恰好弥补了二者的不足。它的文学性甚至可以和后来的某些现实主义小说相提并论。此外,《史记》还收录保存了大量的辞赋,这些都对后世的文学产生了深远的影响。

作为思想家的司马迁,他兼采众家之长,融合百家之学,从而形成了自己独特的思想体系,"成一家之言"。在天文星历方面,司马迁作为中国少有的懂得天文星历的文史学家,在《史记》中总结了汉以前我国天文观测的主要成就,创立了具有完整系统的司马氏星官体系,并开创了以文学手法介绍科学知识的范例。在《史记》中,司马迁探讨了我国历法的渊源,记载了由他主持的汉初的历法改革,不但为天文学及历法作出重大贡献,而且否定了神学的天命观。司马迁的"究天人之际"的"天",大多数

---

① 季镇淮《司马迁》,上海古籍出版社 1979 年 11 月版,第 124 页。
② 司马迁《史记·太史公自序》,中华书局 1959 年版,第 3300 页。

情况下是指"天下大势",即历史发展趋势或历史条件而言。在
《伯夷列传》中,司马迁对"天道无亲,常与善人"提出驳议,在《项
羽本纪》中,更严厉地批评了项羽"天亡我,非用兵之罪也"的谬
论。正因为如此,司马迁一再强调他在《史记》中贯穿的"一切事
物均处于发展变化之中"的"变"的观点。他在《自序》中屡次谈
"变",说"《易》著天地阴阳四时五行,故长于变","作《平准书》以
观事变"。在《平准书》中又指出"物盛而衰,固其变也",表现了
其进步的唯物主义的天道观。

司马迁的法律思想表现为赞赏礼义道德,提倡德治仁政,虽
不反对法治,但更倾向于以礼辅刑的思想。他提出"法令者治之
具,而非制治清浊之源也"①。他肯定礼制"序君臣父子之礼,列
夫妇长幼之别,不可易也"②。反对苛刑峻法和滥用刑法。他
说:"法令所以导民也,刑罚所以禁奸也。……奉职循理,亦可以
为治,何必威严哉?"③在道德、礼仪与法律之中,司马迁更注重
道德。对于刑法,司马迁又赞赏"法贵责上","法不阿贵"、"刑无
等级"。

正因为司马迁重德治仁政,所以在《史记》"八书"之中,专设
《礼》、《乐》二书,并将《礼书》置于"八书"第一。开篇即写道:"太
史公曰:洋洋美德乎! 宰制万物,役使群众,岂人力也哉! 余至
大行礼官,观三代损益,乃知缘人情而制礼,依人性而作仪,其所
由来尚矣。人道经纬万端,规矩无所不贯,诱进以仁义,束缚以
刑罚,故德厚者位尊,禄重者宠荣,所以总一海内而整齐万
民也。"④

---

① 司马迁《史记·酷吏列传》,中华书局 1959 年版,第 3131 页。
② 司马迁《史记·太史公自序》,中华书局 1959 年版,第 3289 页。
③ 司马迁《史记·循吏列传》,中华书局 1959 年版,第 3099 页。
④ 司马迁《史记·礼书》,中华书局 1959 年版,第 1157—1158 页。

司马迁在《史记》中首创经济史传，并形成了自己一套完整的经济思想，对后世产生了深远的影响。司马迁赞赏既富家又富国的代表人物，把经济管理视为国家最重要的工作，认为只有经济发展了，人民富足了，国家才能长治久安。在道德与物质利益之间，物质利益是道德观念的基础。"人富而仁义附焉"，提出注重物质利益的义利观。认为物质财富与权势地位息息相关，追求物质利益是人的正当要求，但求富之道则大相径庭。他特别反对投机取巧的奸骗行为："今治生不待危身取给，则贤人勉焉。是故本富为上，末富次之，奸富最下。"①因此，他肯定了商人在经济发展中的重要作用，指出："夫用贫求富，农不如工，工不如商，刺绣文不如倚市门。"②

司马迁不但认识到道德只是经济的附属，而且注意到不同社会地位的人，为了各自不同的利益，而有不同的道德标准。不同的道德标准产生出对人物历史地位作用的不同评价。但道德不是评价人物的唯一标准，更重要的是人物活动对社会所起的客观作用。在司马迁的道德思想中最闪光的一点，是他极力提倡爱国主义的道德规范。他饱含感情地塑造出以国为重的文臣蔺相如、眷恋祖国的诗人屈原、卧薪尝胆的越王勾践、捐躯守义的义士王蠋、捐财助边的富商卜式、奋战兴邦的将军田单……。当然，司马迁的经济思想、道德思想都有一定的偏颇，比如他全盘否定汉武帝的经济措施便是一例。但这并不妨碍他在经济、道德思想方面的独到之处。

此外，司马迁还是宣传"兵圣"孙武及其兵法的第一功臣。他在《史记》中第一次为孙武列传，第一个为实践《孙子兵法》的

---

① 司马迁《史记·货殖列传》，中华书局 1959 年版，第 3272 页。
② 同上书，第 3274 页。

兵家名将立传,使《史记》成为古代最完备的一部战争史、战略技术发展演变史。他认为战争是除暴救危的自强工具,既可兴邦,又可丧邦,应当慎用。国家"非兵不强,非德不昌"①,但战争"行之有逆顺","用之有巧拙"②,国虽大,好战必亡;天下虽平,忘战必危。总而言之,司马迁的思想是十分博大丰富的,除上述而外,诸如人才思想、美学思想、音乐思想、医学思想、档案思想、人格思想、伦理思想等等,非这短短的"前言"所能概括交代清楚。这正如李长之先生所说:"常有人说中国没有史诗,这仿佛是中国文学史上一件大憾事似的。但我认为这件大憾事已经由一个人给弥补起来了,这就是两千年前的司马迁。""他可以和孔子相比!他参加过订历,他有历法的知识。他巡行过全国,他有地理——而且是活地理,应该说是政治地理、文化地理——的知识。他理解到人类的经济活动,他留心到人类的宗教行为。所以他又有着经济学的、社会学的、民俗学的知识。他有一贯的看法,他有他的哲学。他对政治有他的见解,他有他的社会理想。他是一个巧于把握文字的人。他有语言学上的训练和技术。——他的确是亚里斯多德那一型的哲人!他自己是一部百科全书!"③

司马迁及其《史记》,对后世的政治、经济、文化等各个方面都产生了极为深刻而巨大的影响。这种影响学者多有论述,这里限于篇幅,就不再赘述了。

---

① 司马迁《史记·太史公自序》,中华书局 1959 年版,第 3305 页。
② 司马迁《史记·律书》,中华书局 1959 年版,第 1241 页。
③ 李长之《司马迁之人格与风格》,三联书店 1984 年 5 月版,第 300 页。

三

陕西是华夏文明的主要发祥地之一。这里不但是"兰田猿人"和"半坡人"的故乡，也是炎、黄二帝活动和埋葬的圣地，更孕育出周文王、周武王、秦始皇、汉武帝、唐太宗、武则天这样一代又一代雄才大略的人物和周、秦、汉、唐的灿烂文化。

《史记》的作者司马迁就诞生于陕西韩城。他不仅是中国文化巨匠，也是世界文化巨人，更是陕西人的骄傲。因此，历代以来，对《史记》及司马迁研究兴盛不衰，成为一门专门的学问。建国以来，特别是十一届三中全会后，《史记》研究也朝气勃勃，开拓出许多新的研究领域，并且成果累累。但是，同其他热点比较起来，仍有较大差距。1995年是文化巨匠司马迁诞辰2140周年。为纪念这一世界文化伟人，继承祖国的优秀文化遗产，将《史记》研究推向纵深、推向世界，为研究者建立详备的资料库，1993年春，由陕西省司马迁研究会及西安外语学院辞典编译所发起，本着全、大、精、深、细的原则，发动全省十余所高校及研究单位通力合作，筹划编纂《史记系列大辞典》(共十三分卷)。这一项目得到陕西省委、陕西社科院的积极支持。陕西省委副书记刘荣惠也欣然出任大辞典编委会名誉主任。其中《史记系列大辞典·民族文化卷》交由西藏民族学院有关单位完成。

《史记系列大辞典》在编纂方法上，要求各卷既各自独立成卷，又要在总体上构成一个系列。在分类收辞中既要考虑到本卷的完整性，又要尽量避免与其他相关各卷不必要的重复、交叉。因此，考虑到"医学"、"科技"、"典制"、"地理"、"神道"等皆有专卷，故而《文化卷》不收科技、医药卫生、官制、天文历算等方面的条目，只保留记时、兵制及与风俗礼仪有关的服饰、称谓、器具、祭祀等。少数与各卷交叉的相关词目,则着重从文化角度予以阐释。此外因《史记系列大辞典》未设《军事卷》,而军事又是《史记》一个极其重要的内容,故将军事方面的条目收入《文化卷》。这样,《文化卷》共收录记时、典籍著述、思想流派、文学艺术、教育、风俗、称谓、刑法、军事及名物九大类,共 2600 余条。

《文化卷》编务工作由西藏民族学院张天锁、白自东、陈崇凯、池万兴、任树民、谢丰泰担任并审稿。为保证辞典质量,特邀请西北大学文博学院院长周伟洲教授为顾问,指导编纂工作。编撰具体分工为:陈崇凯撰写风俗、称谓、名物全部辞条及军事、记时、典籍、刑法部分辞条;池万兴撰写文学艺术主要辞条;白自东撰写思想流派的主要辞条;徐万发撰写刑法主要辞条及典籍著述的部分辞条;谢丰泰撰写记时主要辞条及思想流派部分辞条;孔宪凤、杨莉莲撰写军事的主要辞条;孙林、张月芬撰写教育的主要辞条;周德仓撰写文学艺术的部分辞条;侯明撰写刑法部分辞条。本卷"前言"经集体讨论,由陈崇凯、池万兴执笔。

《史记》系列大辞典《文化卷》的编撰是一个开拓性工程,也是拓宽《史记》研究领域、提供新的研究工具的一个大胆尝试。限于编撰者的学识水平,加上编撰时间短促,因之在收辞选目及内容阐释上肯定有不少疏漏或谬误,谨请各界同仁批评指正,以便汇总出版《史记系列大辞典》(合订缩印本)时修改充实,使之臻于完善。

(本文原载于《西藏民族学院学报》1994 年第 4 期。本文与陈崇凯合作)

从《史记·管晏列传》看司马迁的人才观

从《史记》来看，司马迁的人才思想是极为丰富全面的。譬如对关于人才的培养、人才的选拔、人才的作用、人才的标准、人才的成才、人才的考核等等，都具有全面而深刻的论述。限于篇幅，本文并不打算全面论述司马迁的人才思想，只是从《管晏列传》入手，来窥测司马迁的人才思想。

《管晏列传》在选材上有别于其他人物传记。本文并没有专门叙述管仲和晏婴的生平事迹和赫赫政绩，而是在写管仲时用了近半篇幅写管鲍之交；写晏婴时着重写晏子的两件轶事，而对这两位政治家的文治武功只简略地予以交代。从中不难看出，司马迁写本文的主要目的，是为了突出"知贤"、"荐贤"的人才思想。在记述管仲时突出了管鲍之交和桓公的知人善任；在记述晏婴时突出了晏婴的荐贤之举。这里不论晏婴，只以管仲为例，来论述司马迁在《管仲列传》中所表达的人才思想。

一

《管晏列传》中通过管仲事迹的记述体现了司马迁的人才乃治国之本的思想。《管晏列传》在简要介绍管仲籍贯及早年事迹后说："管仲既用，任政于齐，齐桓公以霸，九合诸侯，一匡天下，

管仲之谋也。"本传最后又说:"管仲卒,齐国遵其政,常强于诸
侯。"由此可以看出,司马迁在这里实际上强调了人才是治国之
本、贤才乃强国关键的思想。

朱枝富先生曾经指出:"司马迁撰史,其宗旨是探求治国之
道。"①这个观点无疑是正确的,是符合《史记》实际的。司马迁
通过历史上的治乱兴衰,竭力探求治乱兴废与人才之间的密切
关系。他认为一个国家的治乱、强弱、兴衰、成败,关键在人才,
任用贤才则兴盛,任用奸佞则败亡。他在《匈奴列传》中说:"尧
虽贤,兴事业不成,得禹而九州宁。且欲兴圣统,唯在择任将相
哉!"在《楚元王世家》中说:"国之将兴,必有祯祥,君子用而小人
退;国之将亡,贤人隐,乱臣贵……'安危在出令,存亡在所任',
诚哉是言也。"《管晏列传》中司马迁正面肯定了桓公用管仲而称
霸诸侯的历史功绩,在《齐太公世家》中比较详细地记述了齐桓
公重用管仲及其所取得的历史功绩,本文最后说:"桓公之盛,修
善政,以为诸侯会盟,称伯,不亦宜乎!"桓公之所以能"修善政"
就在于能够重用和自己有一箭之仇的人才管仲。司马迁记录了
鲍叔牙的话"君且欲霸王,非管夷吾不可。夷吾所居国国重,不
可失也"②。这说明司马迁认可鲍叔牙的观点,贤人所居国则国
重,人才对国家的治乱兴衰具有重要的影响。他又在《货殖列
传》中说:"其后齐中衰,管子修之,设轻重九府,则桓公以霸,九
合诸侯,一匡天下。"称赞管仲是"世所谓贤臣",并说:"语曰'将
顺其美,匡救其恶,故上下能相亲也',岂管仲之谓乎?"③

在其他众多人物传记中,司马迁表达了同样的观点。他在
探讨秦国兴盛并吞并六国的原因时说:"秦始小国僻远,诸夏宾

① 朱枝富《司马迁政治思想通论》,延边大学出版社1999年版,第223页。
② 《史记·齐太公世家》,中华书局1982年版,第1486页。
③ 《史记·管晏列传》,中华书局1982年版,第2136页。

之,比于戎翟,至献公之后常雄诸侯。论秦之德义不如鲁卫之暴戾者,量秦之兵不如三晋之强也,然卒并天下,非必险固便形势利也,盖若天所助焉。"①这里所谓"天所助"实际上就是说明人才的作用。秦国由弱到强、发展壮大以至于吞并六国,一统天下,很重要的一条就是重用各诸侯国的人才。秦国从穆公到秦始皇,历代君主皆重视延揽六国人才为我所用。当山东六国忙于争斗,妒贤嫉能,驱逐人才之时,秦国却趁机网罗了一大批杰出人才。秦穆公用由余、百里奚、丕豹、蹇叔、公孙支,并国二十,遂霸西戎。秦孝公用商鞅之法,国富民殷,举地千里,至今治强。秦惠王用张仪之计,拔三川之地,割膏腴之壤。秦昭王用范雎,远交近攻,蚕食诸侯,拓地千里。秦始皇用李斯、蒙恬、王翦,奋六世之余烈,北却匈奴,一统天下,终成帝业。由此可见,人才在秦国兼并六国过程中所起的决定性作用。司马迁在《史记》中为秦国的商鞅、张仪、樗里、甘茂、穰侯、白起、王翦、范雎、蔡泽、吕不韦、李斯、蒙恬等杰出人物作传,详细叙述这些人才在秦统一六国中的重要作用,阐明了这些杰出人才与秦强大的关系。司马迁写战国时代二十一位人物列传,秦国人物就占了九传。这正如李斯所言:"向使四君却客而不内,疏士而不用,是使国无富利之实而秦无强大之名也。"②

　　司马迁写当代史也突出了得人才者得天下的思想。秦汉之际,"秦失其政,陈涉首难,豪杰蜂起,相与并争,不可胜数"③。司马迁在记述这段惊心动魄的斗争中表现出的主导思想就是:在汉弱楚强的情况下,刘邦之所以最终取得胜利,项羽之所以四面楚歌、自刎乌江,关键就在于用人。司马迁对项羽有着特殊的

① 《史记·六国年表》,中华书局1982年版,第685页。
② 《史记·李斯列传》,中华书局1982年版,第2542页。
③ 《史记·项羽本纪》,中华书局1982年版,第338页。

感情,十分欣赏项羽的光明磊落等优秀品质。他对项羽评价说:"羽非有尺寸,乘势起陇亩之中,三年,遂将五诸侯灭秦,分裂天下,而封王侯,政由羽出,号为霸王,位虽不终,近古以来未尝有也。"①项羽不失为盖世英雄。然而,就是这样一位盖世奇才,最终却走上了英雄末路。究其原因当然是多方面的,但不能用人却是最重要的一条。司马迁对此批评道,"奋其私智","欲以力经营天下","乃引'天亡我,非战之罪也',岂不谬哉!"而刘邦之所以能由弱到强,转败为胜,关键就在于网罗了一大批杰出人才,知人善任。内有张良、陈平、萧何等运筹帷幄;外有韩信、樊哙、周勃、灌婴等攻城略地。这些人才不仅对汉王朝的建立做出了杰出的贡献,而且为后来的平定诸侯叛乱、维护中央政权的统一发挥了重要作用。对此,司马迁借刘邦之口总结道:"夫运筹策帷帐之中,决胜于千里之外,吾不如子房。镇国家、抚百姓,给馈饷,不绝粮道,吾不如萧何。连百万之军,战必胜,攻必取,吾不如韩信。此三子者,皆人杰也,吾能用之,此吾所以取天下也。项羽有一范增而不能用,此其所以为我擒也。"②由此可见人才对于国家盛衰的巨大作用。

二

从《管仲列传》可以看出,司马迁对于人才的标准有着明确的表述。管仲出身贫贱,当时并没有表现出什么才能。"管仲贫困,常欺鲍叔"。"尝与鲍叔贾,分财利多自与","尝为鲍叔谋事而更穷困"。"三仕三见逐于君","三战三走",当过逃兵。辅佐

---

① 《史记·项羽本纪》,中华书局 1982 年版,第 338—339 页。
② 《史记·高祖本纪》,中华书局 1982 年版,第 381 页。

公子纠,公子纠死而不能尽忠死节。管仲富拟公室,奢侈无度等等。从以上行为来看,管仲并不能算作传统意义上的人才,更不能算杰出人才。由此可以看出司马迁的人才标准有三个特点:一是不以出身门第论人才,不以成败论英雄;二是对人才不能求全责备;三是大凡杰出人才都有非常之处与坚忍的品格。

首先,司马迁在《报任安书》中说:"古者富贵而名磨灭,不可胜计,唯倜傥非常之人称焉。"这既是司马迁的人才观,也是司马迁选择传主的标准之一。管仲无疑就是这样的"倜傥非常之人"。根据司马迁的记载并结合《管子》一书来看,管仲出身贫贱,经过商,当过兵,做过官,但多次入仕,多次被逐,经历坎坷。这些复杂坎坷困顿的经历,磨练了他的意志,使他具有坚忍不拔、锲而不舍的进取精神。他没有被生活的压力所压倒,也没有因为困顿与无数次的挫折而沉沦,而是始终充满了豁达乐观的精神与人生态度,相信总会有出头之日。他对自己的能力也颇为自负,相信自己具有王佐之才,挫折与失败是暂时的,功业未就只是时机不到。相信总有一天会像姜太公那样遇到识才的明君,一跃而取卿相之尊,建立王霸之业。实践证明,管仲不仅具有远大的政治理想和政治眼光,而且具有杰出的政治才能和运筹帷幄的深谋远虑,具有尽力于国事的优秀品质,更具有为大义而不拘小节的大丈夫气概。在为公子纠死节的问题上,他说:"夷吾之为君臣也,将承君命,奉社稷以持宗庙,岂死一纠哉?夷吾之所死者,社稷破,宗庙灭,祭祀绝,则夷吾死之。非此三者,则夷吾生。夷吾生则齐国利,夷吾死则齐国不利。"[1]正是这种以天下为己任、处事并非为一君而为定社稷的认识,以及"不耻

---

①　《管子·大匡》,参见颜昌峣《管子校释》,岳麓书社1996年版,第161页。

小节而耻功名不显于天下"①的大义,才使他为了实现齐国稳定富强,在行为上敢于冲破陈旧礼仪道德的束缚,改事齐桓公,建立丰功伟业,实现了自己"为定社稷"以"利齐国"的人生价值。

除管仲之外,司马迁在《史记》中为不少出身贫贱而最终成就功业的、甚至最终失败的英雄人物和杰出人才立传。司马迁为最终自刎乌江的项羽立传,为被杀的韩信立传,为商鞅、晁错立传,为那些游侠、刺客、滑稽、卜者、医家、商人,甚至鸡鸣狗盗之徒立传,认为这些虽然出身贫贱,或者最终走向失败,但这并不影响他们都是各方面的杰出人才,都在历史的进程中起过重要或者一定的作用。从而将人才的范围从《春秋》的"贬天子,退诸侯,讨大夫"的狭小圈子中,扩大到社会各个阶层、各个领域。

其次,对人才不能求全责备。从《管仲列传》来看,正如上述,在传统观念看来管仲有不少的恶行,但在司马迁看来这并不影响他是一位杰出的人才。这正反映了司马迁进步的人才观。司马迁曾经指出:"能行之者未必能言,能言之者未必能行。"②"大行不顾细谨,大礼不辞小让"③。司马迁认为,即使像管仲这样杰出的人才也并非完人,没有缺点,所以对于人才不能求全责备,要能容人之短。《周勃世家》说:"条侯周勃始为布衣时,鄙朴人也,才能不过凡庸。"《萧相国世家》说:"萧相国为刀笔吏,碌碌而未有奇节。"陈平是一位足智多谋、忠于汉室的良相。就是这样一位杰出的人才,在归汉不久,当彭城之战遇到挫折时,周勃、灌婴等老臣就曾经向刘邦进谗言说:"臣闻平居家时,盗其嫂。事魏不容,亡归楚;归楚不中,又亡归汉。今日大王尊官之,令护军。臣闻平受诸将金,金多者得善处,金少者得恶处。平,反复

① 《史记·管晏列传》,中华书局1982年版,第2132页。
② 《史记·孙子吴起列传》,中华书局1982年版,第2168页。
③ 《史记·项羽本纪》,中华书局1982年版,第314页。

乱臣也,愿王察之。"①刘邦听信谗言,责让引荐陈平的魏无知。魏无知回答道:"臣所言者,能也;陛下所问者,行也。今有尾生、孝己之行而无益处于胜负之数,陛下何暇用之乎？楚汉相距,臣进奇谋之士,顾其计诚足以利国家不耳。且盗嫂受金又何足疑乎？"②这里魏无知的话很值得玩味。奇谋之士未必在道德上就是完人,道德之士也未必就是人才。再如被司马迁称道常出奇计,解纠纷之难,振国家之患的老将廉颇,也有争强好胜、气量狭小的缺点。韩信虽然智勇双全,然而却不懂得自全,政治上几乎等于白痴。司马迁极力赞扬的李将军也有心胸狭隘的弊端。所以,大凡人才,甚至奇才,都有这样那样的弱点,金无足赤,人无完人。要从大处着眼,要看到人的长处。司马迁的这一真知灼见,至今仍具有借鉴意义。

再次,大凡奇才都有坚韧不拔的品格。司马迁认为,人才应该具有坚韧不拔的品质和良好的心理素质。人生不可能都是一帆风顺的,困难和挫折不仅是人生在所难免的,而且也是磨练人才意志品质的最好方法。他在《游侠列传》中说:"且缓急,人之所时有也。太史公曰:昔者虞舜窘于井廪,伊尹负于鼎俎,傅说匿于傅险,吕尚困于棘津,夷吾桎梏,百里饭牛,仲尼畏匡,菜色陈、蔡。此皆学士所谓有道仁人也,犹然遭此灾,况以中材而涉乱世之末流乎？其遇害何可胜道哉!"但由于杰出人才大都具有能屈能伸、坚韧不拔的品格和强大的意志力,所以往往能变消极磨难为积极的锻炼,历练品质,增长才干,建功立业,名垂后世。管仲在辅佐齐桓公之前的经历就充分地说明了这一点。他曾"三仕三见逐于君",不但不为君主所用,反而可能招来祸殃,致

---

① 《史记·陈丞相世家》,中华书局1982年版,第2054页。
② 同上。

使"家残于齐"。尽管受到种种挫折打击，但他依然不折不挠，坚持对理想的追求，并且经历了种种磨难之后，政治素质更为成熟，眼光更为远大，更加深谋远虑。他辅佐公子纠之后，看到齐襄公荒淫无耻的乱政，预感到将来能够继承君位的不是公子纠就是小白，而小白更具有继位的有利条件和成就大事的素质。这一政治远见就超过了能够慧眼识人的鲍叔牙。当时鲍叔牙辅佐小白，认为小白没有政治前途，所以托病不出，管仲极力说服鲍叔辅佐小白。这样，将来无论是公子纠或者小白当政，他们都能够得到治理齐国的机会。后来果如管仲的分析判断，小白继承君位，公子纠自杀，管仲因此也成为阶下囚，差点被杀。有赖鲍叔的极力周旋，得以回到齐国，并被鲍叔推荐给桓公。管仲重大义、不拘小节的个性，使他能够忍辱负重，甘受一时之辱，坚定不移地追求振兴齐国的从政机会，寻求和把握施展抱负、才能的机遇，这就是他之所以能够建功立业的政治品质。伍子胥也可以说是这方面的典型。司马迁在《伍子胥列传》的赞语中说："方子胥窘于江上，道乞食，志岂尝须臾忘郢邪？故隐忍就功名，非烈丈夫，孰能致此哉？"

从反面来看，司马迁认为人才如果心胸狭隘，图一时之义愤，就会功败垂成，甚至身败名裂。和管仲同时辅佐公子纠的召忽，就是图一时之义愤而自杀的。再如，楚怀王被张仪欺骗之后，恼羞成怒，奋一时之义愤，不计后果，发兵攻秦，结果兵败地削，又被韩、魏偷袭，"为天下笑"。谋士范增，司马迁认为"好奇计"，是位杰出人才，然动辄大怒，鸿门宴上，张良送他一双玉斗，他"置之地，拔剑撞而破之"，又大骂项庄无用。后来又糊里糊涂地中了陈平的离间之计，大怒之下竟离项羽而去，最终气得"疽发背而死"。由正反两方面可以看出，坚韧不拔的品格和良好的心理素质，对于一个杰出的政治人才是多么重要！

三

司马迁为历史上风云人物立传,并注意从中总结人才成功的规律。通过《管仲列传》和其他人物传记,我们明显可以看出司马迁的人才成功思想主要包括三个方面的内容:一是人才必须抓住时机、乘时应势而上;二是人才必须要有发愤图强的精神;三是人才必须在实践中不断提高自己的才能。

首先,任何时代都会造就自己的伟大人物,任何杰出人物也只有凭借现存社会所提供的一切条件为舞台才能有所作为。因此,任何杰出人才只有按照时代的需要,顺应时代潮流,适时而动,乘势而起,才能有所作为,才能使自己的潜能得到充分的发挥。作为伟大思想家的司马迁在"通古今之变"中发现,每当历史面临重大变革之时,由于人心向背和种种历史条件的合力作用,往往会形成一种任何个人也无法改变的时代洪流,制约着社会的变化,显示出历史发展的必然趋势。顺应这种时势就会获得成功,如果违背这种时势,必然会导致失败。所以《太史公自序》说:"扶义俶傥、不令己失时,立功名于天下。"管仲就是这样一位能够把握时机、乘势而动的杰出人才。

《史记》中这类人物不在少数。如陈涉为人佣耕时就怀有鸿鹄之志,他看到"天下苦秦久矣",便抓住时机,乘势而起,振臂一呼,天下云集响应。这说明陈涉起义顺乎民心,合乎民意。项羽起初也只不过一个流亡之徒。然而"羽非有尺寸,乘势起陇亩之中,三年,遂将五诸侯灭秦,分裂天下,而封王侯,政由羽出,号为霸王,位虽不终,近古以来未尝有也"。刘邦只不过一个小小的泗水亭长,也乘势而起,聚集天下豪杰,最终战胜项羽,夺取天下。刘邦之所以能战胜项羽,原因当然很多,但最根本的是他能够行仁政,顺应了历史的潮流,又能发挥人才的作用。再如范雎、蔡泽,司马迁说:"范雎、蔡泽世所谓一切辩士,然游说诸侯至白首无所遇者,非计策之拙,所为说力少也。及二人羁旅入秦,继踵取卿相,垂功于天下者,故强弱之势异也。"①周勃本只是一个吹鼓手,"始为布衣时,鄙朴人也,才能不过凡庸。及从高祖定天下,在将相位,诸吕欲作乱,勃匡国家难,复之乎正。虽伊尹、周公,何以加哉"②! 这就是说周勃虽然乃平庸之辈,因为参与了刘邦灭秦和楚汉相争的大业,以及汉初的平定诸吕之乱,为巩固汉室而建功,是在时代潮流中锻炼出来的人才。由此可见,时势对于人才的作用,所以司马迁感慨说:"势之于人也,可不慎与?"③

其次,人才必须要有忍辱发愤的精神。人生境遇有顺有逆,虽说"时势造英雄",但"时势"只是外部条件,人才的成功最主要的还是主观努力。所以我们在《管仲列传》中可以看到,管仲从囚徒到相国最主要的还是自己的发愤图强。从齐襄公时代到二公子争立这漫长的过程中,管仲始终在深谋远虑,寻找时机,发愤图强。此外,司马迁对那些从逆境中崛起的历史人物怀有一种特殊的感情,给予高度的评价,并借以阐述自己关于人才应该忍辱发愤的思想。《报任安书》说:"盖文王拘而演《周易》,仲尼厄而作《春秋》,屈原放逐,乃赋《离骚》,左丘失明,厥有《国语》……《诗三百》,大抵圣贤发愤之所为作也。"伍子胥如果不是父兄被杀,自己走投无路,在楚国未必会有所作为。韩信做生意做不成,寄食于他人而不得,不仅饱尝人间冷暖,而且受到"屠中少年"的侮辱,这些都是促使他发愤成才、追求人生远大目标的

---

① 《史记·范雎蔡泽列传》,中华书局 1982 年版,第 2425 页。
② 《史记·绛侯周勃世家》,中华书局 1982 年版,第 2080 页。
③ 《史记·楚世家》,中华书局 1982 年版,第 1734 页。

基础。再如季布曾经为人奴,司马迁说:"彼必自负其材,故受辱而不羞,欲有所用其未足也,故终为汉名将。"①在司马迁看来,忍辱发愤并非人皆能之,只有那些抱负远大之人,才能使逆境转换为动力,发愤图强,终成功业。管仲、宁戚、伍子胥等人的传奇生涯有力地说明:奇耻大辱不仅能极大地提升人的追求目标,而且能激励人才为实现目标而焕发出超常的毅力和非凡的才智与勇气。在伍子胥论赞中司马迁说:"向令伍子胥从奢俱死,何异蝼蚁。弃小义,雪大耻,名垂于后世,悲夫!方子胥窘于江上,道乞食,志岂尝须臾忘郢邪?故隐忍就功名,非烈丈夫,孰能致此哉?"伍子胥如此,管仲、司马迁本人又何尝不是如此!管仲不羞小节而耻功名不显于天下的人格特征,和司马迁本人又是何等相似!

最后,人才必须在实践中不断锻炼自己的才干。管仲早年经商不成;做官,"三仕三见逐于君";当过兵,但"三战三走",只是一个逃兵。然而,这些丰富而复杂的经历磨练了他的意志,锻炼了他的才干,在复杂的政治斗争中培养了他远大的政治眼光和深谋远虑的优秀品质。即使在辅佐齐桓公之后的最初七、八年中,他和桓公之间依然并不是很默契,桓公对他的计谋并不采纳②。君臣之间有一个艰难的磨合过程。正是在长期复杂的政治实践中锻炼了管仲的政治才能!《史记》中的许多人物都是在实践中成长起来的。有的身处逆境奋发向上,有的家境贫寒砥砺自学,有的屡受挫折矢志不移,有的屡受打击迫害更加发愤图强……苏秦具有超人的游说之才,乃闭门不出,头悬梁、锥刺股,遍观天下之书,终于学成。公孙弘家贫,牧豕海上,年四十乃学《春秋》杂说,后举贤良文学,官至丞相封侯。主父偃曾游学四十

---

① 《史记·季布栾布列传》,中华书局1982年版,第2735页。
② 参见池万兴《管子研究》,高等教育出版社2004年版,第32—36页。

余年,身不得遂,亲不以为子,兄弟不受,宾客厌弃,后被汉武帝召见,提出推恩分子弟的主张,成为治国良才。其他如陈平、周勃、曹参、萧何、樊哙等等,本来都是小人物,他们在动荡的时代,跟随一代枭雄起事,都是在实践中成为王佐之才的。司马迁认为,人要成才不单是被动地接受外界的考验,更主要的是要以进取的精神,主动深入到丰富多彩的社会生活当中,从实践中获得真知,锻炼自己的才能。司马迁的这一观点无疑在今天仍有积极意义。

四

在《管仲列传》中,司马迁实际上提出了人才的"知遇"问题。司马迁认为,"知遇"会给人才的使用与成功提供转机和机遇。因为,一个人某方面潜在的能力,可能是他自己在某一时机显露出来的,也可能是通过某种机会由别人发现的。所以他在《佞幸列传》中说:"谚曰:'力田不如逢年,善士不如遇合',固无虚言。"才能之士的发现和荐举以及权贵的赏识,往往会给人才的使用和成功提供转机和平台。鲍叔牙将"幽囚受辱"、并和齐桓公有一箭之仇的管仲推荐给齐桓公,使齐桓公"九合诸侯,一匡天下",成为春秋第一位霸主。而"鲍叔既进管仲,以身下之",这种知人善荐而又乐于让贤的精神成为历史上人才"知遇"之恩的典范。实际上《管仲列传》有两个知遇故事:一个是管仲和鲍叔牙之间的知遇,一个是管仲和齐桓公之间的知遇。现分别言之。

首先看管仲和鲍叔之间的知遇。管仲之所以能够建立"九合诸侯,一匡天下"的伟业,关键就在于鲍叔牙的极力推荐和让贤。没有鲍叔牙之举荐,就没有管仲之政。所以司马迁在《管仲列传》中记管仲曾不无感慨地说:"吾始困时,尝与鲍叔贾……生我者父母,知我者鲍子也。"管仲的这段肺腑之言,既表达了他对鲍叔的感激之情，也表达了他和鲍叔之间的相知关系，更突出了鲍叔牙的知人之明。鲍叔牙的可贵之处在于：首先，交友不耻贫贱，不以出身论人才。当管仲穷困潦倒之时，他不仅没有抛弃管仲，而且一再体谅管仲的苦衷，每每为管仲的恶行而开脱，始终善待管仲，真正做到了长相知、长相助。其次，鲍叔不以一时一地之成败论贤愚、看人才。当管仲替他出谋划策而办事不成时，以及管仲"三仕三见逐于君"，鲍叔能从主客观几个方面分析原因，对管仲之才深信不疑。再次，鲍叔能在危难之时显真情。当管仲幽囚受辱、眼看有杀身之祸时，鲍叔不仅从刀下救了管仲，同时不失时机地竭力推荐他，并且能够做到常人不能做到的"以身下之"，真正是肝胆照人，德昭日月。所以司马迁感慨道："天下不多管仲之贤，而多鲍叔能知人也"，表达了对管鲍之交、管鲍知遇的欣羡与向往。假使没有鲍叔的知遇之恩，没有鲍叔的举贤、荐贤、让贤，管仲不仅可能会被埋没，而且可能被世人误认为是一个自私、愚蠢、胆怯、贪婪、不知羞耻的千古小人！

再看管仲和齐桓公之间的知遇之恩。管仲之所以能够建立旷世之业，一方面由于鲍叔的举贤、让贤，另一方面得力于齐桓公的知人善任，得力于桓管之间的知遇之恩。可以说，没有齐桓公就没有管仲的功业，没有管仲也不会有齐桓公的霸业。司马迁写管仲与齐桓公之间的君臣知遇，不像写管鲍之交那样，以直笔来写，而是写得委婉含蓄，在叙述管仲如何尽心辅政、取得赫赫政绩之时，间接地表现了桓管君臣知遇的关系。在那个专权的时代，作为大臣的管仲，如果是遇上一个刚愎自用、专横跋扈、主观武断、昏聩无能而又喜怒无常——像齐襄公——那样的君主，任凭管仲有多大的才能、是多么杰出的人才，也可能一事无成，甚或被杀。作为一代明君，齐桓公并没有因为管仲和自己有一箭之仇而耿耿于怀，弃而不用，而是从根本利益出发，从国家大局出发,摈弃前嫌,重用管仲,并能信任管仲。为了能让管仲不受歧视,更好地施政,桓公给予管仲三归之富、上卿之贵、仲父之尊,大树管仲的权威,为管仲充分施展治国才能提供了最为优越、最为有力的空间和条件。《吕氏春秋·审分览·任数》说:"有司请事于齐桓公,桓公曰:'以告仲父。'有司又请,公曰:'告仲父。'若是三。习者曰:'一则仲父,二则仲父,易哉为君!'桓公曰:'吾未得仲父则难,已得仲父之后,曷为其不易也?'"让管仲全权处理国事,由此可见桓公对管仲的信任程度。桓公对管仲不仅言听计从,甚至到了无条件遵从的程度。《管子·小称》记载桓公的话说:"仲父命寡人东,寡人东;令寡人西,寡人西;仲父之命于寡人,寡人敢不从乎?"桓管之间的君臣遇合,可以说成为中国历史上的千古美谈。

总之,《管晏列传》虽然有别于其他人物传记,只是简略地介绍了管仲、晏婴的事迹,而更多的篇幅则在于写管鲍、桓管之间的知遇之恩与君臣遇合。这不仅体现了司马迁在人物传记创作方面的匠心独运,而且委婉含蓄地表达了司马迁的人才观,表达了千里马常有而伯乐不常有的感慨,也暗含了司马迁对自己身世和不幸遭遇的感慨。

【参考文献】

[1] 朱枝富《司马迁政治思想通论》[M].延吉:延边大学出版社,1999。

[2] 司马迁《史记》[M].北京:中华书局,1982。

[3] 颜昌峣《管子校释》[M].长沙:岳麓书社,1996。

[4] 池万兴《管子研究》[M].北京:高等教育出版社,2004。

（本文原载于《西藏民族学院学报》2014年第2期）

论管仲对司马迁的影响

　　司马迁不仅是一个伟大的史学家,也是一个伟大的思想家。他对中国古代的文化典籍和百家杂语、六经异传都有深入的研究。因此他能够全面系统地接受先秦文化传统的滋养,形成自己独特的人生观、生死观、价值观与义利观。在先秦诸子当中,管仲对司马迁的影响是显而易见的。司马迁在《管晏列传》中说:"吾读管氏《牧民》、《山高》、《乘马》、《轻重》、《九府》及《晏子春秋》,详哉其言也。既见其著书,欲观其行事,故次其传。至其书,世多有之,是以不论,论其轶事。"司马迁不仅详尽地阅读了《管子》其书,而且在本传中对管仲予以极高的评价,从中明显可以看到司马迁对管仲的敬仰之情。笔者认为,管仲的人生观、生死观、价值观与义利观都对司马迁产生了极大的影响。

一、司马迁与管仲的人生观

　　在历史上发挥过重要作用的人物,往往都具有鲜明、突出而不同于常人的个性特征。他们的个性又往往对其历史建树具有至关重要的作用。在这方面司马迁和管仲具有相似性。他们都具有坚韧不拔、积极有为的进取精神与建功立业、追求功名的人生价值观。

据《管子·大匡》、《史记·管晏列传》等记载,管仲出身贫贱,经过商,当过兵,做过官,但多次入仕,多次被逐,经历坎坷,甚至招来迫害,致使"家残于齐"(《说苑·善说》)。在当时的历史条件下,作为一名鄙野商人要想步入仕途成就一番大业,其困难可想而知。但是,管仲尽管遭受了种种挫折、打击,但依然不折不饶,坚持对理想与人生价值的追求。这些复杂、坎坷、困顿的经历磨练了他的意志,使他更具有坚韧不拔、锲而不舍的进取精神。他没有被生活的压力所压倒,也没有因为困顿与无数次的挫折而沉沦、自暴自弃,而是始终充满了豁达乐观的精神与人生态度,相信总会有出头之日。他对自己的能力也颇为自负,相信自己具有王佐之才,挫折与失败只是暂时的,功业未就只是时机未到。相信总有一天会如齐之始祖姜太公那样遇到明君,一跃而取卿相之尊,建立王霸之业。正因为他有这样丰富的经历与自信,所以具有敏锐的政治眼光与远大的政治理想。在齐僖公时代管仲辅佐公子纠,密切注意着齐国的政治局势发展,积极筹划、努力争取实现治理齐国、建功立业的理想。他注意到面对齐国的未来,将来能够继承君位的不是公子纠就是公子小白,所以当齐僖公让鲍叔辅佐小白而鲍叔认为小白不可能成就大事、辅佐小白没有政治前途时,管仲分析了当时的形势,认为小白将来更具有继位的条件和成就大事的素质,要求鲍叔牙一定要辅佐小白(《管子·大匡》,以下凡引《管子》,只注篇名)。这样他们二人分别辅佐公子纠与公子小白,将来无论哪一位公子继位,他们都有辅政的机会,这样的安排为他日后相齐奠定了基础。管仲对鲍叔说:"持社稷宗庙者,不让事,不广闲"(《大匡》),意即主持国家大事的人,不应该推辞工作,推卸责任,不能贪求空闲。"为人臣者,不尽力于君则不亲信,不亲信则言不听,言不听则社稷不定。夫事君者无二心"(《大匡》)。由此可见,在管仲的心中,侍奉君主的政治家,第一必须具有忠于职守、尽职尽责的责任感;第二必须具有忠心耿耿、一心一意的品质;第三必须具有勇于承担责任、不贪图安逸、积极进取的精神;第四必须要有对理想不懈追求的精神。管仲这种乐观、积极进取的精神和坚韧不拔、锲而不舍的毅力,是他得以相齐并成功地辅佐桓公建立王霸之业的基石。

司马迁对管仲充满了敬佩之情,他深情地说:"管仲既用,任政于齐,齐桓公以霸,九合诸侯,一匡天下,管仲之谋也。"(《管晏列传》)尽管他们二人所处的时代不同,人生理想与人生目标不同,管仲走的是"立功"的道路,司马迁确立的是"立名"的人生目标,但他们的崇高理想与积极进取、不懈追求的精神气质和人生价值观却完全是一致的。司马迁生活在蓬勃向上的盛世,他的胸中激荡着一股及时建功立业的浪漫主义豪情与英雄主义气概。他在《报任安书》中说:"立名者,行之极也。"又说"君子鄙没世而文采不表于后世"。他十分欣赏那种"生不能五鼎食,死亦为五鼎烹"(《史记·平津侯主父列传》)的人生。既然生命苦短,那么人生一世就应该及时地建功立业,为国家为社会做出贡献,从而扬名声、显父母,使自己跻身于立德、立功、立名的士君子之列。他在《太史公自序》中引用父亲的话说:"孝始于事亲,中于事君,终于立身,扬名于后世,以显父母,此孝之大者。"他有感于时代的呼唤与父亲的遗愿,立志要继承"先人"遗志,完成父亲未竟的事业,继孔子之后,要写第二部《春秋》。因此著书立言是司马迁的人生理想与追求。他在《与挚峻书》中说:"迁闻君子所贵乎道者三:太上立德,其次立功,其次立言。"(《全汉文》卷26)他对自己的著书充满着自信,完全相信自己能够写出一部惊世之作。他在《太史公自序》中说:"先人有言,自周公卒五百岁而有孔子。孔子卒后至于今五百岁,有能绍明世,正《易传》,继《春秋》，本《诗》、《书》、《礼》、《乐》之际？意在斯乎！意在斯乎！小子何敢让焉。"司马迁认为，周公死后五百年出现了大圣人孔子，而孔子死后至今也有五百年了，又该出现一位圣人了。那么这个圣人是谁呢？应该就是我司马迁吧！既然是这样，我就应该当仁不让，将历史的责任勇敢地承担起来。这表明司马迁对自己所从事的事业充满了坚定的信心。他相信自己将成为周公、孔子那样了不起的大圣人、士君子。既然是君子就应该做出轰轰烈烈的壮举，完成孔子著《春秋》那样的大业。所以他在《报任安书》中说："古者富贵而名摩灭，不可胜记，唯倜傥非常之人称焉。"做一个"倜傥非常"之人，这是他的人生理想，也正是其人生观的核心。这种及时建功立业、立世扬名的积极进取精神和人生观也体现在《史记》的选人标准上。《史记》的"本纪"、"世家"、"列传"所选择的人物，都是那些及时建功立业、立世扬名的有所作为的历史人物。他在《太史公自序》中明确表述："扶义倜傥，不令己失时，立功名于天下，作七十列传。"可见他要为那些勇于事功的、自幼怀有雄心壮志的英雄们立传，使他们的英雄事迹发扬光大，长留人间。这是司马迁人生观的最直接的表白。不错过时代赋予自己的机会，做一个呼风唤雨的时代英雄，成就功名于千秋万代，建永世之业，留金石之功。由此可见，司马迁的人生观和管仲具有明显的一致性，这就难怪为什么司马迁在《管晏列传》中对管仲是那样的推崇备至了。

二、司马迁与管仲的生死观

司马迁与管仲虽然经历不同、所生活的时代不同、出身不同，但他们对待生死的看法却是惊人的相似。他们的生死观都体现了一种"重大义不羞小节，隐忍以成就功名"的生命价值观。

齐国内乱之后，管仲和召忽辅佐公子纠流亡鲁国，鲍叔牙辅佐公子小白流亡莒国。襄公被弑后，二公子争位。管仲在归国途中曾为自己的主人公子纠率兵阻击公子小白，并以箭射小白欲置之死地。但人算不如天算，不料管仲却射中了公子小白的衣带钩。小白装死，骗过了管仲与召忽，并抢先一步回到齐国继承了王位。齐桓公小白即位后，发兵攻打鲁国，逼迫鲁国杀死公子纠，并索要管仲与召忽。召忽明知返齐后会得到重用，但是他却认为"犯吾君命而废吾所立，夺吾纠也，虽得天下而吾不生也"（《大匡》），自刎而死。管仲和召忽不同，他甘愿屈身辱节，受监车之辱，返齐改事自己的仇人齐桓公，并在鲍叔牙的极力推荐下担任了齐相。

管仲改事自己的仇家齐桓公在当时来说是一种十分严重的"失节"行为，为世俗观念所不齿。后来管仲自己曾说："公子纠败，召忽死之，吾幽囚受辱。鲍叔不以我为耻，知我不修小节而耻功名不显于天下也。"（《管晏列传》）从管仲的话可以看出，他的这种行为不为人所容，因此他才对鲍叔牙对自己的理解甚为感激。事实也正如此，甚至到后来，孔子的弟子多次对管仲的行为予以指责。子路曾就"桓公杀公子纠，召忽死之，管仲不死"一事问孔子管仲"未仁乎"？子贡也曾问孔子"管仲非仁者与？桓公杀公子纠，不能死，又相之"（《论语·宪问》）。可见，管仲不死公子纠，甘愿为囚，改事齐桓公，在当时承受着极大的舆论压力。之所以能如此，一方面反映了管仲具有坚毅的心理素质和忍辱负重的精神，具有重大义、不拘小节的性格特征；另一方面是他具有一心为国的坚定信念，振兴齐国是管仲始终不渝的理想追求。在他的心目中，国家利益高于一切，因此他始终坚持入仕为国而不为一君。前述在僖公时当鲍叔牙不愿辅佐小白，管仲就明确地提出了自己的从政观点："夷吾之为君臣也，将承君命，奉社稷以持宗庙,岂死一纠哉? 夷吾之所死者,社稷破,宗庙灭,祭祀绝,则夷吾死之。非此三者,则夷吾生。夷吾生则齐国利,夷吾死则齐国不利。"(《大匡》)国家利益高于一切,死国而不为一君做无谓的牺牲,把个人的命运与齐国的兴衰联系在一起,而不是愚忠于某一个人,振兴齐国、建功立业才是他唯一的追求。后来,当小白回国即位、公子纠被杀、召忽殉死之后,鲍叔牙向齐桓公推荐管仲时也说:"夫夷吾之不死纠也,为欲定齐国之社稷也……夷吾之事君无二心。"(《大匡》)正是这种以天下为己任,处事并非为一君而为定社稷的认识,"不耻小节而耻功名不显于天下"(《史记·管晏列传》)的大义,才使他能够忍辱负重,甘受一时之辱,而坚定不移地追求振兴齐国的从政机会,寻求和把握施展抱负、才能的历史机遇。为实现齐国稳定富强的目的,在行为上管仲敢于冲破陈旧礼义道德的束缚,改事齐桓公,建立丰功伟业,实现了自己为"定社稷"以"利齐国"的人生价值。

管仲的这种"为大义而不拘小节"的性格特征,在他从政相齐之后仍然表现得十分突出。相齐之初,他"以贱不可以治贵,故请高国之上;以贫为不可以治富,故请三归;以疏为不可以治亲,故处仲父"①为由,竟然公开向齐桓公要名、要利、要地位。这在一般人来说是不可思议的,而管仲却做得出来,这就是管仲的个性特征。对此,荀子曾说:"(桓公)立(管仲)为父,而贵戚莫之敢妒也;与之高国之位,而本朝之臣莫之敢恶也;与之书社三百,而富人莫之敢距也。贵贱长少,秩秩焉,莫不从桓公而贵敬之,是天下之大节也。"②清代阮元也说:"管仲不以死公子纠为仁,而以匡天下为仁……故孔子极许管仲之仁,而略其不死公子

---

① 《韩非子·难一》,陈奇猷《韩非子集释》,上海人民出版社1974年版,第814页。

② 《荀子·仲尼》,梁启雄《荀子简释》,中华书局1983年版,第72页。

纠之小节也。"①

司马迁对管仲这种"不耻小节而耻功名不显于天下"的性格特征十分敬仰与赞扬，甚至将管仲视为前代的知己、心中的偶像。司马迁由于有着和管仲相似的不幸遭遇，所以他能够自觉地从管仲等前代那些圣贤先哲的身上吸取营养，面对生与死的抉择，他想到"西伯拘而演《周易》；仲尼厄而作《春秋》；屈原放逐，乃赋《离骚》；左丘失明，厥有《国语》；孙子膑脚，《兵法》修列；不韦迁蜀，世传《吕览》；韩非囚秦，《说难》、《孤愤》、《诗》三百篇，大抵圣贤发愤之所为作也"（《报任安书》）。他也会想到管仲面对生与死的抉择时"不耻小节而耻功名不显于天下"的明智选择。尽管他认为"祸莫惨于欲利，悲莫痛于伤心，行莫丑于辱先，而诟莫大于宫刑"，"最下腐刑，极矣"，接受腐刑对他来说是比死还要惨烈的行为，接受腐刑就意味着"为乡党戮笑，侮辱先人"，甚至无面目去祭奠祖坟，因此而"肠一日而九回，居则忽忽若有所亡，出则不知其所往。每念斯耻，汗未尝不发背沾衣也"（《报任安书》）。即使如此，他之"所以隐忍苟活，幽于粪土之中而不辞者，恨私心有所不尽，鄙陋没世而文采不表于后世者"。这和管仲所说的"不耻小节而耻功名不显于天下"何其相似！为了完成不朽的业绩，实现"究天人之际，通古今之变，成一家之言"的崇高理想，他以惊人的毅力忍受着肉体和精神上的巨大摧残，坚强地活了下来，完成《史记》的创作。司马迁能从历史教训中吸取力量，能以古人为鉴鼓舞自己。他没有因自己的不幸遭遇而思想颓废、精神不振。相反，为了自己的壮丽事业，更加百折不挠、勇往直前、积极进取、坚忍不拔。这种骨气，铮铮作响；这种人格，光彩照人；这种精神，令后世敬仰！司马迁的伟大之处，是

---

① 《研经室集》卷八《论语论仁政》，《四部丛刊》第304册，第16页。

不仅有自己的理想信念,求实的思想品格,更可贵者还有其良好的心理素质。他能从悲痛中解脱出来,能从逆境中崛起。他经受住了血与泪的考验,苦难与耻辱的锤炼。他的思想与人格同他的《史记》一样,永远熠熠生辉,放射出灿烂的光芒!

司马迁对管仲的敬仰还表现在他不赞成孔子对管仲的批评上。在《管晏列传》赞曰:"管仲,世所谓贤臣,然孔子小之。岂以为周道衰微,桓公既贤,而不勉之至王,乃称霸哉?"他对孔子的批评表示出明显的不解,并接着说:"语曰'将顺其美,匡救其恶,故上下能亲也。'岂管仲之谓乎?"司马迁又在《鲁仲连邹阳列传》中借鲁仲连之口评价管仲说:"规小节者不能成荣名,恶小耻者不能立大功。昔者管夷吾射桓公中其钩,篡也;遗公子纠不能死,怯也;束缚桎梏,辱也。若此三行者,世主不臣而乡里不通。向使管子幽囚而不出,身死而不反于齐,则亦名不免为辱人贱行矣。臧获且羞于之同名矣,况世俗乎!故管子不耻身在缧绁之中而耻天下之不治,不耻不死公子纠而耻威之不信于诸侯,故兼三行之过而为五霸首,名高天下而光烛邻国。……若此二士(按:指管仲和曹沫)者,非不能成小廉而行小节也,以为杀身亡躯,绝世灭后,功名不立,非智也。故去感忿之怨,立终身之名;弃忿悁之节,定累世之功。是以业与三王争流,而名与天壤相弊也"。司马迁评价孔子时也未曾将孔子与天地三王相提并论,他对管仲的敬仰之情由此可见一斑!

司马迁正是受管仲"不耻小节而耻功名不显于天下"生死观的深刻影响,完成了自己艰难的生死抉择,而且这种生死观成为他为人物立传、选择传主的一个标准。因此,他在《史记》中为那些自幼怀有雄心壮志、扶义倜傥、不令己失时和在逆境中忍辱发愤、百折不挠的英雄人物立传。《吴太伯世家》、《越王勾践世家》、《田敬仲完世家》、《孔子世家》、《陈涉世家》、《管晏列传》、

《孙子吴起列传》、《伍子胥列传》、《商君列传》、《苏秦张仪列传》、《范雎蔡泽列传》、《淮阴侯列传》等等，无不如此。司马迁在描写这些忍辱发愤的人物时，将他们的命运置于各自社会政治环境之中，在社会政治力量的较量中显示他们命运的坎坷和品格的光辉伟大。司马迁是在刻意挖掘历史人物由困而激、由激而发愤的内在精神，认为人们因遭困厄而使心理状态严重失去平衡，由此激发起内在的强大人格力量，产生一种超越的渴望，这种渴望激励着人们以百倍的努力去创造不朽的功业。但从激发奋起到最后功名大业的成就需要比一般人具有更顽强的意志和坚韧的毅力，这正是司马迁继承管仲"不耻小节而耻功名不显于天下"的伟大人格力量之所在。

三、司马迁与管仲的义利观

自从孔子说"君子喻于义，小人喻于利"（《论语·里仁》）之后，从先秦到汉代，人们对于"利"讳莫如深，绝不敢轻言"利"。但司马迁却在《史记》中创作了《货殖列传》与《平准书》，其中大谈"利"与"富"，体现了以富为荣、以利为重的思想观念。司马迁的这一思想观念不是来源于儒家，而是来源于管仲与《管子》。

管仲经历过生活的艰辛，他深刻地认识到物质财富对于生存的重要性，提出了"仓廪实而知礼节，衣食足而知荣辱"的著名论断和一整套的富民政策与策略。如四民分业定居、实行均田分力的土地分配制度、延长土地调整的周期、实行相地而率征的租税政策、加强山林川泽的开发，大力发展工商业、实行通货积财的"轻重"之术、俭奢相济的消费观念等等。司马迁对此概括为"贵轻重，慎权衡"、"通货积财，富国强兵，与俗同好恶"（《管晏列传》）。所谓通货积财，就是重视工商业的发展，重视积累财富;所谓贵轻重、慎权衡,就是重视货币流通与货币价格。正因为管仲实行了这一系列财政经济政策的改革措施,所以司马迁说"下令如流水之源,令顺民心",因而才取得了"管仲既用,任政于齐,齐桓公以霸,九合诸侯,一匡天下"的效果。"管仲卒,齐国遵其政,长强于诸侯"。

管仲以富为荣的观念是从治国的角度出发的。他认为人的本性是趋利避害,因此"治国之道,必先富民。民富则易治也,民贫则难治也"(《治国》)。因为民富则"仓廪足";"衣食足"则能守法;能守法则多畏罪,所以民富则易治。反之,民贫则陷于冻饿之忧,不仅要逃亡求生,而且更敢于犯上作乱,铤而走险,进行争取生存的斗争,所以民贫难治。那么,如何富民呢?管子认为,首先重本抑末、发展生产,按照自然规律,毋违农时,无夺民时,则百姓可富。《五辅》说:"强本事,去无用,然后民可使富。"其次省刑罚、薄赋税、减轻百姓负担,藏富于民,则民可富。《小匡》说:"省刑罚,薄赋税,则民富矣。"再次不征商贾,不禁泽梁,保护工商业的发展,大力开发自然资源,如此则民可富。

管仲以利为重的思想观念是建立在对人性的认识基础上的。他认为,无论贵贱贫富,人都是好利恶害的。"凡人之情,见利莫能勿就,见害莫能勿避"(《禁藏》)。"民之情,莫不欲生而恶死,莫不欲利而恶害"(《形势解》)。所以,管仲认为,"得人之道,莫如利之"(《五辅》)。所谓"利之",就是满足人民的物质利益需求,即"从其四欲"。"夫民必得其所欲,然后听上"(《五辅》)。只有利民、从民所欲,才能顺民心,因而才能得民。《版法解》说:"凡众者,爱之则亲,利之则至。是故明君设利以致之,明爱以亲之。"爱民只有和利民相结合才能取得良好的社会效果。"民之从利也,如水之走下,于四方无择也。故欲来民者,先起其利"(《形势解》)。他认为只有为民兴利除害,才能得人;只有为民兴利除害,民众才能服从君上并为之效力。如果百姓尽力亲服于君上,那么必然民安而国治。

司马迁正是继承与发展了管仲的这种思想观念。在《货殖列传》中,他意识到是人的物质欲望、追求生活满足的要求,支配着人的历史活动。人有社会性的一面,也有自然性的一面。人在物质方面的欲望和追求是自然性在社会性约束之下的流露。他认为农工商虞是"民所衣食之原也",所以,"人各任其能,竭其力,以得所欲",从而得出"富者,人之情性,所不学而俱欲者也"。"自天子至于庶人",无不"好利"。这样就从人的生存权利的角度肯定了人欲趋利的合理性。所以,他将壮士勇于战斗、闾巷少年劫财盗墓、歌妓舞女出卖色相、渔夫猎人冲风冒雪、赌徒彼此争胜、医师方技之人苦心钻研、农工商贾的各项经营,乃至使人舞文弄法以求贿赂,各种不畏苦、不惧死的行为,皆归之于追求财富、追求物质利益的活动。所谓"天下熙熙,皆为利来;天下攘攘,皆为利往",就是对人性的一种高度概括。放眼社会,上层人物在逐利,平民百姓也要求利。"夫千乘之王,万家之侯,百宝之君,尚犹患贫,而况匹夫编户之民乎"!对于平民百姓追求财利,司马迁不仅不反对,而且认为如此"上则富国,下则富家",于国于民皆有利(《史记·货殖列传》)。所以,他强调说:"布衣匹夫之人,不害于政,不妨百姓,取与以时而息财富,智者有采焉。"(《史记·太史公自序》)与当时的观念不同,他大谈工商经营,肯定历史上一些经营农虞牧工商而致富者,还以赞赏的口吻说,畜牧主乌氏倮拥有大量的牛马,秦始皇以其"比封君,以时与列臣朝请"。大矿业主巴寡妇清"用财自卫,不见侵犯",他俩皆"礼抗万乘,名显天下,岂非以富焉"? 又说,百万家户的庶民可以与封君的收入相比,命曰"素封"(《史记·货殖列传》)。他不仅意识到求富求利是人的本性,而且意识到,正是人的求富求利推动了社会生产的发展,成为社会前进的动力。这就充分肯定了各阶层人的社会历史作用。

当然,司马迁虽然肯定求利求富是人的本性,但他强调的是靠生产经营致富,反对权贵奸吏以权谋私,反对奸富。《货殖列传》大谈以末致富的生财之道,说:"夫用贫求富,农不如工,工不如商,刺绣又不如倚市门。""能者辐凑,不肖者瓦解","巧者有余,拙者不足"。所谓"能"与"不能","巧"与"拙"的差别,就在于是否善于生产经营,勤于生产。巧于经营,就可致富;不事生产,经营无方,就不可能致富。"无财作力,少有斗智,即饶争时,此其大经也"。"夫纤啬筋力,治生之正道也,而富者必用奇胜"。所谓"作力"与"斗智"、"争时","筋力"与"奇胜",就是体力劳动与脑力劳动、拙与巧的差别。言用力、筋力是治生之"正道",是对从事生产的体力劳动的肯定,只是指出其难以致富,真正发财致富者,并不是那些用力者,而是斗智、争时、出奇制胜者。

司马迁并不反对生产经营的巧者斗智争时而富,但却反对以权谋利的"奸富"。《货殖列传》列举汉代蜀卓氏、程郑、宛孔氏、曹邴氏、齐刀间、洛阳师氏、宣曲任氏、边塞桥姚、长安无盐氏、关中田氏、杜氏等经营农虞牧工商致富者之后说:"此其章章尤异者也。皆非有爵邑奉禄弄法犯奸而富,尽椎埋之去就,与时俯仰,获其赢利,以末致财,用本守之,以武一切,用文持之,变化有概,故足术也。若至力农畜,工虞商贾,为权利以成富,大者倾郡,中者倾县,下者倾乡里者,不可胜数。"这里明确指出,凭智巧能干以本末文武手段致富者,"皆非有爵邑弄法犯奸而富",即都不是王侯官吏以权谋利的"奸富"。奸富的特点是"为权利以成富"。这些以权谋富者与靠生产经营致富有着本质的区别。

司马迁意识到欲望是人的一切自觉行为的心理动力,同时也意识到人的物质需要和精神需要的内在联系。他说:"礼生于有而废于无。""渊深而鱼生之,山深而兽往之,人富而仁义附焉。"(《货殖列传》)这表明,司马迁不仅看到了物质需要的基础性,而且看到人的需要逐层递升的序列性。也就是说,随着低层次需要的满足,人们必然将产生高层次的需求。这种高层次的需求就是人的社会性需要,也就是人的人生价值与社会作用。

总之,司马迁与管仲尽管出身不同、时代不同,但他们的人生观、生死观、义利观等,却惊人的相似。他们都在各自的时代做出了杰出的贡献,成为立功与立言的代表人物,对中国的历史产生了深远而巨大的影响。

【参考文献】

[1] [汉]司马迁《史记》[M].北京:中华书局,1959。

[2] 郭沫若等《管子集校》[M].北京:科学出版社,1956。

[3] 向宗鲁《说苑校证》[M].北京:中华书局,1987。

(本文原载于《管子学刊》2009 年第 2 期)

下编　魏晋南北朝小赋研究

汉末建安赋风转变原因初探

辞赋发展到西汉进入全盛阶段,从东汉后期开始由体物为主转向抒情为主。汉末张衡、赵壹等作家的抒情小赋的出现,标志着辞赋创作由体物大赋到抒情小赋转变这一新纪元的到来。建安之后,辞赋从内容到形式都发生了很大的变化:辞赋创作由宫廷走向更广阔的社会;由对大汉帝国群体意识的模写转向个体生命意识的自由抒发;由对大汉气势、声威的颂扬转向情韵、个性的追求。抒情小赋打破了汉大赋千篇一律、互相因袭模拟的创作模式,而趋向小品化、个性化。既没有大赋那种"京殿苑猎,述行序志,并体国经野,义尚光大"(刘勰《文心雕龙·诠赋》)的内容局限,也没有大赋那种堆垛铺陈、夸张扬厉的习气,更没有大赋那种"序以建言,首引情本,乱以理篇,迭致文契"(同上)的呆板形式,而表现出题材广泛、形式灵活、风格多样、清新活泼的鲜明的时代特征。

汉末建安,为何能发生体物大赋的涅槃,抒情小赋的新生这一辞赋创作潮流的转变? 促使这一转变的契机是什么? 这是辞赋研究领域乃至整个赋史和中国文学史的研究领域一个颇为重要的问题,对此,笔者不揣浅陋,就此问题谈点不成熟的意见,以求教于方家。

一

汉末建安是一个动荡的历史时期。在现实的动乱中,儒学的统治地位一落千丈,老庄思想再次勃兴。整个社会弥漫着一股浓烈的感伤思潮,个体生命意识得到觉醒。于是,体现大一统式的浑融、表现声威和气势的大赋退潮了,而表现惨淡现实、抒发个体情怀的抒情小赋扑面而来。

东汉后期,自和、安两朝开始,外戚宦官之间的权力倾轧愈演愈烈,统治集团内部四分五裂。中平元年的黄巾起义及连年的饥馑瘟疫、军阀混战,造成了剧烈的社会动荡,促使旧的封建秩序破坏,引起了人们社会心理意识的重大变化。原来由统治者极力提倡、而从中形成人的道德行为规范的儒家经学、神学,由于对朝政混乱无能为力,必然走向衰落,地位一落千丈。在现实的社会生活中,人们处处深切地感受到儒家的一切仁义道德都是虚假的,只有生离死别、如何求取自身的生存才是唯一真实的。这样,儒学的衰微就使它再也不能像以往那样有力地约束人们的思想。

汉末几次大的党锢之祸,使大批文士倒在血泊中。在乱离与死亡中,人们所经验的是现实的苦难、人生的短暂和无常以及生命的忧患。这样,一部分文士便滋生了纵情任性、及时行乐的思想。马融"达生任性,不拘儒者之节。居宇器服,多存侈饰。常坐高堂,施绛纱帐,前授生徒,后列女乐"①。这种思潮在《古诗十九首》中表现得更加显著:"人生天地间,忽如远行客。""生年不满百,常怀千岁忧。"在这种哀叹中,既包孕着及时行乐的内

---

① 《后汉书·马融传》,中华书局1965年版,第1972页。

涵,也包含着对个体生存的意义、价值的思索和探求。这正是"人"的意识的历史觉醒,是经历了长期的封建礼法压抑和扭曲后,在丧乱的痛苦中最直观的自我发现。

与此同时,面对社会政治的危机,也有许多正直之士敢于直面人生。"桓、灵之间,主荒政谬,国命委于阉寺,士子羞与为伍。故匹夫抗愤,处士横议,遂乃激扬名声,互相题拂。品核公卿,裁量执政,婞直之风,于斯行矣"①。由此形成汉末的社会批判思潮,从而产生了大量的"刺世嫉邪"赋。

由于这种社会思潮和人们普遍的心理情绪,曹操根据刑名精神而采取的"用人唯才"的方针,正标志着当时社会的这种要求,也显示出当时思想解放的程度。

汉末建安这种多元文化的发展,对当时文学的发展无疑产生了深远的影响,使文人的创作从以经学为主干、以儒学独尊为内核的思维模式中解放出来,从而辞赋创作打破大赋千篇一律的模式而趋向抒情化、个性化、多样化。

二

汉人和魏晋人审美情趣的变化,亦促使了辞赋创作的转变。

从审美观念来看,汉人的审美情趣体现出以大为美、以多取胜的特征。自不必说汉大赋的上、下、左、右、东、西、南、北的多方位、多角度的铺陈,不仅编织了上古神话题材,而且编织了众多的历史故事;不仅有畋猎宴享之乐、车马仪仗之盛,而且有歌儿舞女、山薮林莽之广。即以绘画而言,汉代绘画在布局上平列充填,而且一个画面还往往被划分为多少档,每一档中又都充满

---

① 《后汉书·党锢列传》,中华书局1965年版,第2185页。

了众多的人物或场景。汉人不仅对同一场景比如庖厨、百戏，常常要刻画出种种纷繁的小场面来，而且这些小场面又是全部铺展在一个平面上的。这就使汉代艺术在审美对象上表现出一种博富侈靡的审美情趣，在审美表现上体现出繁富铺陈、饱满充沛的特征。

汉人这种审美情趣，一方面是地主阶级奄有天下以后，侈陈珍异、安享百物心理的流露，另一方面它又表现了一个民族在一种空前的大一统中，对于自然物占有的一种空前扩展的气概沉雄、格局宏大的生活活力的审美表现。但这种美学趣味，无论是对于主体还是客体，都还是停留在表面上的，表明了汉人的艺术概括力还不高，还不善于选取典型来表现一般。因为它所追求的是瑰玮奇丽、场面盛大、罗列铺展之类，而不是主体的深沉的发抒和对客体的深邃的把握。所以，它是广度的铺张，而非深度的掘进。它常常抛弃一切细部的刻画，惟以粗犷雄浑的线条勾勒一个大致的形象，因而显出一种稚拙的审美意味。

建安之后，随着时代的变迁，社会思潮的演进，渴望世界的热情有所消退，而冷静深沉的理智大大增进。大一统的浑莽遒劲消歇了，纷繁的万象在审美观念中终于被消化了。同民族思维的这种进程相适应，文艺中浑融的气势退潮了，一种大异于两汉之靡丽，闪现着人和物真实美的秀采成了诗人赋家审美追求之所在。那种拈花微笑、澄怀观道的静态形象，愈益代替了艺术中飞动的气势。"穷理尽性，事绝玄象"①标悬为艺术家们最高的美学理想。饱满充沛、气魄阔大的艺术风貌退潮了，精致纯净、深邃空灵的审美风格逐步兴起。文人自身亦即审美主体方面出现了许多全新的因素：深沉而多样的感情，慷慨而恢宏的志

---

① 谢赫《古画品录》，见《丛书集成初编》，中华书局1985年版，第2页。

气,活跃而新颖的思想,开阔而博大的眼界等等。审美主体的这种变化,必然要引起人们对外界事物审美关系的变化,使审美主客体都得到解放。于是在赋家面前便日益展开了一片广阔的审美天地:社会生活在更加宽广和深刻的程度上被文学所抒写,而自然风物之美也愈益显著地成为民族审美活动的一个新的中心。这样,文学一方面愈益倾向于主体内在的抒发,另一方面对客观外物的观察和表现日益细致深邃。无论是审美主体或客体方面,都在向着深入而精致的方向发展。

正是在这种审美情趣的指导下,建安作家们正如黄侃在《诗品讲疏》中所说:"体有所因,而词贵新创。声不变古,而采自己舒。""以气质为体"①、"仗气爱奇"②,革蜕前型,打破了汉大赋的陈旧模式,不仅以其艺术的风格、成就,更以其创作精神和文艺美学思想形成了辞赋发展的转关。而晋宋齐梁的抒情小赋,虽风格日卑,却以其文艺美学思想和创作精神与建安文学的一致性,成为建安文学直接的、直线的发展,与之构成一个不可分割的有机的历史发展整体。

三

汉末建安辞赋创作的转变,也是文学自身发展的必然结果。

西汉初年的赋坛是骚体赋的天下。从景帝时枚乘肇端,直至东汉中期,叙事体物大赋成为赋坛霸主。但即使在大赋雄居赋坛的这段时期内,仍有不少作家创作了许多抒情赋,如东方朔、董仲舒、司马迁、刘向、班彪等。即使帝王嫔妃如汉武帝、班

---

① 《宋书·谢灵运传论》,中华书局1974年版,第1778页。

② 钟嵘《诗品》评刘桢语,见陈廷杰注《诗品注》,人民文学出版社1980年版,第21页。

婕妤,也有抒情赋传世。然而,更值得注意的是,那些以叙事体物大赋驰名的作家,如司马相如、扬雄、班固、张衡同时都写过抒情赋。这就说明即使在大赋雄霸赋坛时,抒情赋依然不绝如缕,以潜流形式潜生暗长。到东汉后期,叙事体物赋由于诸种因素的综合作用而衰落,抒情赋重新崛起,成为汉末建安之后赋坛主潮,这是其一。

其二,汉代君主统治和礼法相结合,政治功业和礼法规范构成社会价值观念的基本架构,一切人和事物的个性被吞噬其中。在帝王的淫威下,文人甚至连表现自己喜怒哀乐之情的自由也没有了。司马迁的外孙杨恽在得罪宣帝被革去爵位后,没有按照"大臣废退,当阖门惶惧,为可怜之意"的礼法,结果惹怒宣帝,被以"大逆无道"的罪名处以腰斩(见《汉书·杨敞传》)。文人在现实生活中往往命运多舛、精神苦闷,他们虽然有不少感慨却难以自由抒发,个体意识被群体意识所压抑和吞噬。

由此而来,两汉文学一方面被神化为"经",另一方面则被物化,沦为"宣上德以尽忠孝"的政教工具。这样,政治伦理的律条取消了文学批评的审美评量,作家的思维障碍和心理迷失,使在先秦文学中自然存在的人的主体地位,在汉代文学中被摈弃抛落。赋的创作走上了因袭模拟的道路,严重地束缚了作家的手脚。他们很难在赋作中显示出自己鲜明的创作个性。

然而,人的社会存在决定了人在生活中的丰富复杂的情感体验不可泯灭。任何一种理性力量都不能否定它的存在。扬雄晚年就对这种因袭模拟的大赋创作作了深刻的反思和检讨。到汉末建安,动荡的社会现实、惨淡凄苦的人生,要求每个作家正视现实,从不同的角度,多侧面、多层次地反映社会现实,抒发对社会人生的真情实感。于是辞赋由宫廷走向了民间,由体物转为抒情。

　　其三，与汉人相比，魏晋六朝人的文学观念也发生了根本的变化。徐幹在《中论·艺记》篇中说："艺者，所以旌智饰能，统事御群也。"艺术的意义在于表现作家的才智和学识，也就是说，艺术美并非"德"或"善"的外化与装饰，它的本质是人的自然个性的美。文学的价值不在其功利效果上，而在于作家个性价值的体现。杨修提出了赋的创作应"更孔公"、"别风雅"的主张，尖锐地嘲讽主张"要诸仲尼"，把"艺"视为"壮夫不为"的扬雄"老不晓事"。他认为赋（纯文学）不是"经夫妇，成孝敬，厚人伦，美教化，移风俗"的政教工具和伦理附庸，而是自然的存在。无论借以"立身扬名"①、或者"藏之于名山"②自加赏爱，文学都是以其特殊的自然价值——美——卓然独立，成为"仲尼日月，无得逾焉"③的壮丽的人生事业。而作家也不是"俳优"，可以成为一时俊彦。因此，作品表现了什么主题，反映了什么内容，既不能决定其优劣，也不能影响作家的声名。起决定作用的是作家是否以譬类妙喻、隽语天成的形式和华美富赡的辞采，充分地展示文艺的美，使内容充分的艺术化。

　　由此可见，魏晋南北朝人以对文艺审美价值的讲求，取代了汉人对文艺教育认识功能的重视；以作家和作品的自然个性，否定了传统儒教文艺美学思想的社会性理性。文学创作形成了一股从"文以气为主"到"诗缘情而绮靡，赋体物而浏亮"直到"罔不摈落'六艺'，吟咏情性"④的讲求新巧、抒情雕美的创作潮流。

---

　　①　曹丕《与王朗书》，见《三国志·魏书·文帝纪》注引。
　　②　曹植《与杨德祖书》，见赵幼文校注《曹植集校注》，人民文学出版社1984年版，第154页。
　　③　杨修《答临淄侯笺》，见《全上古三代秦汉三国六朝文·全后汉文》，中华书局1958年版，第758页。
　　④　裴子野《雕虫论》，见《全上古三代秦汉三国六朝文·全梁文》，中华书局1958年版，第3262页。

这种文学观念的更新,便极大地促使了厚重繁富、稚拙呆板的汉大赋的涅槃,而轻灵精致、深邃含蓄的抒情小赋因此勃兴。

四

辞赋创作风气的转变,也与赋家的创作环境及赋的产生方式有关。大赋作家所生活的两汉是疆域辽阔、国势强盛、歌舞升平的时代。适应"润色鸿业"、颂扬声威的需要,赋家往往精思博会,"苞括宇宙,总揽人物"。一篇大赋,扬扬洒洒,"几百日而后成"。如"司马相如为《上林》《子虚赋》,意思萧散,不复与外事相关。控引天地,错综古今,忽然如睡,焕然而兴,几百日而后成"①。桓谭在《新论·祛蔽》篇中记载说:扬雄"上甘泉,诏令作赋,为之卒暴。赋成,遂困倦小卧,梦五脏出,以手内之。及觉,大少气,病一岁"。汉末建安则不同,由于时代的动乱及文学观念和审美情趣的变化,文学被看成是抒写情性的"轻武器",随感而发,即时赋吟,并不像汉人那样关起门来作赋。且建安及以后的辞赋,有很多是产生在文酒集会上的应制之作和即兴之作。下面分述之。

一、即兴式赋。这类赋是作者即兴所作,创作之前一般都没有经过长期的构思孕育,也缺乏充分的思想准备。作者之所以写这类赋,大都是由于偶然的机遇,使他们看到、想到或听到了某一景物、事件、人物,而这些在心灵上打动、吸引了作者,激起了作者的创作激情,于是在很短的时间内,把自己稍纵即逝的思想情感的火花,用赋的形式凝聚下来,成为具有永久魅力的艺术作品。如王粲《登楼赋》。这样的即兴之作自然不同于汉大赋

---

① 葛洪著,周天游校注《西京杂记》卷二,三秦出版社 2006 年版,第 93 页。

的宏侈巨衍。这在建安及以后的赋作中十分普遍,如曹操有《登台赋》《沧海赋》等。虽然这些赋仅存题目,全文失传了,但《登台赋》曹氏父子三人同作,可知《登台赋》即为铜雀台新成,曹操登台即兴之作。又据曹操有《观沧海》诗,是曹操征讨乌桓回师途中所写,可知他的《沧海赋》也必为即兴所作。

至于曹丕、曹植这类赋则更多。如曹丕在行军途中遇到濛濛细雨时,触景生情,即时命篇写了《愁霖赋》;待雨过天晴,阳光普照时,则又写了《喜霁赋》。他渡河时写有《济川赋》,观海时写有《沧海赋》。再从曹植《愍志赋》《归田赋》等赋序来看,都是即时所作。在曹植的集子里有许多感时赋作:既有受四时景物感染而即时作赋,又有受现实生活中事物的启迪而即兴命篇;既有对明媚春色的描绘(《节游赋》),又有对秋天悲凉萧条的刻画(《秋思赋》)。自然界景象的千变万化,唤起赋家无限的创作激情,从而即时作赋,写出了许多激动人心的优美赋作。由于这类赋是作家即兴有感而发,所以大都是短小的抒情或咏物抒情赋。

二、奉命应酬式赋。这主要是文人应统治者之命或在文酒集会上奉命所作。统治者为了自己的政治需要,或为满足审美需求,常指令文人为他们作赋、唱和。如铜雀台成,曹丕,曹植等奉命作《登台赋》。王粲建安十四年奉曹丕之命作《浮淮赋》。应场《征赋》也是行军途中奉命所作。这类赋作者本无所感,只是仓卒之际,为完成使命又要显示才华,故只能作出短促的急就赋,思想性与艺术性一般都不高。

另一类是在文人的诗酒集会上产生的应酬奉和之作。这类作品数量也很多,如刘桢的《瓜赋》便是"厨人进瓜,植命为赋,促立成"。祢衡《鹦鹉赋》也是在黄祖的儿子黄射一次大宴宾客的文酒集会上,有客献鹦鹉,乃应邀所作。赋虽铺写鹦鹉,实乃借题发挥,抒写作者的身世之悲与忧生意识。作者把鹦鹉高度拟人化了,达到了物我为一的艺术境界。

此外,这时的同题赋大量产生,也说明是文士们的应酬之作。如《蔡伯喈女赋》,曹丕、丁异等同作;《神女赋》王粲、陈琳、应场、杨修同作;《出妇赋》曹丕、曹植、王粲同作;《鹦鹉赋》曹植、陈琳、阮瑀、应场同作;《莺赋》、《迷迭赋》、《玛瑙勒赋》、《车渠椀赋》、《槐树赋》曹丕、王粲同作;《弹棋赋》曹丕、王粲、丁异同作。这类赋由于作者都要竞相显示才华,急于求成,几乎没有构思推敲、锤炼的余地,因而篇幅短小,艺术性也不一定高。

五

汉末建安辞赋创作的转变,与汉末诗歌的再度勃兴及诗对赋的影响密切相关。

我国古代抒情诗在先秦之后逐渐趋于衰落。整个两汉的诗坛十分沉寂,汉末《古诗十九首》的出现又给诗坛带来了新的生机。建安之后,诗歌获得了飞跃的发展,对赋的创作发生着强烈的冲击。这一时期的作家,大都既是赋家,又是诗人,这就使文人自觉不自觉地将抒情诗的某些题材、技巧、语言、体式等特征转移到赋的写作上,从而促使了辞赋创作风气的转变。

建安之后的抒情小赋,吸取了诗歌的艺术营养,它不像汉大赋那样堆垛铺陈,而往往寥寥几笔,便能创造出鲜明独特、清新开阔的意境。它们特别注意景物的衬托和气氛的渲染,或以景写情,或融情入景,从而使作品呈现出情景交融的艺术特色。在技巧上则往往于抒情之中插入几笔景物的描绘,使其对情感的抒发起烘托作用。有的则以高度的景物描绘,或气氛渲染笼罩全篇;有的则往往对某种特定的情境作较为集中的刻画。这些手法的综合运用,便是抒情小赋表现出诗的情境。

从抒情小赋的语言来看,无论是咏物还是抒情,都往往越来越明显地表现出诗一般的情韵。如曹丕的《感离赋》:"柯条悽兮无色,绿草变兮萎黄。感微霜兮零落,随风雨兮飞扬。"如将它与《古诗十九首》中的某些诗章及其《燕歌行》相比,便会发现相似的韵味。王粲、曹植赋亦有类似的特点。至于六朝小赋,如《归去来兮辞》、《月赋》、《雪赋》、《春赋》、《采莲赋》(萧绎)等等,都具有凝炼含蓄、优美隽永的诗的韵味。

从体式来看,不少抒情小赋含蓄凝炼,又似于诗,如《艺文类聚》卷三十四不仅收录了曹丕的《寡妇赋》,也收录了其《寡妇诗》,诗专写寡妇的秋思,赋则概叙寡妇之愁,以夏、秋、冬三个季节的景物作衬托。诗、赋构思虽各有特色,但题材、体式则完全相同,都完全是以抒情诗的方式来写的。再如曹植《鹞雀赋》以四言诗句的形式展示了一幅雀与鹞生死搏斗的过程。它运用象征的手法,对以强凌弱这一社会现象委婉地予以揭露。此赋显然和其《野田黄雀行》一诗有相似的蕴含。从中明显可以看出诗对赋的影响。

当然,汉末建安是一个动乱的时代。在这一时代弥漫着浓烈的感伤思潮。在这样的时代背景下,以"体物"为主的大赋,就必然要被改造,由"体物"转向内在情感的抒发。而诗具有"言志"的悠久传统。那么,抒情小赋汲取诗的营养,也便是水到渠成的了。

(本文原载于《运城师专学报》1990年第2期,中国人民大学报刊复印资料《中国古代近代文学研究》1991年第2期全文转载)

论魏晋南北朝抒情小赋的意境创造

赋发展到西汉进入兴盛阶段,从东汉末期开始由体物逐渐趋于抒情①。魏晋之后,由于诗歌的再度勃兴,赋家在创作中自觉不自觉地从诗歌中汲取养料,将诗的意境刻划融入赋的创作之中。大大增强了赋的艺术表现力和审美价值,使赋向形象、精致、含蓄、深邃的方向发展。本文拟就对抒情小赋的意境创造作一初步的探讨,以求教于方家。

一

意境是中国古典美学的重要范畴。它既是客观景物精粹部分的集中反映和再现,又是艺术家思想情感凝炼的化身和抒发。它是审美主体的审美感受与审美客体的审美特性相互交融的产物。而且通过情景交融的形象能够把欣赏者引入充分想象的艺术空间。

魏晋以来,随着文学自觉意识的增强及诗赋创作的日益繁荣,人们在总结创作经验的基础上对于文学创作中主客体的关系有了较深入的认识。陆机《文赋》已经从情思与物境互相交融

---

① 关于汉末建安赋风的转变原因,请参见拙文《汉末建安赋风转变原因初探》,载《运城高专学报》1990年第2期。

的角度谈论艺术构思的过程："遵四时以叹逝,瞻万物而思纷。悲落叶于劲秋,喜柔条于芳春。心懔懔以怀霜,志眇眇而临云。"刘勰《文心雕龙·神思》也说:"故思理为妙,神与物游。神居胸臆,而志气统其关键;物沿耳目,而辞令管其枢机。"他指出构思规律的奥妙在于"神与物游",也就是作家的主观精神与客观物境的契合交融。他又说:"诗人感物,联类不穷。流连万象之际,沉吟视听之区,写气图貌,既随物以宛转;属采附声,亦与心而徘徊。""情往似赠,兴来如答"①。这里所谓"情往似赠",是讲艺术家把自己的思想情感移入景物里去,深入的体会景物的情趣。本来景物是没有感情的,但在想象中,感情得到了扩散、抒发,从而使景物也涂上了情感色彩。这是由"我"到"物"的,情趣随着"我"的情感的变化而变化,是"物""与心徘徊"。所谓"兴来如答",是讲景物在涂上了艺术家的感情色彩之后,似乎有了兴会、情趣,又从而引起艺术家的思绪和感情的波动。这是由"物"到"我","我"的情思又随"物"的姿态的变化而变化,是"我""随物以宛转"。总之,是"心"与"物"相互作用、彼此渗透,其结果是出现了心物交融的艺术境界。

其后,钟嵘又说:"气之动物,物之感人,故摇荡性情,形诸舞咏。"②诗人王昌龄说作诗要"处心于境,视境于心"③、"景与意相兼始好"④。刘禹锡说:"片言可以明百意,坐驰可以役万景"⑤,

---

① 刘勰著,范文澜注《文心雕龙·物色》,人民文学出版社 1958 年版,第693—695 页。

② 钟嵘《诗品序》,见陈延杰《诗品注》,人民文学出版社 1980 年版,第 1 页。

③ [明]胡震亨《唐音癸鉴》卷二,上海古籍出版社 1981 年版,第 7 页。

④ 《文镜秘府论·十七势·第十六·景入理势》,见[日]遍照金刚撰《文镜秘府论》,人民文学出版社 1975 年版,第 44 页。

⑤ 《董氏武陵集记》,见郭绍虞等主编《中国历代文选论》第二册,上海古籍出版社 1979 年版,第 89 页。

"境生于象外"①。宋代梅圣俞指出,词当"状难写之景,如在目前,含不尽之意,见于言外"②。姜夔论诗,主张"意中有景,景中有意"③。他们都从不同角度论述了诗歌创作中的情景问题。而刘禹锡关于"境生于象外"的命题,梅圣俞关于应有"言外"的"不尽之意"的论述,接触到了意境的基本特征:意境不在象内,而在象外。艺术家应当创造一个"象外"的艺术空间,以便起到"言有尽而意无穷"的艺术效果。到了明清,谢榛、王夫之等人比较完整地论述了诗歌创作中的情景问题。谢榛说:"夫情景相触而成诗。"④"景乃诗之媒,情乃诗之胚;合而为诗,以数言而统万形,元气浑成。"⑤王夫之说:"情景名为二,而实不可离。神于诗者,妙合无垠。巧者则有情中景,景中情"。⑥ 清初画家布颜图在其《画学心法问答》中明确指出:"情景者,境界也。"王国维《人间词话》在前人的基础上,多方面探讨了意境的涵义,他说:"能写真景物、真感情者,谓之有境界,否则谓之无境界。"

可见,情感是构成意境的具有决定意义的因素。客观生活中的景,只有具备某种审美特征,才能真心感动艺术家,激发艺术家的某种情思。而艺术家也只有具备相应的审美能力,能从中看到与自己的思想感情有某种联系,或者从中领悟到了某种人生意义时,才会把它作为描绘对象(审美对象)。也就是说,只

---

① 《董氏武陵集记》,见郭绍虞等主编《中国历代文选论》第二册,上海古籍出版社 1979 年版,第 90 页。

② [宋]欧阳修《六一诗话》,见郭绍虞主编《六一诗话、白石说诗、溻南诗话》,郑文点校《六一诗话》,人民文学出版社 1962 年版,第 9 页。

③ [宋]姜夔《白石诗说》,见郭绍虞主编《六一诗话、白石诗说、溻南诗话》,郑文点校《白石诗说》,人民文学出版社 1962 年版,第 31 页。

④ [明]谢榛《四溟诗话》,见郭绍虞主编《四溟诗话、薑斋诗话》,人民文学出版社 1961 年版,第 121 页。

⑤ 同上书,第 69 页。

⑥ [清]王大之《薑斋诗话》,见戴鸿森笺注《薑斋诗话笺注》,人民文学出版社 1981 年版,第 72 页。

有描写对象(景)与审美主体(情)形成审美关系时,景与情才能产生互相交融的关系。魏晋南北朝的抒情小赋正是吸收了诗的这一传统手法,从而增强了自己的艺术表现力和审美价值,较之汉大赋,在艺术上无疑大为前进了一步。

二

铺陈其事、描摹景物乃汉大赋之所长;抒情述志、融情于景则是汉大赋之所短。魏晋南北朝的抒情小赋所表现的独特的艺术创造性,正在于刻意追求情景交融的艺术氛围,创造"此地景语皆情语"的境界。

王粲是汉末魏初时人,诗赋成就为七子之冠。他的《登楼赋》通过对登当阳城楼所见的一系列景物的描绘,抒发了强烈的思乡之情和不遇之感。赋一开始即点明登楼的目的:"登兹楼以四望兮,聊暇日以销忧。"但忧从何来,所忧者何,皆暂不解说,先宕开一笔,着力描写登楼所见之景:

> 览斯宇之所处兮,实显敞而寡仇。挟清漳之通浦兮,倚曲沮之长洲。背坟衍之广陆兮,临皋隰之沃流。北弥陶牧,西接昭丘。华实蔽野,黍稷盈畴。

这里作者抓住了对表现审美景象具有特征性的几种景物,描绘出一幅辽阔、壮美、秀丽、富饶的完美意境。景物的描绘不单单是登楼之所见真实景物,也是作者构思的"神与物游",为下文抒情作张本。风景丽秀、境界开阔、土地肥沃、物产丰饶,按理当可使羁旅之人心安;游目骋怀,心与景会,按理当可使忧愁之人"销忧。"但作者笔锋一转,接下去却说:"虽信美而非吾土兮,曾何足以少留!"用反衬之法,将思乡之情托出,更显其强烈而迫切。这样,荆州地区越是富美、秀丽,他越不愿留在这里,就越衬托了他的思乡心切。因此,对富美景物的铺排、对"登楼四望"意境的刻画,就成了有力地表现思乡之情的一种艺术手段。景物的刻画完全是为了衬托人物的心境。赋的后面也是用的衬托这一艺术手法:"步栖迟以徒倚兮,白日忽其将匿。风萧瑟而并兴兮,天惨惨而无色。兽狂顾以求群兮,鸟相鸣而举翼。原野阒其无人兮,征夫行而未息。"这是多么凄凉萧瑟的意境啊:日暮、风紧、天昏、地暗、兽奔、鸟飞,原野死寂,只有那远行的征夫孤独地在路上行进。此情此境,怎能不使他的乡思之情、失落之感更加深沉?于是他就怀着无法排遣的郁闷走下楼来。这里,作者不惜笔墨,铺排凄凉的景色,并非像汉大赋那样为写景而写景,而是寓情于景,情景相生,既渗透着悲伤苦闷的情感体验,又将悲伤苦闷的感情烘托得更加强烈。最后以"夜参半而不寐兮,怅盘桓以反侧"的意象描写作结,进一步衬托出内心的苦痛,增强了悲愤气氛,为读者留下了无限想象体味的余地。

曹植的赋,大都以景物的描写对情怀起烘托作用,从而使情以景发,景为情设,形成情景交融、主客一体的艺术境界。即以其感时抒怀之赋而论,既有受四时景物的感召而写出的篇章,又有受现实生活中事物的启迪而发出的咏叹;有对明媚春光的描绘,"仲春之月,百卉丛生。姜姜蔼蔼,翠叶朱茎。竹林青葱,珍果含荣。凯风发而时鸟欢,微波动而水虫鸣。感气运之和润,乐时泽之有成"①。"欣阳春之潜润,乐时泽之惠休。望候雁之翔集,想玄鸟之来

---

① 曹植《节游赋》,见《全上古三代秦汉三国六朝文·全三国文》卷十三,中华书局1958年版,第1124页。

游"①。这是多么美妙的意境:万木峥嵘、百花吐艳、春风温柔、阳光明媚、莺歌燕舞、百鸟和鸣、绿波荡漾,鳞光闪闪。然而,这美好景物的描写,并非单纯写景,而是感物咏怀,是为抒发"念人生之不永"、"聊永日而忘愁"的情感作铺垫。正如谢灵运所说:"公子不及世事。但美遨游,然颇有忧生之嗟。"②我们再以其《娱宾赋》和《公宴诗》所表达的情绪作比较,很显然此赋具有不同的思想内容:欢乐之意少而伤感之情多。再看其对萧杀悲凉的秋气刻画:"四节更王兮秋气悲,遥思惝恍兮若有遗。原野萧条兮烟无依,云高气静兮露凝玑。野草变色兮茎叶稀,鸣蜩抱木兮雁南飞。西风凄厉兮朝夕臻,扇箑屏弃兮绤绤捐。"③这萧瑟凄凉的意境,无疑烘托陪衬作者"居一世兮芳景迁,松乔难慕兮谁能仙"的感叹年命的怨愤之情,借以抒发其"没世无闻,徒荣其躯而丰其体,生无益于事,死无损于数"的"禽息鸟视,终于白首"的"圈牢养物"④的愤慨。刘勰说:"春秋代序,阴阳惨舒,物色之动,心亦摇焉……是以献岁发春,悦豫之情畅;滔滔孟夏,郁陶之心凝;天高气清,阴沉之志远;霰雪无垠,矜肃之虑深。岁有其物,物有其容;情以物迁,辞以情发。"⑤曹植的《大暑赋》、《愁霖赋》、《喜霁赋》等等,都能通过景物的刻画来衬托抒情主人公的心情,使赋形成一个完美的意境,达到主客交融、物我为一的艺

---

① 曹植《感节赋》,见《全上古三代秦汉三国六朝文·全三国文》卷十三,中华书局1958年版,第1124页。

② 谢灵运《拟魏太子邺中集诗序》,见《全上古三代秦汉三国六朝文·全宋文》卷三十三,中华书局1958年版,第2617页。

③ 曹植《秋思赋》,见《全上古三代秦汉三国六朝文·全三国文》卷十三,中华书局1958年版,第1122页。

④ 曹植《求自试表》,见《全上古三代秦汉三国六朝文·全三国文》卷十三,中华书局1958年版,第1135页。

⑤ 刘勰著,范文澜注《文心雕龙·物色》,人民文学出版社1958年版,第693页。

术境界。

抒情小赋不仅具有鲜明的意境，而且许多作家赋中的意境创造都具有个性化的特征。因为意境中有赋家主观情感的介入，而作家的思想感情总是千差万别的，所以优秀赋作的意境总是个性化的。赋家独特的观察事物的角度，独特的生活经历，独特的情趣和个性，构成意境的个性特征。上述王粲《登楼赋》中的意境即与曹植的《感节赋》、《秋思赋》中的意境有所不同。我们再看陶渊明《归去来兮辞》中对作者辞官归家途中的情景和看到家门后畅快心情的描绘：

> 舟遥遥以轻飏，风飘飘而吹衣。问征夫以前路，恨晨光之熹微。乃瞻衡宇，载欣载奔。僮仆欢迎，稚子候门。三径就荒，松菊犹存。携幼入室，有酒盈樽。引壶觞以自酌，眄庭柯以怡颜。倚南窗以寄傲，审容膝之易安。园日涉以成趣，门虽设而常关。策扶老以流憩，时矫首而遐观。云无心以出岫，鸟倦飞而知还。

读着这些情景交融的描绘，诗人摆脱官场樊笼的舒畅情景历历如在目前。"舟遥遥以轻飏"写行船之迅速，"风飘飘而吹衣"写归人心情之畅快。因为心情舒畅，所以觉得船也似乎特别轻快；又因为船轻快，所以江风"飘飘而吹衣"。这两句互相映衬、互相补充，把情和景融合在一起，构成了清新开阔的鲜明意境，使人读后，眼前仿佛展现出一幅"轻舟喜归人"的生动画面。下两句则写出了清晨赶路的微妙境界。司马光在《续诗话》中说："古人为诗，贵在意在言外，使人思而得之。"这里的"问征夫以前路，恨晨光之熹微"也具有这个特点。诗人从彭泽辞官回家乡浔阳柴桑，柴桑到彭泽只有百十里地，这本来就不需要问路的,这就十分含蓄地写出了诗人归家的兴奋、急切的心情。紧接着,诗人又用"恨晨光之熹微"一句加以补充,使情和景水乳交融,从而构成了一个深厚迷离的境界。看到家门后的描写,更是诗意浓烈,妙趣横生。"园日涉以成趣,门虽设而常关""云无心以出岫,鸟倦飞而知还"这种纯真质朴的情感和富有农村生活气息的景物描绘,塑造出清新和谐、自由安适的境界,以与尔虞我诈、虚伪冷酷的恶浊官场气氛作鲜明的对比,从而表现出他对官场黑暗的憎恨和对田园生活的热爱之情。

意境中既包涵有作者主观的思想、情感和个性,而这些又都是社会存在的反映,因而,意境就必然曲折地反映一定的社会内容。庾信《哀江南赋》有一段这样的描述:"冤霜夏零,愤泉秋沸。城崩杞妇之哭,竹染湘妃之泪。水毒秦泾,山高赵陉。十里五里,长亭短亭。饥随蛰燕,暗逐流萤。秦中水黑,关上泥清。于是瓦解冰泮,风飞电散,浑然千里,淄渑一乱。雪暗如沙,冰横似岸。"这似乎绝然是写景,然而实际上无景不注入作者自己的真实情感。字里行间悲风习习,构成一种悲凉凄惨的意境。它是一幅浸渍着血泪的历史画卷,真实地再现出成千上万的臣民被迫为奴,背井离乡、饥寒交迫的历史场景,观之令人气绝。庾信如果对战争给人民带来的灾难没有深切的体会,没有对人民的同情心,恐怕是难以写出这样的意境来的。

鲍照的《芜城赋》是描写广陵这一历史名城今昔盛衰变化的赋作,作者以渲染和对照的写法,将昔日盛况和当前衰象加以极力夸张的铺写描绘,显示出这座名城命运的剧烈变化。昔日的广陵城"当昔全盛之时,车挂辖,人驾肩,廛闬扑地,歌吹沸天"。这是多么壮观的景象!而今的广陵城却:

泽葵依井,荒葛胃涂。坛罗虺蜮,阶斗麕鼯。木魅山鬼,野鼠城狐。风嗥雨啸,昏见晨趋。饥鹰厉吻,寒鸱吓雏。伏暴藏虎,乳血飡肤。崩榛塞路,峥嵘古馗。白杨早落,塞草前衰。棱棱霜气,蔌蔌风威。孤蓬自振,惊沙坐飞。灌莽杳而无际,丛薄纷其相依。通池既已夷,峻隅又以颓。直视千里外,唯见起黄埃。凝思寂听,心伤已摧。

这又是何等萧杀荒凉可怕的境界啊!据史载元嘉二十七年(450),北魏大举南侵,宋文帝"命广陵太守刘怀之逆烧城府、船乘,尽率其民渡江"①。在孝武帝大明三年,攻灭竟陵王刘诞时对广陵的彻底破坏,使整个广陵成了一座芜城。不仅如此,"广陵城陷,孝武使悉杀城内男丁,长水校尉宗越临决,皆先剖肠抉眼,或笞面鞭腹,苦洒灌创,然后斩之"②。又据《南史·刘诞传》:"帝命城中无大小悉斩,庆之执谏,自五尺以下全之。于是同党悉伏诛,以女口为军赏。《宋书·沈怀文传》:"及城陷,士庶皆裸身鞭面,然后加刑,聚所杀人首于石头南岸,谓之髑髅山。怀文陈其不可,上不纳。《南史·刘诞传》:"男丁杀为京观。死者尚数千人,每晨昏雨夜,有号泣之声。"大明三、四年间,鲍照盘桓广陵,亲见广陵遭到破坏后的惨景,满怀忧愤,抚今追昔,极力运用渲染和夸张的艺术手法,创造出不同的意境,不仅抒发了伤时愍乱的情怀,而且隐约地警告当时最高统治者,如继续广陵这种悲剧,其结果必将在异族的入侵之下,招致灭顶之灾。林琴南论此说:"文不敢斥言世祖之夷戮无辜,亦不言竟陵之肇乱,入手言广陵形胜及其繁盛,后乃写其凋敝衰飒之形,俯仰苍茫,满目

---

① 司马光《资治通鉴》卷一百二十六,上海古籍出版社 1987 年版,第844 页。
② 司马光《资治通鉴》卷一百二十九,上海古籍出版社 1987 年版,第862 页。

悲凉之状,溢于纸上,真足以惊心动魄矣。"①

总之,这种充满诗情画意的描绘,在魏晋南北朝抒情小赋中是非常普遍的。赋家往往特别注意景物的烘托和气氛的渲染;或在抒情之中插入几句景物的描摹,以景衬情,使其对情感起烘托作用;如潘岳《悼亡赋》、陶渊明《归去来兮辞》;或以高度的气氛概括笼罩全篇,如向秀《思旧赋》、萧绎《荡妇秋思赋》;或以典型的景物刻画留下余韵,如鲍照《芜城赋》、谢庄《月赋》;或对某种情境作集中的描绘,如庾信《春赋》、萧绎《采莲赋》。作者通过衬托、比拟、渲染、描摹等艺术手法,塑造出清新开阔的意境,以寄托作者的主观感情。这不仅表现出赋家各自鲜明的创作个性,而且通过意境的创造,曲折地反映出一定的社会内容,使赋既具有现实意义,又具有较高的审美价值。这是魏晋南北朝抒情小赋对辞赋创作的一大突破。

三

魏晋南北朝的咏物抒情赋,同祥具有诗的意境美追求。这些咏物抒情赋通过草区禽族、庶品杂类的描写,"写物图貌"、"触兴致情",寄托作者的情感,构成诗的意境。

刘勰说:"至于草区禽族、庶品杂类,则触兴致情,因变取会。拟诸形容,则言务纤密;象其物宜,则理贵侧附,斯又小制之区畛,奇巧之机要也。"②所谓"触兴致情"、"理贵侧附",就是说这类写花草树木、飞禽走兽的小赋,并非是为写物而写物,也不是孤立地、静止地描摹物象,而是借物抒情,通过对自然物类的习

---

① 　钱仲联《鲍参军集注·芜城赋》"集说"引林纾语,上海古籍出版社1980年版,第24页。

② 　刘勰《文心雕龙·诠赋》,人民文学出版社1958年版,第135页。

性、变化及其相互间的内在联系的细腻描写,创造独特的富有个性特征的意境,寄托作者的情感,含蓄地表现作者的内心世界。我们先看曹植的《离缴雁赋》:

> 怜孤雁之偏特,情惘焉而内伤。含中和之纯气,赴四节而征行。远玄冬于南斋,避炎夏乎朔方。白露凄以飞兮,秋风发乎西商。感节运之夏至兮,假魏道而翱翔。……挂微躯之轻翼兮,忽颓落而离群。旅暗惊而鸣远兮,徒矫首而莫闻。甘充君之下厨,膏函牛之鼎镬。蒙生全之顾复,何恩施之隆博!于是纵躯委命,无虑无求;饮食稻粱,渴饮清流。

这篇赋似乎纯属咏物,但只要我们联系曹植一生的生活遭遇就不难看出,在孤雁身上有作者自身的影子。孤雁的遭遇心境正是作者的化身。这里作者采用拟人化的艺术手法,将自然人格化,借助于这只受伤离群的孤雁,来衬托表达自己多舛的命运和强烈的生存愿望。

张华的《鹪鹩赋》通过鹪鹩与雕鹗、鹄鹭、鹍鸡、孔雀、翡翠、鹦鹉、苍鹰等飞禽的对比描写,寄托自己的人生态度。作者认为,人的悲愁与快乐不在于条件的好坏和地位的高低,而在于是否有自知之明。鹪鹩"育翩翾之陋体,无玄黄以自贵。毛无施于器用,肉不登乎俎味"。长得一点也不惹人注意。但它既不自暴自弃,也不沾沾自喜,更没有利用自己不惹人注意的方便去追求更大的物欲,而是老老实实地生活。"飞不飘扬,翔不翕集。其居易容,其求易给;巢林不过一枝,每食不过数粒";"匪陋荆棘,匪荣茝兰","不怀宝以贾害,不饰表以招累","任自然以为资,无诱慕于世伪"。正因为"兹禽之无知,而处身之似智",不以"形微处卑"而悔恨,也不以无人注意而任性傲物,始终默默无闻地生活着,所以"动翼而逸,举足而安",无忧无虑,"翩翩然有以自乐也"。而"鹭鹦鹍鸡,孔雀翡翠"一类美羽丰肌、形奇嘴乖的珍禽贵雀,却倚仗自己"翰举足以冲天,嘴距足以自卫"的本领,怀抱四海之志,哗众取宠之心,皆"为戮于此世"。这篇赋与作者的个性是一致的。张华年轻时,正是曹魏与司马氏两个集团激烈搏斗的时期。在"不怀宝以贾害,不饰表以招累"的自我警惧中,茂先表现了一种知危求安的心理。所以他用"处身似智"来自戒。这种恬退之旨、老庄之趣,在他的诗中也一再反复出现。他在《游侠篇》中称自己"好古师老彭"。在《赠挚仲治诗》中又说"君子有逸志,栖迟于一丘",表示自己要"恬淡养玄虚"。而傅咸的《仪凤赋》则不同于张华的《鹪鹩赋》。他所赞美的仪凤,只有在"龙飞九五,时维大明,阐隆正道,既和且平"之时才出现。仪凤不仅既大且美,能引起人的注意,为人所用,不同于鹪鹩,也不同于鹦鹉的为人所害。结合傅咸的生平经历来看,显然表现了他"达则兼济天下,穷则独善其身"的儒家思想,反映了他的个性特征。

谢庄的《月赋》,假设曹植与王粲为主客,叙写出月的故事及月夜景物,所表现的意境十分高远壮阔。"白露暧空,素月流天",使人宛如置身于清美的月夜之中。至于"若夫气霁地表,云敛天末。洞庭始波,木叶微脱。菊散芳于山椒,雁流哀于江濑。升清质之悠悠,降澄辉之蔼蔼。列宿掩缛,长河韬映。柔祗雪凝,圆灵水镜。连观霜缟,周除冰净"。在月未升起的时候,先布设出一幅清幽宁静的优美境界。当月儿远远升起、光耀大地,于是天地间呈现的只是一片清幽素洁的景象。篇中虽未露月的形状,而读者从这个意境中所感受的,确是一派穆然净化的月下清景。赋末两首歌:"美人迈兮音尘阙,隔千里兮共明月。"从月夜美景引起对于美人的思念,更能给人以无限的遐想。而"月既没

189

兮露欲晞,岁方晏兮无与归。佳期可以还,微霜沾人衣",更流露出无可奈何之感。可见"赋中的写景,其目的都是为了配合抒情,尽量使'情'和'景'融合起来。这样在赋中虽有'体物'之处,而'体物'的目的,却只是为了抒情"①。

庾信《枯树赋》以殷仲文对老槐树的感叹发端,这样开头,是为了暗示树之衰亡与人之向暮的关系,引起读者对枯树形象与作者自我形象的联想,开拓出全赋的意境。然枯树原本是生意盎然的:"白鹿贞松,青牛文梓,根柢盘魄,山崖表里。"这正似他"父子在东宫,出入禁闼,恩礼莫与比隆"②一样,真好比高贵的贞松、神圣的梓树、名贵的香桂、高雅的梧桐,引得将雏的凤凰来聚,比翼鸳鸯来巢。谁知美木佳树也免不了"半死"、"销亡"的命运,这又如自己使聘被留,空怀满腹经纶,终老关西,徒享一生富贵。诗人念树生情,焉能不"临风亭而唳鹤,对月峡而吟猿"呢!年轻的诗人曾以良材自期,怎料却成了亡国贰臣,这与拳曲臃仲、盘坳反覆的腐朽之木何异? 那国朝赐给自己的"将军"、"大夫"的虚名,正好比生命纵贯千年的松梓、古度、平仲等一样,免不了"苔埋菌压,鸟剥虫穿"的命运。透过受尽"霜露"、"风烟"之苦和苔、菌、虫侵凌的名贵树木,人们可以看到高官厚禄的作者背负着身在周庭而心存梁阙的沉重负荷和悲惨暗淡的内心世界。接下去,作者借树以叙写身世,着重表现与故土、亲人生离死别的凄凉情境。一旦重归故土的一线希望破灭,就只能发出绝望的悲叹了。

这类"写物图貌"、"触兴致情"的咏物抒情小赋在魏晋南北

①　曹道衡《从〈雪赋〉〈月赋〉看南朝文风之流变》,原载《文学遗产》1985年第2期。

②　[唐]李延寿《北史》卷八十三《文苑・庾信传》,中华书局1974年版,第2793页。

朝大量出现:如祢衡《鹦鹉赋》、曹植《鹞雀赋》、潘岳《萤火赋》、成公绥《蜘蛛赋》、鲍照《尺蠖赋》、萧子晖《冬草赋》、庾信《竹杖赋》等等。这类小赋,赋家以拟人化的艺术手法,或衬托、渲染,或比拟、描摹,将自身的思想情感融注于审美客体之中,使主观感情客观化,花鸟草木人格化,构成鲜明生动的意境,达到了情景交融、物我为一的艺术境界,从而表现出作家鲜明的创作个性。

(原文刊载于《西藏民族学院学报》1991 年第 1 期)

赋体文学的生命本质

——论魏晋南北朝抒情小赋的铺陈特征

"赋者,铺也,铺采摛文,体物写志也。"①赋体文学的生命本质即在于铺陈。无论两汉的体物大赋或是魏晋南北朝抒情小赋,都以铺陈作为自己的生命本质和根本艺术表现手法。然而,铺陈虽然是所有赋体文学的本质特征,但由于赋的题材内容及其体裁的不同,其铺陈的手法也不尽相同。为此,本文拟从纵的方面以体物大赋与抒情小赋的比较、抒情小赋与同类或同题诗的比较,看抒情小赋的铺陈特点。此外,对于骈体抒情小赋,本文拟从横的方面对其内在规定性(受情感抒发的制约)和外在结构方式两方面予以探讨。

一

汉大赋在以大为美、以多取胜的审美理想指导下,其对事物的铺陈总是极力求大、求全。为了达到"大而全"的目的,赋家往往采取纵横交错铺陈的艺术手法,所谓"合綦组以成文,列锦绣

---

① 刘勰《文心雕龙·诠赋》,人民文学出版社 1978 年版,第 134 页。

而为质,一经一纬,一宫一商,此赋之迹也"①。为了力求完整全面地铺陈事物的形象和过程,显示以最高统治者为代表的大汉帝国的声威和权势及其对外部世界的征服占有的巨大力量,大赋采用了理想化的艺术手法:以帝王的活动为中心,以主客问答的形式,子虚、乌有的夸比辩难展开对事物及其发展变化过程的全面铺陈,力图展示事物发展演变的全过程,从而在纵的方面形成一个时间序列,按这一序列进行铺陈,将事物串连起来,以细致的手法来表现事物运动过程的完整性,把事物在时空中的运动分为若干片段,组合成一定的程序,然后逐一进行细致的描写,务求时间过程的完整全面。如《子虚赋》对于田猎的铺陈程式:首先铺陈楚王出猎的华丽服饰,壮观的仪仗,显赫的声威;其二铺陈楚王射猎的英姿;其三铺陈武士格杀搏斗的壮观;其四铺陈楚王射猎小憩、观女乐的热烈欢快场面;其五铺陈楚王游乐休息后继以夜猎飞禽、泛舟清波;其六铺陈楚王田猎结束,悠然养息,最后以铺陈乌有先生教训子虚,终之于讽谕。这里写田猎,作者并不是抓住某一具有代表性的最生动壮观的场面来描写,而是将射猎的全过程、甚至与射猎人稍有关系的一切活动的全过程(如观女乐、射猎小憩)都铺陈出来,尽可能极力求全。此后的《甘泉》、《两都》、《二京》之写田猎,皆祖《子虚赋》之模式。

但是,抒情小赋在铺陈上则不尽力求全,而是抓住富有特征的某一场面,或某一细节、某一过程的铺陈,刻划出境、创造出完整的形象,并通过形象的塑造,表达作者的思想感情。如傅玄的《斗鸡赋》,虽也是铺陈斗鸡这一赌博性活动的全过程,然而全赋不过十八句,仅九十三个字,就将斗鸡的全过程描写得首尾完整。首二句描写斗鸡的出场,三四句写其神态,中间以八句铺陈

---

①　[晋]葛洪《西京杂记》卷二,三秦出版社 2005 年版,第 93 页。

公鸡搏斗的情景。显然,这篇赋不像汉大赋那样在铺陈上竭力"求全",也没有像汉大赋那样尽可能地将一切与之相关的内容组合在一起竭力铺排,而是紧紧抓住"志"、"势"二字,通过动作和神态的铺陈,寥寥几笔,便将公鸡搏斗的形象和情景刻画得活灵活现,形象逼真。

向秀的《思旧赋》是一篇悼念亡友、抒发对时世的忧愤之情的短赋。这篇"刚开头却又煞了尾"①的短赋,之所以千百年来为人们所赞赏,关键就在于作者巧妙的艺术构思和其富有特征性的铺陈手法。向秀处在司马氏高压政策下,既不能竭力铺陈人物生平,又不能淋漓尽致地抒写自己的痛悼之情。如何将此赋既写得感情充沛、含义深刻而又不至于因此遭受株连,作者对此是颇费谋划的。在这里作者紧紧抓住这两个具有典型性的方面去铺陈:一是铺陈"山阳旧居"。因为这是亡友生前主要的活动场所。从"山阳旧居"不仅可以想见嵇、吕的生平事迹和个性特征,而且作者对亡友的悼念之情自寓其中。所以,先交代"经山阳旧居"的原因和情景,以引起下文的触物兴叹,怀古伤今之情,然后,抓住"旧庐"的悲凉现状,想象"旧庐"的荒凉是由于主人外出远行的缘故。把对友人的无比怀念之情寓于弦外之音来加以抒发。面对如今的"空庐",作者有多少感叹!但又不能直言,于是借两个典故的铺陈,抒发"惟古昔以怀人兮,心徘徊以踌躇"之情感。而这句从字面看又是一说《黍离》、《麦秀》,但实则所怀之人乃嵇康、吕安。另一方面,则紧紧抓住嵇康临刑前"顾日影而弹琴"这一具有典型意义的动作进行铺陈,并运用李斯受刑前不得再牵黄犬的悲叹这一典故,把亡友疏略任性、刚正不阿

---

① 鲁迅《为了忘却的纪念》,见《鲁迅全集·南腔北调集》,人民文学出版社1982年版,第488页。

的人品和对屠杀者无比愤慨之情和批判之意深寓其中。末了又承"顾日影而弹琴"的回忆,插入邻人的笛声,把怀念和忧愤之情迅速推向了高潮,却又立刻用"停驾言其将迈兮"一句与开头的"将命适于远京兮"照应,使文章戛然而止,让怀念的悲愤之情犹如山洪暴发般滚滚向前时,却突然被闸门关住似地停息于无言之中,给读者留下了丰富的想象余地。人们读过《思旧赋》不仅要掩卷而思:是什么原因使作者欲言又止,如骨鲠塞喉? 又是什么原因使嵇、吕被杀? 仔细一想,而读者所"读懂了"的问题的答案,正是作者隐于文字后面的雷雨。文章恰到好处地收到了言尽而意未穷的艺术效果。作者虽没有、也不能尽可能全面地铺陈,而这种恰到好处的铺陈,又远胜于"求全"式的铺陈效果,使得文章含蓄而不直露、深远而不浅薄,余韵无穷而不是"一眼望穿"。

　　与上一方面相联系,汉大赋的铺陈,不仅追求事件的完整性,而且在其由时间构成的序列中追求空间的扩大和延伸,在时间不断推移的情况下,空间也不断扩大,从而形成多角度、多侧面的纵横交错的庞大的时空铺陈体系。司马相如主张"赋家之心,包括宇宙,总览人物"[1],赋家在艺术创作中不仅要有一种能够驰骋于上下古今的强大的想象张力,而且要使自己的心胸扩大到容纳整个宇宙的万物和人类历史,使之分明地浮现在自己的想象之中。而在作品中则要求结构上"一经一纬"、纵横交错、"闳侈巨衍",文字上要"合纂组"、"列锦绣",音韵上"一宫一商"、"雍容揄扬"[2]。要求赋要体尽万物,写尽人事,不得有遗漏。这种穷形极相、恣意铺陈的结果,虽然能产生一种磅礴的气势,巨

---

[1]　[晋]葛洪《西京杂记》卷二,三秦出版社2005年版,第93页。
[2]　同上。

大的力度,但亦不免堆积、浮浅之弊。往往在形象上只有类型而无个性,在文字上几成"类书"、"字林"而乏生机,在结构上千篇一律,缺乏特色。如司马相如对"云梦"的铺陈便是极力求全,在空间上,东、南、西、北、上、中、下,依次铺陈,无所不包;在事物上,山、水、花、鸟、树、石、土、玉、兽、鱼、虫,无所不有;在手法上,集类铺排,辅之以夸张。这虽形成了一种浩大的磅礴的气势,但却是粗线条、大轮廓的图案化、机械化,缺乏鲜明的形象和具体的细节。而抒情小赋绝没有这样的上下四方、前后左右尽可能全的空间铺陈,也不着意铺排事物,堆垛一长串形容词,而是抓住事物特征,按照抒发情感的需要,或景物铺陈、或场面气氛的铺陈,寥寥数语,皆能恰到好处,创造出完美清晰的意境,鲜明生动的形象,比汉大赋的粗线条、大轮廓笨拙的铺排,显然要轻巧、生动得多,这实为赋的铺陈技巧的一大发展。

二

汉大赋大多在于"体物",所以它的铺陈可以"求大"、"求全",而抒情小赋则着重于抒情言志(虽然也有一些咏物小赋,但大多是"假草区以致兴,托禽族而言志"仍然是借咏物以抒怀)。众所周知,情感的铺陈自然不能像体物那样以纵横交错的时空张大来铺陈,感情的抒写自有一定的限度,而赋体文学的生命要素又在于铺陈。那么,抒情小赋是如何将这二者统一起来的呢?

先看抒写特殊感情赋的铺陈。这类赋铺陈的最大特点就是集类铺陈。像恨、别、悔这样的情感都是十分抽象而难以名状的。如何将这些无形而抽象的情感铺陈得淋漓尽致、生动形象,于是作家想到了"集类"铺陈。虽然"集类"铺陈在汉大赋中已存在,但这类赋的铺陈与汉大赋的铺陈不尽相同。汉大赋力求完备,从纵横交错的时空扩大铺陈,而抒情小赋并不追求时空的扩大和完备。作者用各种类型的人都免不了的恨、别、悔这种特殊的感情来铺陈,把各种类型的人的"恨"排列在一起,就构成了《恨赋》的基本构架;同样,将各种不同型人的离别排列在一起,就构成了《别赋》的基本架构。当然,这种"集类"的过程,并不是简单的排列组合,而是高度的艺术概括和典型化的过程。这里虽不是写某个人的别、恨,但又涵盖了所有类型人的别、恨之情感体验。作者采用了集类铺陈的艺术手法,而每一类的铺陈描写又完全是通过艺术虚构来完成的。虚构场面、虚构环境,并以多联排比的典故铺陈相构建。但每一典故又是经过作者艺术加工、筛选之后的艺术材料,给人一种似典非典、似今非今的感觉。虚构不同的离别,就是虚构不同的离别环境、不同的离别场面和不同的别离心境。这些环境、场面、心境并不需要一个时间的线索把它们依次串列起来,形成一个时间的序列;也不需要作空间的全面铺排。这里每一类别就是一个场景,而每一个场景就代表一个类型的别离。由于其本身的高度概括,所以已无须再追求时空的全面扩大。如江淹《别赋》的中间两段("至如一赴绝国"和"又若君居淄右"),虽然上下相联,但在意义上并无时空联系,两段即是两个场景,铺陈两种类型之人的别离,而每两句构成一联,以多联排比来铺陈。虽然每一段中都运用了数组同一类型的典故,而这些典故的铺陈,并不是造成空间的堆积充实,而是在其各自不同的类型的别离中担当各自的角色。一种类型的离别只有一个场景,各种类型离别场景铺排在一起,绝无空间堆积、臃肿之弊,反而增大了赋的涵盖量,使别离这种特殊感情的铺陈具有典型意义。

如果将抒情小赋这种情感的铺陈与同类诗略加比较,其铺陈的特点就会愈加清晰。

江淹的《杂诗三十首·古离别》与上述的《别赋》同是写离别之情,而《别赋》共九段,首段概括摹写别状;末段言别情之难写;中间七段,则用大量典故铺陈富贵、任侠、从军、绝国等七种不同类型人的离别,共一百三十多句,七百余字,而《古离别》则仅十四句:

> 远与君别者,乃在雁门关。黄云蔽千里,游子何时还。送君如昨日,檐前露已团。不惜蕙草晚,所悲道里寒。君在天一涯,妾身长别离。愿一见颜色,不异琼树枝。菟丝及水萍,所寄终不移。

这是江淹有意识地模仿自汉至宋时的二十九位著名诗人不同风格的诗。题为《古别离》,但惟有前两句对离别作了极为简略的交代,接下便紧紧抓住思妇的心理进行细致刻画,通过自然界时序变化的描写、双方距离的遥远和思妇渴望重新团圆的强烈愿望三个方面来写。

江淹《恨赋》铺写恨情,将帝王之恨、列侯之恨等七种人的恨情排列在一起,以大量的典故进行铺陈,而缪袭(魏)的《挽歌诗》也抒发恨情,只不过十二句:

> 生时游国都,死没弃中野。朝发高堂上,暮宿黄泉下。白日入虞渊,悬车息驷马。造化虽神明,安能复存我。形容稍歇灭,齿发行当堕。自古皆有然,谁能离此者。

前四句设想死后的凄凉。作者先以生、死相对照,用"游国都"的排场、意气,反衬死后被遗弃于荒野的冷落、悲凉。再以朝暮相对照,把"朝发高堂"与"暮宿黄泉"的画面紧紧地排列在一起,强烈地表现出人生的无常。中间四句,又以自然的永恒和人生的有限相对照,表现出一种对生命的理性知觉、对"安能复存我"的遗恨。最后四句,作者又将视线从"我"扩展开来,对整个人类历史进行理性的审视,表现出对生命匆迫、人生有限的深沉的悲哀和永"恨"。《恨赋》以大量铺陈的手法,而诗则采用对照的手法;赋以淋漓尽致胜,而诗以含蓄凝炼胜。

至于咏物抒情小赋在铺陈手法上又不同于上述表达某种特殊感情的赋,也不同于汉大赋。上述抒发特殊情感的赋,其铺陈手法往往是连类铺叙、集类铺陈。而咏物赋往往是多层次、多角度、多侧面地铺陈。虚构出事物所处的环境,从环境中铺陈事物,借以抒情。以庾信的《镜赋》为例:赋不仅铺陈镜的形状和作用,而且从"天河渐没,日轮将起"写起,铺陈昼夜交替,燕噪鸟惊,美人起而梳妆,乃引出对镜的铺陈。不仅细致铺陈了照镜人取镜整容、细心妆饰的神态、动作,而且还揭示出宫女独有的心理特征。以美人引出镜、对镜从而予以全方位、多角度、多层面的铺陈,把镜的形象写得飞动起来了。请看:"镜台银带,本出魏营。能横却月,巧挂回风。龙垂匣外,风依花中。镜乃照胆照心,难逢难值。缕五色之盘龙,刻千年之古字。山鸡看而独舞,海鸟见而孤鸣。临水则池中月出,照白则壁上菱生。"这里虽不乏典故的铺陈,但绝无堆砌、晦涩之弊,而又与所铺陈之事物有紧密联系,最后铺陈"梳头新罢照著衣"。这里虽然仍从时间的先后顺序上铺陈,与汉大赋一致,但并不追求空间的完整。这是咏物抒情小赋为适应表达事物的神韵及作者情感的内在规定性而形成的独特的外在表现形式。

庾信集子中,还有一首题为《镜》的诗,赋和诗都是描写镜的,但其手法则异,兹录其诗以比照:

玉匣聊开镜，轻灰暂拭尘。光如一片水，影照两边人。
月生无有桂，花开不逐春。试挂淮南竹，堪能见四邻。

首二句写照镜人的动作，后面皆描写镜本身，采用的手法则多比喻。这里只是对镜面的描写比喻，并不像赋那样铺陈镜的产地、形状、作用及其环境。诗精炼，赋博富，二者自有各自的特征及作用。

叙事抒情小赋的铺陈特点又不同于上述二类赋的铺陈。这类抒情小赋的铺陈特点，往往是通过事件的直接铺叙，表达人物的情感内容，它更多地保留了赋体文学"直铺陈其事"的特征。注重于事件的全过程的铺叙，追求时间的完整性，但并不追求空间的完整。即以代弃妇立言的诗赋为例，曹植有一篇《出妇赋》，还有一首《弃妇诗》，赋是为一个男子"悦新婚而忘妾，哀爱惠之中零"的被弃妇女而立言。从出嫁、婚后生活，到"爱惠中零"、被弃回家，赋着重于整个事件全过程的铺叙，对婚后"恐疏贱而不亲"的心理活动及被弃后，"衣入门之初服，背床室而出征"的细节铺陈，都准确地烘托出人物的心理情绪和个性特征。这里仍然注重的是时间的完整性。而其《弃妇诗》也是写平虏将军刘勋的妻子王宋，因无子而被弃。诗和赋一样是代弃妇诉说苦衷，皆采用第一人称的写法。而诗以比兴开篇，作者用弃妇眼中所见和心里所想这一独特的审视角度，以弃妇庭院中的一棵石榴树起笔，使弃妇以石榴树自喻，"光华晔流离，可以处淑灵"。石榴树的光华如琉璃般闪亮，足以使最高贵的神灵在这里游戏栖息。这表面是写石榴树，实则暗喻自己：底蕴是自己像石榴树那样风姿绰约，可以配得上任何高贵的男子。接下写有一只神鸟飞到这颗石榴树上，但却为石榴树的有华无实而悲鸣，暗喻对弃妇的同情。下边的写法基本与《出妇赋》相同，先写因无子被弃的感叹及悲伤，后描摹被弃的孤独悲凉。作者借石榴树和神鸟与弃妇展开心理上的对话，使她由自视很高到自轻自贱再到生起一线希望。这诗中石榴树和神鸟是弃妇心理转关上的支点，作者正是抓住这一支点进行描摹，使诗的变化和展开显得流动自然，一步一境。正如张玉谷说："鸟代树言，人揣鸟意，用笔奇甚。"①

萧纲不仅写了《采莲曲》而且写了《采莲赋》，诗专写采莲的情景，极概括、极精炼。赋不仅写采莲的情态，而且对江南风光、荷塘景色予以大段的铺陈，极为细腻。诗对采莲女的容貌并未描画，而是以动作和景物的刻画相衬托；赋则对采莲女的美予以铺陈："素腕举，红袖长。回巧笑，堕明珰"，"素腕"、"红袖"与绿水、清荷、红花相映成趣，构成一幅色彩斑斓的审美境界。"回巧笑，堕明珰"的声响美，与"人喧水溅"声、"花运"声、"舟移"、"水流"声相互交织，构成一曲音韵和谐的交响乐。似乎使读者进入这一优美的音响境界，给人以无穷的审美享受。这里不仅有静态的描摹，又有动态的刻画；不仅有肖像的铺写，又有心态的摹状。动静结合、色彩兼备、声韵交织，一起构成画面，构成完美鲜明的意境，化作诗情，不仅可见可闻，而且可感，充分表现出诗的意境、诗的情韵。结尾小曲，仿民间歌辞，以谐音字入诗，婉转传情，十分别致。此赋明显地表现出诗化的倾向。这也是南北朝大部分抒情小赋所具有的特征。值得强调的是，赋的这种诗化倾向，在南朝所谓"宫体诗人"如萧纲、萧绎、沈约、庾信、谢朓、徐陵以及吴均、陈后主等人的赋中表现得更为明显。这种现象应该引起学术界及文学史家的足够重视。

---

① [清]张玉谷《古诗赏析》卷九，见黄节《曹子建诗注》，人民文学出版社1957年版，第59页。

<h1 style="text-align:center">三</h1>

骈体抒情小赋由于受其内在规定性和外在结构方式的制约,其铺陈的特点是在追求对仗的前提下对典故的铺陈。其手法基本上是以多联排比的句式(受对仗的制约),铺陈多组典故(受典故的制约),表现作家的思想情感。下面即从对仗、典故对骈体抒情赋铺陈的制约方面,予以简略的论述。

对仗,必须由两个句子组成。而这两个句子之间的内在联系必须"理圆事密"①。所谓"理圆",就是上下句共同为表达一个意象或描绘一个物象而服务;"事密"则要求两句话所用的事物大致相仿,要有内在联系,优劣均衡。如天对地,日对月,东对西,上对下等等。所用动词、形容词也要相配,如《恨赋》:"日下壁而沉彩,月上轩而飞光。"这两句便是一个对偶句:日、月联系密切;壁、轩同为器物;光、彩皆为色素,上、下,沉、飞,皆为反义相对。这两句话合在一起,表达一个完整的意象。意象自然是作者思想的符号。

骈赋的铺陈由于受对偶句的制约,其铺陈特点便是一组组对偶句的铺陈。而一组对偶句组成一个意象或物象,正如刘师培所说"合二语成一意"②,骈赋正是通过多组对偶句的排比铺陈,也就是多组意象的铺陈,表达作者的思想情感。且看庾信《小园赋》中的一段:

1. 一寸二寸之鱼,	2. 云气荫于丛蓍,

---

① 刘勰《文心雕龙·丽辞》,人民文学出版社 1958 年版,第 589 页。
② 刘师培《中国中古文学史论文杂记·之九》,人民文学出版社 1959 年版,第 117 页。

三竿两竿之竹。

金精养于秋菊。

3. 枣酸梨酢，

桃榼李萘。

4. 落叶半床，

狂花满屋。

5. 名为野人之家，

是谓愚公之谷。

6. 试偃息于茂林，

乃久羡于抽簪。

7. 虽有门而常闭，

实无水而恒沉。

8. 三春负锄相识，

五月披裘见寻。

9. 问葛洪之药性，

访景房之卜林。

10. 草无忘忧之意，

花无长乐之心。

11. 鸟何事而逐酒，

鱼何情而听琴。

第一联写小园中池塘里的小鱼及池边的翠竹。第二联写小园中的奇花异草。第三联写小园中之果木繁盛。第四联描写飘叶飞花。四联共四个意象，这四联的排比铺陈，完成了对小园中之奇花异草、鱼竹果木的描绘，创造出一幅优美的意境，以下便铺陈自己对小园的喜悦之情。第五联表述自己生活在小园中，颇有隐士生活的情趣。第六联表白自己早有归隐之心。第七联述说自己虽做着周朝的高官，但并不以此为荣，而是心在山林，企慕隐逸生活。第八联写来往之人皆为隐士。第九联写自己闲暇时问医访卜。第十联以小园中的花草都含有愁意，写自己心中难以消除故国忧思。第十一联比喻自己宜如飞鸟栖林、游鱼潜渊，令失其故性，处非其所，终无欢乐，表明怀思故国。全段由十一组对仗句组成，通过这十一联的排比铺陈，表达对小园的热爱及其用幻想的隐居生活来消除现实生活中的烦恼和痛苦。

骈赋正是通过这种多联排比的手法完成其对事物、情感的铺陈。一联对仗往往就是描写事物的一个侧面，通过多联对仗的铺陈，从而完成对事物的铺陈描绘。同样，通过多联排比的铺陈,完成对情感的表达。必须强调的是,对仗不是一句话拆成两句话来说,而是对事物某一侧面的高度概括,作为骈赋中的一个单元,它能够而且也只能描绘一种物象,塑造一个意象。如庾信《春赋》中"眉将柳而争绿,面共桃而竞红",既是对春天景致的一个侧面描绘,而其本身也构成了一个意象进入赋中。这样将不同侧面描写的对仗组合在一起铺陈,便同样能"体尽万物",抒怀言志。

但是,骈赋的对仗之中装着典故。骈赋的铺陈实际上是对典故的铺陈。如上举《小园赋》一段中,前四联是对景物的铺陈,后七联全是对典故的铺陈。当然,骈赋对典故的铺陈就不能像汉大赋对于客观事物的铺陈那样,一写到山,则山上、山下、土壤、石块、东、南、西、北一概罗列,追求时空的完整,而必须符合所指代的事物或作者的情感,如"缕五色之盘龙,刻千年之古字"(庾信《镜赋》)必须与镜有内在联系。"黄鹤戒露,非有意于轮轩;爰居避风,本无情于钟鼓"(《小园赋》),必须与作者被迫羁宦北朝的经历及其痛苦情感相吻合。这就对骈赋的铺陈造成了很大的制约力。因为赋中的典故作为比兴的"彼物"与被比的"此物"之间隔了一层,不能像铺陈事物那样随随便便,顺手拾来便可堆垛一大串的。而且,骈赋的铺陈以对仗为基本单元,其铺陈内容又皆为典故,这也对骈赋的铺陈造成制约,限制其无止境的铺陈。这就使骈赋的铺陈向形象化、含蓄化、深邃化发展,迫使作家在炼字、组词、造句上下功夫,促使赋向"丽"、"美"的方向迈进!

(原文刊载于《西藏民族学院学报》1991 年第 4 期,
中国人民大学报刊复印资料《中国古代近代文学研究》
1992 年第 2 期全文转载,《高校文摘》1992 年第 1 期转摘)

论魏晋南北朝抒情小赋的形象刻画

赋体文学发展到魏晋南北朝,对人物形象的刻画较之汉大赋则更为生动形象、细腻传神。赋家或以景物描写渲染气氛,制造意境,烘托人物的个性形象;或以心理刻画,展现人物的内心世界和个性特征;或以神情体态的描摹,生活习惯的铺叙,行动、外表的刻画来凸现个性特征。无论是通过叙事来抒情的直抒胸臆赋,或是借物咏怀的咏物抒情赋,往往都采用拟人化的手法,通过丰富的想象、大胆的夸张,寥寥几笔,就使形象刻画得惟妙惟肖、个性鲜明,有呼之欲出之美感。这表明,魏晋南北朝的抒情小赋在人物形象塑造方面,比汉赋前进了一大步。

一

两汉之赋,无论体物大赋或抒情小赋,都不甚注意对人物形象的刻画。大赋注重于"气势",小赋则注重于说理。以汉赋的代表——体物大赋而言,大赋对于人物形象的刻画,只是粗线条、大轮廓的"集类"铺陈勾勒,并不注重人物个性特征的刻画。所写人物只有类型,而无个性;只有外表容貌的涂抹,而无内心世界的描摹。如《子虚赋》、《上林赋》对于美女的描述,就最有代表性:

于是郑女曼姬，被阿緆，揄纻缟，杂纤罗，垂雾縠。襞积褰绉，纡徐委曲，郁桡溪谷。粉粉裶裶，扬袘戍削，蜚襳垂髾。扶舆猗靡，翕呷萃蔡。下摩兰蕙，上拂羽盖；错翡翠之威蕤，缪绕玉绥。眇眇忽忽，若神仙之仿佛。（《子虚赋》）

丽靡烂漫于前，靡曼美色。若夫青琴、宓妃之徒，绝殊离俗，姣冶娴都；靓妆刻饰，便嬛绰约，柔挠嫚嫚，妩媚孅弱。曳独茧之褕绁，眇阎易以恤削。便姗嫳屑，与俗殊服。芬芳沤郁，酷烈淑郁。皓齿粲烂，宜笑的皪。长眉连娟，微睇绵藐。色授魂与，心愉于侧。（《上林赋》）

这里的美女描写，显然作者是用"集类"铺陈的手法，不是着意写某一美女，而是将历代所有的关于美女特征描写的材料集中排列在一起，写自己理想化的美女群，突出其美，渲染其艳。因之创造出来的是"类美"、"群艳"，而非个性鲜明的美女，因之被人们讥之为无表情、无温暖的蜡质美人。

魏晋南北朝抒情小赋则不同于汉赋，它十分注重对人物形象的塑造与刻画。它所刻画的形象，不仅具有个性化的特征，而且带有作者的个性特点，渗入了作者的人格和审美情趣，表现出作者的审美理想。

先看叙事写人类抒情小赋的形象刻画。

曹植《洛神赋》对于洛神这一艺术形象的刻画无疑即表现了作者的审美理想。在赋中作者充分运用艺术想象和联想的艺术方法，给读者创造了一幅如梦似幻的富有象征性的艺术境界。在这一恍惚迷离的境界中，作者对洛神的姿态、容貌、服饰、动作予以淋漓尽致的理想化描绘，使这一形象光彩照人。接下作者对洛神的身影风姿予以形象生动的描绘："神光离合，乍阴乍阳。

竦轻躯而鹤立,若将飞而未翔。""体迅飞凫,飘忽若神。凌波微步,罗袜生尘。动无常则,若危若安。若止难期,进往若还。"作者笔下的洛神是一飘忽不定的形象。她的美,只有在读者丰富的想象中,才能获得真正的把握。

作者对于这一具有象征意义的艺术形象,并没有停留于表面的铺陈,也没有作静止的刻画,而是由表及里,由形到神,动静结合,曲折有致。从"肩若削成,腰如约素。延颈秀项,皓质呈露"等等细腻传神的理想化的外形描写中,读者已经看到这位绝世佳人的形象了。但这毕竟只是外在的、诉诸视听之区的影像,仅仅是一种外在之美,而真正成为使人"思绵绵而增慕"的艺术形象,还在于对她的"抗罗袂以掩涕兮,泪流襟之浪浪"的无限柔情似水的内心情感的展示。作者由外貌到情感,层层深入,赞美洛神的多情善感。"抗琼珶以和予兮,指潜渊而为期。"这里不仅海誓山盟,而且互赠信物、约会交好,以期爱情似水永长流。然而可悲的是"人神之道殊",她悲痛欲绝,痛哭流涕。这种细腻的心理刻画,绘声绘色的情态、语言描绘,使这一形象更显得血肉丰满,栩栩如生,光彩夺人。

然而,作者笔下的洛神,不单单是一光彩照人的艺术形象,在这个艺术形象身上不仅体现了作者的理想,也隐含着作者的身世之感。赋中所表现出来的激动、兴奋、失望、哀惋、眷恋、追求种种错综复杂的思想感情,无不是作者长期受压抑、受迫害,希望建功立业、而又志不得展,徒为圈牢之养物的苦闷反映。《洛神赋》中所表现的种种情愫,正表现出作者外秀内慧、才华横溢而又多愁善感的个性特征。

陶渊明的《闲情赋》,写对一个美丽女子的向往爱慕以及由此而引起的复杂矛盾的情感体验。赋一开始就概括美人的品德仪容之美,她像佩玉、幽兰一样芳洁,又柔情淡远,有高云般的雅志;她悲叹年光如流,人生长勤,欢少愁多;她舒指弹瑟,雪白的衣袖轻轻飘动;美目流盼,既似含笑,又似欲言。在这一形象身上,作者并没有着意刻画她"瑰逸之令姿"、"倾城之颜色"的外表美,而是着力刻画她的"内慧"特质,使这一艺术形象栩栩如生。

同时,作品还塑造了"余"这一抒情主人公的形象。这是个深感知音难觅、人生不易而又孤独无依、热烈赤诚、情感专一的形象。这一形象无疑是作者自身的艺术写照。他面对如此艳丽高洁的美人,想入非非。美人的仪态、气质、志趣、柔情都使他深深为之感动。他一会儿想变成她的衣领,享受她的芬芳;一会儿又想变成她的裙带,"束窈窕之纤身";又想变成她的发油、她的眉黛、她的床席、她的绣鞋、她的影子、她手里的竹扇、她膝头的鸣琴……然而,总是"所愿必违",自己的愿望无法实现,不由他不生出满腔的悲叹。他想到木兰青松之下去寻觅她,想在宵夜梦寐中去追求她,又想托飘飘行云传达自己的心意,然而却始终不能如愿以偿。于是他"尤《蔓草》之为会,诵《召南》之余歌。坦万虑以存诚,憩遥情于八遐"。即使"所愿必违",无法实现,他也决不肯做有违心志的事情。

此赋序文称是仿张衡《定情赋》、蔡邕《静情赋》而作。然而,张、蔡之赋,虽然也都是把所爱慕的女子作为美的化身来赞颂,也对之倾注了满腔热情,但这些赋都写得简单浮泛,没有多少具体可感的形象,似乎程式化、概念化,并没有超出《诗经·硕人》对美人描摹的窠臼。而《闲情赋》,作者对人物的刻画,并不停留于静态的描摹,而更注意动态的刻画。如写她的外表美还表现在她弹瑟的神态动作上。那娴雅妩媚的表情、那美妙的音响和优美的境界,更曲折地衬托出她高雅的志趣和情操。他从几个方面铺写女子的美,就更使这一人物形象生动地浮现在读者的面前。再如,第三段在表现热烈愿望与怯懦性格的矛盾时,作者能将有所希冀而又胆怯退避有所顾虑的复杂心态和徘徊趑趄的行动细节融合在一起,再加以环境气氛的烘托,真实生动地再现了人物的思想感情。这种心理和感情的发展既有层次,又充满了矛盾。这种写法,波澜起伏,曲折多变,有助于刻画人物起伏多变的情感活动。同时也使赋生动活泼,耐人寻味。这种艺术创造是他以前的同类赋作所没有达到的。

再看悼亡怀旧类抒情小赋的人物形象刻画。

这类抒情小赋对于人物形象的刻画,也是惟妙惟肖,真实感人,比汉赋中同类题材的赋有很大的发展。我们以潘岳的《寡妇赋》为例略加分析。

《寡妇赋》是潘岳为朋友的妻子表达她丧夫的悲伤之情的。据赋序说:"乐安任子咸有韬世之量,与余少而欢焉。虽兄弟之爱,无以加也。不幸弱冠而终。良友既殁,何痛如之!其妻又吾姨也,少丧父母,适人而所天又殒,孤女藐焉始孩……"可见,此赋凝聚着作者的深情。作者在赋中代她设身处地地着想,模拟她的情怀,从时节及生活、情感的各个方面抒发她孤独悲凄的感情。在艺术手法上,既有心理的刻画,又有景物的描摹、环境气氛的渲染和行为动作的描写。亦幻亦实,情感真挚浓烈,读来凄切感人。赋的首句便以"嗟予生之不造兮,哀天难之匪忱"起始,使全赋笼罩在悲哀萧杀的气氛之中,为全赋定下了哀悼的悲凉基调。接下去写她的身世及努力自修、唯恐被弃的悲凄。然而"遭命奇薄",丈夫"忽以捐背"。她"口呜咽以失声兮,泪横迸而沾衣。愁烦冤其谁告兮,提孤孩于坐侧"。这里通过细节描写,将少妇新寡守灵的孤悲情绪表现的入木三分。接着通过景物的描写,以环境气氛的渲染进一步烘托她悲痛欲绝的心情:"时暧暧而向昏兮,日杳杳而西匿。雀群飞而赴楹兮,鸡登栖而敛翼。"日暮、黄昏,群鸟赴穴,家鸡进窝,而她却孤寂苦悲,只能"归空馆而自怜兮,抚衾绸以叹息"。这怎能不使她触景伤情、悲风习习呢?昔日的爱情小屋,今日的孤衾冷被,勾起她几多哀愁,几多回忆!"思缠绵以瞀乱兮,心摧伤以怆恻"、"退幽悲于堂隅兮,进独拜于床垂。耳倾想于畴昔兮,目仿佛乎平素。虽冥冥而罔睹兮,犹依依以凭附。痛存亡之殊制兮,将迁神而安厝"。面对亡夫的灵柩、遗像、遗物,她似乎听到丈夫的声音,看到他的笑容。这种潜意识的情感幻化,更使她悲不自持。这里写未曾安葬前寡妇对亡夫的眷怀。从"意忽怳以迁越兮"至"起偒悦兮恸怀",作者从各个方面,运用各种艺术手法淋漓尽致地铺写寡妇的哀伤。既有"夜漫漫以悠悠"、"目炯炯而不寝"的长夜难眠的哀伤不衰的孤独难眠,又有愿通梦于神灵的企盼;既有"甘捐生而自引"的痴情,又有"顾稚子兮未识"的母爱……细腻传神的心理描摹,悲凉沉重的气氛渲染,萧杀凄凉的景物烘托,传神写照的行动刻画,赋从各个方面、多层次、多角度地铺陈,使"寡妇"这一人物形象生动饱满,有呼之欲出之感。加之作家的感情真挚,读来凄楚动人,催人泪下。

抒情小赋发展到庾信,对于形象的刻画则较前更进了一步。他的赋不仅塑造了众多的人物形象,而且每个形象都个性鲜明、形象饱满,具有典型化。他后期的赋如《枯树赋》、《伤心赋》、《邛竹杖赋》、《竹杖赋》、《小园赋》等,无不具有生动的形象刻画。即使前期的《春赋》、《七夕赋》、《灯赋》、《镜赋》、《荡子赋》、《对烛赋》等,也无不意境完美,形象生动。例如《对烛赋》描写一位女子在征夫临行前对烛补衣的形象:"龙沙雁塞甲应寒,天山月没客衣单。"这两句不仅点出了戍卒生活的艰辛,同时也寄寓了思妇的无限思念。这是思妇的想象:那边塞荒凉寒冷,此别将天涯海角,各不相知;既不能朝夕厮守,也不能互相照顾体贴,往后的生活将孤寂而凄惨。想到此,她"灯前桁衣凝不亮,月下穿针觉最难。刺取灯花持桂烛,还却灯檠下烛盘"。一针一针在缝,并在衣物上"铸凤衔莲,图龙并眠",以表达自己的忠贞爱情、无限的思念和美好愿望。然而,她也深知这"衔莲"、"并眠"的美好愿望是无法实现的,这就愈益衬托出她心情的悲苦和沉重来。"本知雪光能映纸,复讶灯花今得钱"。当着晃动的烛光,她想起了孙康映雪读书的故事,思绪渐远,猛然间发现今夜的蜡烛长出了灯花,心中不免一阵暗暗的惊喜。然而,这只不过是一个幻觉,一个心里潜意识的意象,一个不真实的象征。眼前的寂静中正酝酿着一场生离死别的悲剧。也许就在明天的此时,她的丈夫就会战死沙场,而她则永远独守空房,蜡烛伴她默默地流泪,清凉的夜风摇动着无力的烛光,似乎在抚慰她那颗破碎的心。"晚星没,芳芜歇。还持照夜游,讵减西园月?"夜太短而又太长,她只好采取秉烛夜游的方法来藉以平静感情的波澜。作者通过细腻的心理刻画和细节描写,将这一人物形象描写得鲜明生动,呼之欲出。他前期的这些作品虽然反映社会生活的深度和广度不像后期赋那样深刻,但也并非"内容空虚,了无足观",在一定程度上仍是当时社会生活的折光反映,并具有一定的典型意义。

总之,这一时期的抒情小赋,从王粲《登楼赋》到沈约《丽人赋》、吴均《吴城赋》、萧纲《采莲赋》、萧绎《荡妇秋思赋》、陈后主《夜亭渡雁赋》等等,或以细节的刻画,或以场景的铺排,或以景物的烘托,或以气氛的渲染,或以心理的描摹,或以神情体态的模写,无不使人物形象生动,个性鲜明,惟妙惟肖,有呼之欲出之美感。这表明辞赋发展到魏晋南北朝,人物形象塑造的手法不仅更为精细、多样,而且人物形象更为个性化、典型化。这也标志着抒情小赋在艺术创造方面更为成熟。

二

　　形象生动、个性鲜明、刻画细腻、传神写照这个艺术特色，不仅表现在上述抒情赋中，即使在咏物抒情小赋中也表现得相当突出。在这类作品中，作者往往通过对动植物神情体态、生活习性、行动模样的细致刻画，以丰富的联想、大胆的夸张，将所写之物高度形象化、拟人化。不仅使赋中的草区禽族形象生动，真实可感，而且个性鲜明。在这些禽、物身上有作家自身的影子，表现了作家的思想情感和人生价值取向，体现出作家自身的审美情趣。

　　《鹦鹉赋》是祢衡在一次宴会上的即席之作。赋中首写鹦鹉的色彩性能："体金精之妙质兮，合火德之明辉。情辩慧而能言兮，才聪明以识机。"正因为鹦鹉不仅有美丽的外表，而且性慧能言，多才多艺，有高洁的志向，因而才遭到网罗。可贵的是它面对罗网"逼之不俱，抚之不惊"，毫不畏惧。在生存意识的强烈支配下，它"宁顺从以远害，不违迁以丧生"，表现出求生的欲望和对生活的眷恋。然而，一旦被罗网，则受到无数的迫害："闭以雕笼，剪其翅羽"，它不能不有"离群丧侣"、"辞家而适人"，如"贤哲之逢患，犹栖迟以羁旅"的忧患和悲哀。"眷西路而长怀，望故乡而延仁"，希冀重返故里，获得自由。它叹息命运不佳，竟遭到这样险恶黑暗的时世。然而，更使它悲痛的是"痛母子之永隔，哀伉俪之生离"，"愍众雏之无知"。于无可奈何之中，只有为主人尽力报德，才可能免于祸难。在这求生不能、求死不得的险恶处境下，它"长吟远慕，哀鸣感类"，"音声凄以激扬，容貌惨以憔悴"，备受折磨和痛楚，长怀"想昆山之高岳，思邓林之扶疏"，"心怀归而弗果，徒怨毒于一隅"。这是血泪的控诉，读之令人潸然泪下。

　　此赋形象生动地刻画了一只遭受豢养的鹦鹉形象。然而，实际上作者以鹦鹉自况，表面上是写鹦鹉，实是哀悼自己。鹦鹉的遭遇也正是作者遭遇的外化。祢衡生于汉末军阀混战的年代，为人恃才傲物，不畏强暴，好侮慢权贵，不屑与俗士为伍。建安初年到许昌，对当朝的一些名人都瞧不起，只和孔融、杨修友善。孔融深爱祢衡的才华，曾上疏给献帝，称赞他"淑质贞亮，英才卓砾。初涉艺文，升堂睹奥。目所一见，辄诵于口。耳所暂闻，不忘于心。性与道合，思若有神。弘羊潜计，安世默识，以衡准之，诚不足怪。忠果正直，志怀霜雪，见善若惊，嫉恶若仇，任座抗行，史鱼厉节，殆无以过也"①。此时祢衡仅二十四岁。曹操召见他，他假称有狂疾，不肯去。曹操怀恨在心，想借故侮辱他，他却当众侮辱曹操，最终因得罪黄祖而被杀，死时仅二十六岁。可见，赋中鹦鹉的遭遇正是作者遭遇的再现，鹦鹉的形象正是作者自身的写照。

　　此赋采用比兴寄托的手法，以物喻人，名是咏物，实乃借物写人。作者采用高度的拟人化的修辞手法，借助替鹦鹉倾诉衷怀这个题目，借物写人，达到了物我为一、主客融合的艺术境界。细腻的心理刻画，拟人的艺术手法和作者的身世之感互相交织，表现出才智之士生不逢辰、怀才不遇而又屡遭迫害的愤慨。实际上赋中的鹦鹉形象也正是整个封建社会文士不幸命运的形象概括，具有典型性。所以历代文士都能从中产生共鸣，引起同感。李白称之为"锵锵振金石，句句欲飞鸣"②，并非溢美之辞。

---

　　① ［宋］范晔著，［唐］李贤等注《后汉书》卷八十下《祢衡传》，中华书局1965年版，第2653页。

　　② ［唐］李白《李白全集·望鹦鹉洲怀祢衡》，上海古籍出版社1996年版，第193页。

无论当时或后代众多的鹦鹉赋,都未能超过此赋的艺术魅力。

如果说祢衡《鹦鹉赋》中"这个鹦鹉的形象,俨然是一个才士的形象"①,那么曹植《鹞雀赋》则塑造了凶残与善良相抗争的形象。这篇赋不但在形象中有所寄托,而且在赋的形式和手法上都有独创。赋中的鹞与雀的形象分别代表了两种社会势力。鹞欲致雀于死地,所以极力为自己寻找杀雀的借口。"三日不食,略思死鼠。今日相得,宁复置汝"!一个小小的麻雀也不放过,狰狞面目表露无遗!既欲杀人,还找借口;面目狰狞,心狠手辣,却又善于伪装,玩弄权术,这不正是阴险奸诈之人的物态表现吗?而雀在生存意识的支配下,面对凶恶的敌人顽强抗争,虽"微贱",却不畏惧,面对凶残的敌人,沉着应战,多方避害。

此赋采用象征的手法,形象地展示了雀与鹞生死搏斗的过程,将强凌弱、大欺小这一社会现象委婉曲折地展现在读者面前。为了形象地反映这一具有深刻现实意义的内容,赋抛弃了传统的堆砌铺陈手法和华丽词藻,而采用雀与鹞对话和表白相结合的文学形式,将雀与鹞的动态、神情、心理作了具体生动、形象传神的描述。如果将此赋与其《野田黄雀行》及《赠白马王彪》(其三)等诗联系起来看,就不难看出它是有感而发的。

此外,曹植的《蝙蝠赋》对那"形殊性诡,每变常式,行不由足,飞不假翼,明伏暗动,昼似鼠形……上下蹞陆,上不冯木"的蝙蝠形象的刻画;《蝉赋》对蝉的多方避害,狡童缘树捕捉的形象刻画等等,都形象鲜明,含义深隽,达到了主客融合、物我为一的艺术境界。

傅玄《斗鸡赋》展开的却是另一种场面:

---

① 胡国瑞《魏晋南北朝文学史》,上海文艺出版社 1980 年版,第 183 页。

> 扬翅因风,抚翮长鸣。猛志横逸,势凌天廷。或踯躅跼
> 蹰,或踳躞容与。或爬地俯仰,或抚翼未举。或狼顾鸱视,
> 或鸾翔凤舞。或伴背而引放,或毕命于强御。于是纷纭翕
> 赫,雷合电击。争奋身而相戟兮,竞隼鸷而雕睨。得势者凌
> 九天,失据者沦九地。

此赋穷形尽象、淋漓尽致地刻画了那雄健英猛、气度不凡的斗鸡
形象。作者抓住"志"、"势"二字,通过动作和神态的刻画,寥寥
几笔,便将好斗公鸡的形象刻画得活灵活现,入木三分。在我国
古代,斗鸡是一种赌博性的活动,无赖之徒也能以此作为取悦于
统治者而获得高官厚禄的进身阶梯。从春秋战国直到唐代,屡
见于史书和诗文之中①。魏晋时代,在上层统治阶级中,这种赌
博性活动更是愈演愈烈,"从朝至日夕,胜负尚未分。专场驱众
敌,刚捷逸等群。四坐同休赞,宾主怀悦欣。博弈非不乐,此戏
世所珍"②。对于封建统治者这种荒淫腐败行径,历代文人都有
诗文进行揭露和讽刺。然而,傅玄此赋的内涵远不止于讽刺这
种赌博活动,而是采用象征的手法,将统治阶级内部官场中狗咬
狗式的尔虞我诈、勾心斗角、互相戕害,以形象生动的文字,通过
斗鸡的场面和斗鸡形象的刻画生动形象地暴露出来。那公鸡互
相搏斗的凶残阴险的形象,那欲置对手于死地的劲头,不是官场
的再现吗?"得势者凌九天,失势者沦九地"一语,道破了官场的
升迁沉浮、变幻莫测的本质。赋中的斗鸡形象,与其《鹰赋》中的
苍鹰形象,不仅在手法表现上,而且在精神风貌上都有相似之

---

　　① 《左传》、《列子》、《汉书》、《后汉书》等都有记载。魏晋诗文中也有不少
记述。唐代李白也有"路逢斗鸡者,冠盖何辉赫"(《古风》二十四)的诗句。
　　② 应玚《斗鸡诗》,见逯钦立辑校《先秦汉魏晋南北朝诗·魏诗·卷三》,中
华书局1983年版,第384页。

处。傅玄曾在西晋做过御史中丞、司隶校尉等官职,他对上层社会中官场的丑恶行径是比较清楚的。而他为人又"性刚劲亮直,不能容人之短"①,因数次上书痛斥朝官而屡遭罢免。可见,这篇赋无疑是借物抒怀,表现作者刚正不阿、嫉恶如仇的品德。

在魏晋南北朝的咏物抒情小赋中,曹丕的《柳赋》、阮籍的《猕猴赋》、潘岳的《萤火赋》、成公绥的《螳螂赋》、郭璞的《蚍蜉赋》、鲍照的《尺蠖赋》、《舞鹤赋》、《飞蛾赋》、拓拔顺的《蝇赋》、庾信的《枯树赋》等等,都写得形象生动、个性鲜明、含义深远。作者大都善于捕捉事物最本质的特征,通过各种物象的描绘,采用各种艺术手法,从而塑造出个性鲜明、生动逼真的形象来抒发自己的情怀。而各种物象的描绘和所体现的特征,又无不暗合作者的生活经历及个性特征。这就使这些借物咏怀的抒情小赋充分达到了物我为一,即物即人的艺术境界,不仅具有很高的审美价值,而且具有丰富的、深刻的社会意义。刘熙载曾说:"无一语随人笑叹"②,其言不谬也。

(原文刊载于《西藏民族学院学报》1993 年第 2 期)

---

①　《晋书》卷四十七《傅玄传》,中华书局 1974 年版,第 1317 年页。
②　刘熙载《艺概·赋概》,上海古籍出版社 1978 年版,第 96 页。

古文化积淀的艺术再现

——论魏晋南北朝抒情小赋的用典

赋体文学发展到魏晋南北朝时期,从表现手段上来说,逐渐由体物转向抒情;而从体裁形式来看,则从魏晋开始逐渐趋向于整饬:追求句式的对称均衡,音节的和谐优美;在描写事物、抒发情感、塑造形象上,又喜事用典,逐渐向骈偶发展。到刘宋时代,抒情小赋的对偶、用典更为突出和成熟,至齐梁时代,由于汉语声韵学的发展,赋更加追求节奏感和音韵美,骈赋便日益成熟。到徐陵、庾信,则达到鼎盛。这便形成了抒情小赋的又一独特的艺术特征——用典。

一

用典是抒情小赋不同于汉大赋的又一艺术特色。但是,用典并不始于抒情小赋,而是由来已久。我们之所以说用典是抒情小赋(特别是骈体的抒情小赋)的一大特征,只是就其主要方面而言。用典作为一种文化积淀现象,自从有文化积累,就必然伴随用典的开端。刘勰指出:"昔文王繇《易》,剖判爻位。《既济》九三,远引高宗之伐;《明夷》六五,近书箕子之贞。斯略举人事,以征义者也。至若《胤征》羲和,陈《政典》之训;《盘庚》诰民,叙迟任之言:此全引成辞,以明理者也。然则明理引乎成辞,征义举乎人事,乃圣贤之鸿谟,经籍之通矩也。《大畜》之《象》,君子以多识前言往行,亦有包于文矣。"①然而,这只是一种"据事以类义,援古以证今"②的修辞手法。作者为了增强作品的说服力,引用典故,以古人古事及具有权威性的话用来作为自己的理论根据,以这种修辞手法增强其论证的说服力。

到了秦汉时代,在纯文学作品,如诗赋中,引事用典则获得了很大的发展。这不仅表现在数量的增加,更主要的在于用典方法的改变。它已不是"据事以类义、援古以证今"论据式的引用,而是将古人古事作为形象思维的材料用在作品中。如贾谊《鵩鸟赋》:"祸兮福所倚,福兮祸所伏。忧喜聚门兮,吉凶同域。彼吴强大兮,夫差以败。越栖会稽兮,句践霸世。斯游遂成兮,卒被五刑。傅说胥靡兮,乃相武丁。"这些典故,对汉代人来说应该是十分熟悉的。作者引用这些真人真事,就将"祸福无常、相因相伏"的抽象道理说明得既具体又形象,使读者通过对这些古人古事的想象,就能将这一辩证而抽象的道理在思维中具象化。这已经与单纯的引用不同,明显已超出"据事以类义、援古以证今"的范畴,而开始成为文学作品一个独特的形象塑造、表达情感的方法。

二

既然用典是一种独特的表情达意的方式,那么,从审美意义来看,用典就具有比兴、象征的性质。"比"是以"彼"物喻"此"

---

① [梁]刘勰著,范文澜注《文心雕龙·事类》,人民文学出版社1958年版,第614页。

② 同上。

物。"兴"是由"彼"及"此"。用典的"彼"与作者所要表达的"此"(思想情感)溶为一体。典故中的"彼"已非原来的客观面貌,而是经过作家的艺术构思、通过作家的取舍、渲染、润色的艺术加工,其中有了象征的意义。作者在客观的典事中,加入了自己的理解和想象成分,这就已经使客观事物的"彼"感情化了,使客体与主体相融相汇,达到主客融合、典我为一的境界。此时的用典已不是一种单纯的修辞手法,而是成为形象塑造、抒发感情、构思文章、议论叙事的一种艺术手法。范文澜先生说:"文之为用,自喻喻人而已。自喻奚贵? 贵乎达,喻人奚贵? 贵乎信。《传》曰:言以足志,文以足言,达之说也。《书》曰'圣有谟勋,明征定保',信之说也;夫以言传意,自古殆有不能吻合之患。是故譬喻众而假借繁……道古语以切今,道之属也;取古事以托喻,兴之属也;意皆相类,不必语出于我;事苟可信,不必义起乎今;引事引言,凡以达吾之思而已。若夫文之以喻人也,征于旧则易为信,举彼所知则易为从。"①从作者再现客观以表现主观的角度讲,为了细致、清晰、畅达、形象,作者往往需要采用各种艺术手法,借助欣赏者熟悉而又征信的形象,以抒怀言志。典故正好能起到这一作用,于是就被骈赋作家大量用来构建自己的作品。六朝时由于对仗声律的追求,用典也就不再是单个事件的引述或几句经典的采用,而是大量融入在整篇作品中,成为作家自己的语言,融注了作家自身的生活经历及思想情感,是作家塑造形象的主要手段。

首先,我们看江淹的《恨赋》,作者能以各种不同的典故来铺写一种普泛的情感,通过这种普泛感情的抒写,从而提升到特殊

---

①　范文澜《文心雕龙注》"事类"条札记,人民文学出版社1958年版,第617页。

性情感的表达,做到由特殊到一般的创造概括,进一步使赋达到典型化的高度。

江淹生活在动乱的南朝,他的家原在济阳考城(今河南兰考),随着西晋的灭亡流寓江南。他的父亲康之虽也做过县令,但不幸早逝,使他"少孤贫",成为"蓬门桑枢之民,布衣韦带之士"。以至于十三岁时,就不得不"常采薪以养母"。他最初出仕刘宋,虽颇有才学,"少以文章显"①,却并未受到重视,反而受人牵连下狱,蒙受不白之冤,以后又屡被贬官。贫贱的生活,辛酸的经历,使他对"恨"、"别"这种情感有极为深刻的体验。他怀着一颗受欺凌的心,细细品尝人生的况味,如何将这种体验、这种情愫抒写出来?如何使这种情感既写得深刻含蓄又形象生动,于是他想到了典故。一开篇作者就以典故的铺陈创造出一种悲凉的"恨"的情感氛围:"试望平原,蔓草萦骨,拱木敛魂。人生到此,天道宁论。"这里作者化用了《诗经》、《左传》、《古诗》等典故,铺陈宇宙洪荒、江河万古,而人如草木,过时而凋的永"恨"。这里"平原"、"蔓草"的荒凉意境,"萦骨"、"拱木"、"敛魂"的情感氛围,已为全文定下了一个"恨"、"悲"的感情基调。接下作者连用了六个真实具体的历史故实;秦皇英姿,百代豪杰,然而"一旦魂断,宫车晚出"。赵王张敖,显赫一时,然而一旦被掳,成为阶下囚。"薄暮心动,昧旦神兴。别艳姬与美女,丧金舆及玉乘。置酒欲饮,悲来填膺。千秋万代,为怨难胜"。李陵兵败,身冤名辱,"吊影惭魂,情往上郡,心留雁门",抒发了人生如露、朝生夕灭的感叹。昭君出塞,请嫁匈奴,离邦万里,感慨万端。"望君王兮何期?终芜绝兮异域"。冯衍怀瑾握瑜,才冠当世,然而时舛命乖,不遇明主,一世之杰,终落得"赍志没地,长怀无已"。嵇中

---

① 《梁书》卷十四《江淹传》,中华书局1973年版,第251页。

散才盖当世,志德无伦,然而却被株连下狱,"郁青霞之奇意,人修夜之不旸"。以下还有孤臣孽子、流成迁客之"恨"。但前面六个典故所构成的铺陈是主体部分,作者选用了历史上的帝王将相、美人才士的遭遇及荣辱变迁来铺写"恨"的普泛性。从上层到下层、从宫廷到民间,无贵无贱、无贤无愚,皆不免以"恨"终身。这实际上已完成了从个别到一般、由特性到共性、由形象到抽象的概括提炼,具有广泛而普遍的意义,从而使这种情感的铺陈和渲染达到典型化。不仅使这种抽象的、难以捉摸的"恨"情达到"物化"、具象化,读来生动形象,而且使赋对这种情感的论述具有说服力。

从作者的构思来看,此赋无论感情氛围的刻画,还是末尾的悲歌抒发,作者不仅善于借典抒情,更长于借典描绘景物,对感情的抒发起烘托、渲染作用。在借历史的故事抒情中,又能典中套典,将这些本就富于感伤色彩的典故,纳入"恨"的情感之中加工剪辑,使这些典故更充满了作者主观感情的色彩,成为作家表现主观感情的语言符号。如对王昭君典故的运用,只用其故事梗概,而将"紫台稍远,关山无极。摇风日起,白日西匿。陇雁少飞,代云寡色"的景物描写,却不厌其烦。这些为表达感情而设置的艺术氛围的描写,并不一定史有其事。《汉书·匈奴传》、《后汉书·匈奴传》等史书对昭君出塞事只有简略交代,《世说新语》、《西京杂记》、《琴操》等稗官小说野史,虽在细节上互有增删,然并无细腻的分别场景的记述、描绘。可见,典故的运用完全服从于作家的艺术构思。江淹正是抓住最能扣人心弦的离别那一场景中的景物渲染,进一步巧妙地衬托"恨"的情感主题。

出于同一作家笔下的《别赋》,在用典上却与《恨赋》不完全相同。此赋主要描写七种类型的离别,用的典故不像《恨赋》那样是完全叙述加工历史上数个同一类型的典故。如写富贵者之别：

> 至若龙马银鞍，朱轩绣轴。帐饮东都，送客金谷。琴羽
> 张兮箫鼓陈，燕赵歌兮伤美人。珠与玉兮艳暮秋，罗与绮兮
> 娇上春。惊驷马之仰秣，耸渊鱼之赤鳞。造分手而衔涕，感
> 寂寞而伤神。

这一段引用了四个典故："帐饮东都"用的是疏广、疏受叔侄
功成身退，告老还乡时公卿大夫"供张东都门外，送者车数百
辆"①的典故。"送客金谷"，用的是晋代石崇的典故②。这两句
八字交代离别者的身份。"琴羽张兮箫鼓陈"四句，着重描绘了
送别的情景，生动地再现了富贵者之别的特点：琴羽、箫鼓、燕
歌、赵舞、美人、佳酒、珠玉、罗绮。这些物象的铺陈又使别情取
得了"惊驷马之仰秣，耸渊鱼之赤鳞"的效果。据《韩诗外传》载，
淳于髡说，古代的瓠巴弹瑟使潜伏在深渊中的鱼出水来听，伯牙
弹琴使正在进食的马也仰起头欣赏。显然，伯牙和瓠巴的典故，
原并无送别之意，只是说明此二人弹奏琴瑟技艺的高妙，而这里
用以写送别时的美女歌声之感人。这种典故的运用，已超出典
故原来本身的含义，而获得了新的含义。这表明：典故的运用已
不只是一种简单的引用，而是"指事欲其曲以尽，述意欲其深以
婉。泽以比兴，则词不迫切；资以故实，故言为典章也"③成为一
种形象塑造的方法。它不仅使赋形象生动，而且增强了赋的艺

---

① 班固《汉书·疏广传》，中华书局出版社 1962 年版，第 3040 页。
② 金谷，又称金谷涧，在洛阳西北。西晋石崇曾在此设有别墅，也称金谷
园。元康六年(296)石崇曾与众多官僚于金谷园为征西将军、祭酒王诩回长安饯
别，详见石崇《金谷诗序》。
③ ［清］李兆洛选辑《骈体文钞》之"目录"、"序"，上海书店 1988 年版，第
14 页。

术感染力,加大了赋的蕴含。

抒情小赋用典的另一种情况是,作者以不同类型的典故铺陈来表达自己某一特殊的情感。随着叙事议论的不断展开,感情层次的不断递进,作者采用各种不同的典故来铺陈。如庾信的《小园赋》开头一段:

> 若夫一枝之上,巢父得安巢之所;一壶之中,壶公有容身之地。况乎管宁藜床,虽穿而可坐;嵇康锻灶,既暖而堪眠。岂必连闼洞房,南阳樊重之第;绿墀青琐,西汉王根之宅。余有数亩敝庐,寂寞人外,聊以拟伏腊,聊以避风霜。虽复晏婴近市,不求朝夕之利;潘岳面城,且适闲居之乐。况乃黄鹤戒露,非有意于轮轩;爰居避风,本无情于钟鼓。陆机则兄弟同居,韩康则舅甥不别。蜗角蚊睫,又足相容者也。

整段文字几乎全由典故铺写而成。"若夫一枝"四句,分别用《庄子》中的鹪鹩、《琴操》中的巢父、《神仙传》中的壶公三典。"言一枝一巢,犹可栖迟游息。己本长安羁旅之人,结庐容身而已,不必有高堂邃宇也"①。"管宁"以下八句,分别用《高士传》所载之管宁、《文士传》所载之嵇康、《后汉书》所载之樊重、《汉书》所载之王根的典故,表明自己并不希望像樊重、王根那样住宅豪华,而愿意像管宁、嵇康那样安于穷居陋室。"晏婴近市"二句,反用晏婴典故意。"潘岳面城"二句,也反用潘岳作《闲居赋》之典故意,表白自己敝庐虽近市,但不求朝夕之利,面城而居,却

---

① ［清］许梿评选,黎经浩笺注《六朝文絜笺注》,中华书局1962年版,第26页。

心情闲适,不像潘岳那样牢骚满腹。"黄鹤戒路"四句,分别用《左传》卫懿公好鹤和《国语·鲁语》中的典故,强调自己被留北周,仕宦做官,并非出于自愿而是被迫,抒发愤懑之情。最后四句,以陆机兄弟和韩康伯的典故,说明自己并不求安居,而像"蜗角蚊睫"那样,可任其狭小。整段典故的铺陈随着作者情绪的变化、志趣的递进而展开。这里典故的运用,既有正用,又有反用;既有分用,又有合用。正用可以起到直接阐明事理的作用,反用则有衬托、对比之妙,如上举晏婴和潘岳二典。再如"让东海之宾,遂餐周粟",伯夷、叔齐不食周粟,饿死首阳山。庾信自知不能与之并列,故反用此典,正是为了反衬出他的期望和尴尬处境。至于合用,如上文所举"黄鹤戒露"与"爱居避风"两个典故。合用之妙在于疏缓语言节奏,曲尽事理。庾信学识渊博,博览群书,因而他运用典故自然是得心应手,左右逢源。

无论正用、反用,分用、合用,或以虚为实之用(如《伤心赋》中的"风无少女,草不宜男","少女"、"宜男"本是风和萱草的代称,庾信用此却实悼刚刚死去的两个孩子)、或虚实连用(如"班超死而望返,温序死而思归"等等)。凡此种种,无不随势开合,不仅使用典避免单调呆板,而且也为典故更准确地表达作者的思想感情提供了较大的自由天地。钱钟书先生在《管锥编》第四卷中说:"乍读只觉其语不犹人,一翻常案耳。"本段作者所用的典故如"一枝"、"一壶"、"可坐"、"堪眠"、"蜗角蚊睫"不仅构成了一定的意象,而且牢牢地扣住了题目"小园"中的"小"。作者正是用这些不同的典故,抒发自己的"屈仕魏周,愿为隐居而不可得也"[①]的思想感情。

---

① [清]许梿评选,黎经浩笺注《六朝文絜笺注》,中华书局 1962 年版,第25 页。

从以上江淹的《恨赋》、《别赋》到庾信的《小园赋》可以看出，骈体的抒情小赋对于典故运用和铺陈的发展轨迹：江淹的典故铺陈，还只是对于同一类典故的铺陈。这种典故的内涵，与作者所要表达的思想感情基本上是一致的，如《恨赋》主要是铺陈有关"恨"的情感典故。《别赋》则主要铺陈表达离情别恨的典故。而庾信的赋，已不只是铺陈同类典故，而且能以不同类型的典故铺陈，表现作家的思想情感。在他的笔下，典故不仅是构造形象的体系，而且能赋予典故以新的意蕴。典故所表现的是超越典故自身的蕴涵，也就是刘勰所说的："义主文外，秘响旁通，伏采潜发。"①作者在真实的情感驱使下，将典故变成自己的语言，"凡用旧合机，不啻自其口出"。"用人若己，古来无懵"②，不仅避免了艰涩深奥，而且新鲜生动，形象逼真。典故的运用已完全成为表情达意、塑造形象的一种手段。

从文学发展演变史的角度来讲，骈赋、特别是优秀的骈体赋的出现，无疑将文学的发展推向了一个新的高度，它不仅表现了"文的自觉"的开始，而且使文学的发展与审美价值密切地结合了起来，如庾信的赋，正如张惠言在《七十家赋钞·序》中所说："逐物而不返，骇荡而驳舛。俗者之囿，而古是抗，其言滑滑，而不肯于深奥，则庾信之为也。其规步薶骤，则扬雄、班固所引衔而控辔。惜乎拘于时而不能聘。然而其志达，其思哀，其体之变则穷矣。"其《哀江南赋》自不必说是骈体抒情赋中具有划时代意义的杰作，具有史诗的规模和气魄，是赋史上的令人永远景仰的丰碑。即使他的前期赋作，在艺术技巧上也多创新。"庾信《春

---

① 　[梁]刘勰著，范文澜注《文心雕龙·隐秀》，人民文学出版社1958年版，第632页。

② 　[梁]刘勰著，范文澜注《文心雕龙·事类》，人民文学出版社1958年版，第616、617页。

赋》,间多诗语,赋体始大变矣"①。南北朝的骈体抒情小赋,不但开唐初以诗语入赋的先声,而且对唐代的律诗、律赋的发展产生了极为深远的影响。范文澜先生曾说:"南朝人习惯上称有韵文为文,无韵文为笔。经颜延之等人的提倡,文笔都要用事和对偶。这在古体文笔(魏晋以前)向今体文笔(唐朝的律诗、律赋、四六)转化过程中是一个关节。介于古体和今体(律体)之间的俳(对偶)体在这时期形成了"。"到了梁朝,由于沈约一派的文人提倡声律、用事、对偶以外,再加上声律这个重要因素,因此,诗和其他文笔形体上都由俳体逐渐向律体变化"②。范文澜先生的这一观点是极为准确的。

<h1 style="text-align:center">三</h1>

对于魏晋南北朝骈体抒情小赋的用典,自刘勰、钟嵘以降,文学史上一直有争论:钟嵘持否定态度,刘勰则持肯定态度。《文心雕龙》中专设《事类》一篇,认为"文章由学,能在天资。才自内发,学以外成"。"是以属意立文,心与笔谋,才为盟主,学为辅佐。主佐合德,文采必霸"。刘勰一方面大力赞成抒写性灵,另一方面又不轻视各种语言手段。这比起钟嵘在一定程度上将抒写性灵同用典对立起来的看法要高明一筹。蒋湘南《与田淑子论古文第二书》又持贬斥态度,他说:"魏晋以后,文弊而成骈体。徐、庾虽工,岂足当班、蔡之舆台?"而更多的批评家则能够从不同的角度,以其慧眼卓识看到骈体抒情赋的成就。程杲赞扬徐、庾之赋为六朝之冠:"四六盛于六朝,庾、徐推为首出。其

---

① [明]谢榛著,宛平校点《四溟诗话》,人民文学出版社1961年版,第44页。

② 范文澜《中国通史》第二册,人民出版社1978年版,第523页。

时法律尚疏,精华待深。譬诸汉京之文,盛唐之诗,元气弥沦,有非后世所能造其域者。"①清人蒋士铨在其《评选四六法海·总论》中更是推崇庾信骈赋:"唐四六毕竟滞而不逸,丽而不遒。徐孝穆逸而不遒,庾子山遒逸兼之,所以独有千古。"

魏晋六朝骈体抒情赋之所以大量使事用典,这不仅与六朝"矜言数典,以富博见长"的社会风气有关,同时正如上文所说,这也是一个文化积淀的艺术现象。

在汉大赋中,赋家就有夸富炫博、以大为美、以多取胜的特质。这固然表现出人们对于自然界及社会探索、了解的强烈欲望,但是,在汉代谶纬神学思潮的统治下,人们的思想还不能达到解放的程度,个体还淹没在群体意识之中,加之文学还与其他学科相互混杂,并未取得独立的地位。到了魏晋之后,随着"人的觉醒",人们对于真实的历史、地理以及各种自然科学知识的探索进一步加强,各种学术思潮得到很大的发展。这就导致了人们对于文化积累的特别关心,从而产生了聚书的风气。如南北朝时,王僧孺"好坟籍,聚书至万余卷,率多异本"②。任昉"家虽贫,聚书至万余卷。率多异本"③。崔慰祖"聚书至万卷"④。陆澄有"书万余卷"。沈约"好坟籍,聚书至二万卷,京师莫比"⑤。昭明太子"引纳才学之士,赏爱无倦。……于时东宫有书凡三万卷。名才并集,文学之盛,晋宋以来未之有也"⑥。梁

---

① 《四六丛话序》,见孙梅《四六丛话·卷首·原叙二》,人民文学出版社2010年版,第2页。
② 《南史》卷五十九,中华书局1975年版,第1462页。
③ 《梁书》卷十四,中华书局1973年版,第255页。
④ 《南史》卷七十二,中华书局1975年版,第1772页。
⑤ 《梁书》卷十三,中华书局1973年版,第242页。
⑥ 《梁书》卷八,中华书局1973年版,第167页。

人阮孝绪撰著《七录》，"总其书数，三万余卷"①。伴随这种聚书风气而来的，自然是诗文酒会上的"矜言数典，以富博见长"的社会风气的炽盛②。这种争竞使典风气的盛行，必然长久地会反映到以铺陈为特征、以追求"富博"为传统惯性的辞赋创作之中，从而形成"多用新事，人所未见者，时重其富博"③的创作风尚。刘师培说："自宋代颜延之以下，侈用言事。学者浸以成俗。齐梁之际，任昉用事，尤多慕者，转为穿凿……因是各体文章，亦以用事为贵。"④

从文化人类学的角度来看，人类文明的整个进程，就是古代文化的不断积淀、加深、革新、发展的过程。包括审美情趣在内的民族文化心理结构，正是在这种积累、加深、革新、发展的过程中形成和不断向前发展的。骈体抒情赋的隶事用典、讲求声韵美、追求对仗之形式美，都是这种文化积累的表现。既然整个人类文明发展的过程，实际上是一个文化不断积淀和发展的过程，那么，在这一积累过程中就存在主体人和客体文化的矛盾对立。文学的发展正是在这种主客体即文化和人的相互斗争和统一中向前发展的。诗、文的产生和发展本身就是文化不断积累的过程。发抒情性又是人性不断自觉和人的高度文明化的表现。人类经过了漫长的岁月，方才达到了主体意识的觉醒、自觉地要求抒发情性的地步。而每一个时代进程中，人们抒发情性的方式以及抒发的深度和广度，都受着一定文化社会背景的制约和影响，都是为特定阶段的文化积淀所历史地规定了的。事实上，包

①　[唐]魏徵《隋书·牛弘传》，中华书局1973年版，第1299页。
②　在《南史·王谌传附摛传》、《南史·刘怀珍传附峻传》、《南史·刘显传》、《梁书·徐摛传》、《沈约传》、《南齐书·萧子良传》等史籍中，都有关于这方面的记载。
③　《南史》卷五十九《王僧儒传》，中华书局1975年版，第1462页。
④　刘师培《中国中古文学史讲义》，人民文学出版社1957年版，第90页。

括主体意识的"情性"在内的人类本身,也是一种文化的积淀物。不同文化的积淀,构成不同内质的人。从宏观角度来观察,文化的累积实际上是全人类的一种文化积淀和共同进步。它可以超越时代,跨越地域,具有超时代、超地域性。它是一种比阶级性、民族性、地域性远为深广的概念。

当然,一方面作为主体的人是文化积淀的产物,是文化积聚的载体,另一方面,文化的积累又表现为人身之外的一种客体的存在,如书籍、生产工具、历史知识、地域常识等等,和文化积淀的具体形式表现,如诗文体裁、格律、典故等等。因此,文化积淀是一个既表现于主体、又反映在客体的十分复杂的文化现象。因而,要吸取并在自己的诗文中具有创造性地运用这一文化积淀的成果,如运用典故,并非轻而易举之事,而需要一个逐步摸索和不断丰富完善的过程。从魏晋以前的"据事以类义、援古以证今",到魏晋之后的自觉运用典故进行形象塑造和抒情写志,即明显可以看出这种艰难的探索和不断完善的演变轨迹。骈体抒情小赋运用典故,既要追求语言形式的完美,又要淋漓尽致地准确表达作者的思想感情。而典故又非是单个的纯语言符号,它既有一定的凝固形式,又有其特定的内涵,这就为作家的抒写情性带来了一定的困难。然而,每一个民族的文学总在某一个或几个历史阶段上,必然要经历比较集中追求掌握表现形式的阶段。在这种追求中,既会付出艰辛的代价,也就会有一定的收获、总结并获得新的感知。文学正是在这种探索中向前发展的。因而,我们对于骈体抒情赋中运用典故、追求音韵美和形式美的探索,从人类文化积累方面,应该给予足够的重视和评价。其实,正如语言的表达反过来会帮助思维的深化一样,文化的积淀,表达手段的多种多样,也是有助于情性的抒发的。文学应该是"质"与"文"的统一,更应将抒写情性与追求形式完美结合起来。要知道,情性抒发的深化及其表现的精致完美,是离不开文化的积淀的。使事用典作为文化积淀在文学表现手法上的一种反映,自有其加强和深化民族文学抒写情性的作用。正是在这点上,骈体的抒情小赋对唐代律诗、律赋等文学的发展,做出了重大的贡献,在我国文学发展史上,应该占有重要的地位,切不可以形式主义而一概抹杀之。

(原文刊载于《运城高专学报》1992年第1期)

论魏晋南北朝抒情小赋的内在结构

赋体文学发展到魏晋南北朝,其题材内容进一步扩大。原来在汉大赋中只起点缀作用的那些小事物,如雪、月、修竹、梅花、冬草、鹦鹉、鹡鸰等,却成为抒情小赋所专门赋吟的对象,被精雕细琢,并能写出这些小事物的神韵来。与之相应,赋在结构形式上进一步灵活多样,富于变化,打破了汉大赋千篇一律、因袭模拟的程式,而向多样化、精巧化、小品化发展。句式上则进一步向诗歌化、凝炼化迈进,属对精工,音韵和美,善于变化。随着结构、句式的发展,赋的语言进一步形象化、精炼化、通俗化,赋家大都注意语言的提炼,但又不过于雕琢,形成清新、明快的语言风格。

一

汉大赋的结构特点一般是三段论式,即赋一般由三部分组成:前面有一段文字,以设为问答的形式开篇,即所谓"述客主以首引",亦"履端于唱序"①,有"首引情本"的作用,是为"序"。中

---

① 刘勰著,范文澜注《文心雕龙·诠赋》,人民文学出版社 1958 年版,第 135 页。

间的大段铺陈为正文,最后是结尾部分,即"归馀于总乱"①,点明作品主旨。抒情小赋则打破了汉大赋这种三段式的结构,更为丰富多姿、灵活多样。

抒情小赋中有一类继承了辞赋传统中的问答体形式,但这类赋的问答已与汉大赋不同,无夸富赛博之习,而是以问答的形式推进情节的发展、事件的描述,更好地铺陈事物的特征,表现其个性,从而表达作者的思想感情。如《鹞雀赋》以雀鹞对话的寓言形式,通过雀与鹞的对话表白,生动形象地展示了二者生死搏斗的全过程,将强凌弱、大欺小这一社会现象借鹞雀的对话委婉曲折地予以揭露。这里的对话并没有夸富赛博、彼此压倒的习气,而全是个性化的语言。作者正是借这种寓言式的对话,塑造了凶残与善良抗争的形象,反映了具有深刻意义的社会内容,取得了内容与形式的高度和谐统一。

此外,仲长敖《核性赋》、左思《白发赋》、张敏《头责子羽文》、庾信《竹杖赋》等,都是以问答对话的形式构思全篇的。《竹杖赋》假托桓温平定荆州,有一个名士楚丘先生去见他,他把一条精美的竹手杖送给楚丘先生,以便"养老"、"扶危",表示对楚丘先生的尊重。而楚丘先生认为国家统治者不知他的忧虑,这条手杖不能助他养病,于是他叙忧病之由来说:

> 若乃世变市朝,年移陵谷。猿吟鹰厉,风霜惨黩。楚汉争衡,袁曹竞逐。兽食无草,禽巢无木。于时无惧而憟,不寒而战。胡马哀吟,羌笳凄喷。亲友离绝,妻孥流转……是以忧干扶疏,悲条郁结。宿昔傲丑,俄然耄耋。

---

① 刘勰著,范文澜注《文心雕龙·诠赋》,人民文学出版社 1958 年版,第135 页。

此赋表面看来似咏物赋,篇中也将有关竹杖的许多典故组织在一起,但实际上则是借宣武以竹杖相赐来暗示西魏对他虽然很优礼,不过是将他这个"名父之子"当作无用的老人一样养起来,而不了解他的忧病衰老乃因人世巨变、战乱流离、国亡家破、百姓憔悴所致。"兽食无草,禽巢无木"、"亲友离绝,妻孥流转"既是西魏破江陵时真实情况的描绘,也是对西魏统治者的讽刺,表现了庾信在经过梁亡的惨痛经历之后,对人民命运的关注。在构思上,作者假借寓言的形式,把咏物、抒情、讽喻三者巧妙地融为一体。这与汉大赋的客主问答截然不同。不落窠臼,很有独创性。

魏晋南北朝的抒情赋,大部分则摒弃了汉大赋的客主问答形式,在结构形式上更趋于灵活多样,构思更为精妙。

鲍照《芜城赋》,作者以对比的写法,通过广陵城昔日盛况与今日衰象的极力夸张的对比铺写,显示出这个都城命运的剧烈变化,抒发了兴亡替废的感叹。它指斥现实昏乱的意义是十分深刻的。它不仅是广陵城及其统治者的命运写照,而且概括了历来所有统治者的生活命运。他们生前极力经营,尽情享乐,但终不免尽成空门,荒芜凄惨,徒留后人凭吊而已! 全赋通篇俪句,却毫无堆砌之弊。适应着铺写的内容和文章气势,以长短不齐、参差错落的句法,并适当冠以虚词,使文章的气势时而紧张,时而舒徐,不仅气势变化多端,而且音调亦随之具有缓急错徐之美。文辞"驱迈苍凉","惊心动魄",语言奇警有力,形象鲜明生动。千古以来,被誉为"赋家之绝境",从而表现出赋家艺术构思之独到精妙。

再看同是写飞蛾的两篇赋,它们的构思却明显具有各自的特点。

傅亮《感物赋》是作者"内怀忧惧,直宿禁中,睹夜蛾赴烛",

遂作此赋"以寄意"。赋由眼前的景物兴感,分两层叙说。第一层由禁中秋夜的凄清而驰骋"遐念",联想到古代圣贤的遗训和治乱的历史教训,从而引出"岂夷阻之在远,将全丧之由躬"的感慨,暗切时事,抒发其对宋朝前途的忧虑。第二层由飞蛾扑火起兴,以抒发其知危而难退的忧惧:

> 彼人道之为贵,参二仪而比灵。禀清旷以授气,修缘督而为经。照安危于心术,镜纤兆于未形。有绚末而舍本,或耽欲而忘生。碎随侯于微爵,捐所重而要轻。矧昆虫之所昧,在智士其犹婴!悟雕陵于庄氏,几鉴浊而迷清。仰前修之懿轨,知吾迹之未并。虽宋元之外占,曷在予之克明。岂知及之徒尔,嗒投翰以增情。

这里将贪恋爵禄比作飞蛾投火,并化用《论语》"知及之,仁不能守之"的语意,慨叹自己虽然看到了这一点却不能抽身。这就在客观上写出了无数处于乱世的封建士大夫的共同悲剧。他们虽然能够看出前途的危殆,但却没有勇气从名缰利锁中挣脱出来,最后终于像飞蛾一样扑向死亡。此赋产生于晋宋之际,是具有典型性的。傅亮本人的结局正与其赋中之飞蛾同。

傅亮以飞蛾扑火为戒,而鲍照《飞蛾赋》却正好与傅亮的立意相反。赋文如下:

> 仙鼠伺暗,飞蛾候明。均灵舛化,诡欲齐生。观齐生而欲诡,各会住以凭方。凌燋烟之浮景,赴煦焰之明光。拔身幽草下,毕命在此堂。本轻死以邀得,虽糜烂其何伤?岂学南山之文豹,避云雾而岩藏。

这表明了作者"本轻死以邀得,虽糜烂其何伤"的奋不顾身的进取精神。在构思上,作者反支昙谛的《赴火蛾赋》和傅亮《感物赋》之"飞蛾赴火,自取灭亡"之用意,借飞蛾喻志士仁人对光明至死不渝的向往与追求。表现作者对腐朽现实的不满和"敢于面对现实的昂扬的精神状态"①。在文章布局上,作者笔力所在并非"写物图貌",而是着力写出飞蛾的精神面貌和献身精神,从而使其形象生动、个性鲜明。

二

魏晋南北朝抒情小赋的句式特征,基本上是四六句式,这与汉赋明显不同。正如刘师培所说:"若贾生作论,史迁报书,刘向、匡衡之献疏,虽记事记言,昭书简册,不欲操觚率尔。或加润饰之功,然大抵皆单行之语,不杂骈丽之词。东京以降,论辩诸作,往往以单行之语,运排偶之词,而奇偶相生,致文体迥殊于西汉。建安之世,七子继兴,偶有撰著,悉以排偶易单行。"②四六的对偶句式,虽然在东汉末年的辞赋中已经出现,但这正如骈偶中有散句一样,只不过是中间偶尔夹杂少数对偶句,但就整个倾向来看,毕竟是散行多、偶句少。但到了魏晋,四六句则成为小赋句式的主流。而且属对愈来愈工,不但讲究形式结构整饬,而且追求音韵和美,如《洛神赋》之一段:

其形也:翩若惊鸿,　　　　荣曜秋菊,
婉若游龙。　　　　　　　华茂春松。

①　钱仲联《鲍参军集注·前言》,上海古籍出版社1980年版,第6页。
②　刘师培《中国中古文学史论文杂记·之九》,人民文学出版社1959年版,第116页。

仿佛兮若轻云之蔽月，

飘摇兮若流风之回雪。

远而望之，皎若太阳升朝霞；

迫而察之，灼若芙蕖出渌波。

秾纤得衷，　　肩若削成，　　延颈秀项，

修短合度。　　腰若约素。　　皓质逞露。

芳泽无加，　　　　　云髻峨峨，

铅华弗御。　　　　　修眉联娟。

全赋基本上以此对法而成。但基本上都是单对，很少隔对。南朝颜延之、谢灵运、谢庄、鲍照、江淹等人的赋，属对更为精工，形式更加整饬。但这些赋大多也是单对，很少用隔句对。至庾信赋，隔对渐多。如

寄根江南，渺渺幽潭。

傅节大夏，悠悠广野。　　　　　(《竹杖赋》)

这是四字隔对。

连囹洞房，南阳樊重之第。

绿墀青琐，西汉王根之宅。

晏婴近市，不求朝夕之利。

潘岳面城，且适闲居之乐。

黄鹤戒露，非有意于轮轩。

爰居避风，本无情于钟鼓。　　　　　(《小园赋》)

此四、六字隔对。

赋中的四六句式，从审美的角度来看，它对称均衡，排列整齐，显示出一种形式美、建筑美；它音节齐整、韵律和谐，表现出一种音韵美。从赋体文学的内部机制来看，四六句式与对仗、用

典、声韵及赋的本质特点——铺陈有关①。四六句式无疑便于音韵的对仗。散体赋是单行，并不追求对偶，所以它的句子可长可短，句子的字数可以灵活变化。而骈赋多偶句，追求语言形式的对偶，这就促进了四六句式的大量运用。同时，从上引《小园赋》"黄鹤戒露"一联对偶句可以看出，句式的对偶便于引事用典。反过来说，骈赋为了塑造形象，含蓄委婉地表达作者的主观感情，便在内容上大量用典。而内容的用典又要求赋的形式在句式上以四六对偶句式出现。一个四六句式可表达一个典故；二句对偶的四六句式，可以两个典故塑造一个完整的意象，表达作者思想感情之一方面。因此句式的对偶便有利于内容的用典，也便于作者思想感情的表达。此外，赋的生命本质即在于铺陈。为了将事物铺陈开来，对事物作淋漓尽致、生动形象的描绘，这就要求一连串的排比，从多方面、多角度、多层次予以全面的表述。在散体赋中，赋的铺陈特点是排比铺陈，而骈体赋的铺陈特点是多联排比的铺陈。而骈赋铺陈的对象又多为典故，典故的表述以对偶句为佳。所以，适应骈赋铺陈特征的需要，骈赋中便大量运用四六的对偶句式，形成多联排比的铺陈特征。如《别赋》便是以多联排比的四六对偶句式，多组典故所构成的意象的铺陈来表现离愁别恨的情感。

抒情小赋的句式特征以四六对偶句式为主，但这并不排除散句的运用。四六对偶句式虽然所呈现的形式给人一种意态和感觉的平衡、一种磅礴的气势，是对称美、均衡美、建筑美，然而如果通篇全用四六对偶句式，也会呆板、单调、甚至臃肿，造成文气不能畅通。况且有某些内容只用四六对偶句式是无法表达

———————

　　①　参看《西藏民族学院学报》1991年4期的《论魏晋南北朝抒情小赋的铺陈特征》，《运城高专学报》1992年1期的《古文化积淀的艺术再现——论魏晋南北朝抒情小赋的用典》。

的。所以应根据内容特点,该散则散,该偶则偶,做到骈散结合、奇偶相生。既对称均衡,整齐优美;又参差错落、富于变化,灵活自如,这也是一种美。当然,更为主要的是四六对偶句式不便于叙事。所以,骈赋在下列情况下应该用散句:或表现激荡不平的感情,或要描写一种突然转换的情节,或要叙述事情的首尾,或是另辟蹊径的叙述,或收笼综述的结尾。而对偶句可用在主要集中铺陈事物特征,系统论述道理,具体描绘形象,充分抒发感情,重点体现气势。

骈散结合、奇偶相生是一种比较理想的表述方式。六朝骈赋虽然多用四六句式,但散句也起着重要的作用。孙德谦在《六朝丽指》中指出:"骈体之中,使无散行,则其气不能疏逸,而叙事亦不清晰……推之别种文体,亦应骈中有散也。偿一篇之内始终无散行处,是后世书启,不足与言骈文矣。"王瑶也曾指出:"若一篇文字完全是排偶的话,也会显得单调和没有归宿。后来四六律赋的纤巧俳弱,就是因为形式凝固了的原因。"①六朝骈体抒情赋在句式上区别于汉大赋,在于四六对偶日趋工整;而卓绝于唐律赋者,则在于散行的灵活运用。以《雪赋》、《月赋》为例,此二赋皆设喻古人,有叙事成分。叙事一般宜用散句不宜用对偶。但《雪赋》起首却在叙事时也竭力试图用对偶句:"岁将暮,时既昏;寒风积,愁云繁。"但叙事总不能用对偶句式,所以它也不得不用散句:"梁王不悦,游于菟园。""授简于司马大夫,曰:'侔色揣称,为寡人赋之'"等散句。《月赋》有:"陈王初丧应、刘,端忧多暇。""仲宣跪而称曰……"这些叙事的散句使全赋的连接自然,不显斧凿痕迹。

---

① 王瑶《中古文学史论集》,上海古典文学出版社 1956 年版,第 159 页。

江淹的《恨赋》、《别赋》"诗骚之意居多"①而又"音制一变"②,在体制上革新颇多,其中重要的一点便是散句增多。《恨赋》共八十九句,就有十八处用散句,共四十八句之多,占全赋之百分之五十五以上。《别赋》有十一处用散句,共达二十二句之多。这些散句多用在开头,一般是引出一个历史故事,引起下文的铺陈。这就拓展了骈赋的表现领域,扩大了赋的表现力,使赋有了自由驰骋、任意纵横的天地。此外,散句也有用在段中的,如《别赋》中的"掩金觞而谁御,横玉柱而霑轼。居人愁卧,恍若有亡"、"君结绶兮千里,惜瑶草之徒劳"等等。中间的散句使得一段之中,句子轻松,语气舒畅,过渡自然。

庾信的抒情赋达到骈赋的最高境界。程杲在《四六丛话·序》中说:"四六盛于六朝,庾、徐推为首出。其时法律尚疏,精华特深。譬诸汉京之文,盛唐之诗,元气溟沦,有非后世所能造其域者。"蒋士铨在《四六法海·序》中也说:"唐四六毕竟滞而不逸,丽而不道。徐孝穆逸而不道,庾子山道逸兼之,所以独有千古。"所以道逸兼之者,盖由其奇偶相生、骈散结合之句式形成之形式工整、音韵和谐而又错落有致、气韵流动所致也。

三

赋发展到魏晋南北朝,与其抒情化、小品化相联系,大量的五、七言诗句出现在小赋之中,表现出赋向诗的方面倾斜的趋势。

五言诗句入赋,从魏已肇其端。嵇康《琴赋》有五字句者八,

---

①　[明]张浦辑,殷孟伦注《汉魏六朝百三家集题辞》,人民文学出版社 1960年版,第 218 页。
②　同上。

但这还很难说是诗句。到谢庄《月赋》有"佳期可以还,微霜沾人衣"之句;鲍照《芜城赋》有"通池既已夷,峻隅又已颓。直视千里外,唯见起黄尘"四句,便逐渐向诗句靠拢。梁以后便日渐增多,简文帝《对烛赋》有八句;《筝赋》有六句,其数日益增加。至陈后主《夜亭渡雁赋》便有十一句之多。徐陵、庾信等人赋中的五字句更多,而且更趋诗化。如"建章三月火,黄河千里槎"①、"陇水恒冰合,关山唯月明"、"手巾还欲燥,愁眉即剩开。逆想行人至,迎前含笑来"②。

七言诗句入赋,在南朝齐梁以后,便更为明显,如简文帝《对烛赋》有十句;(陈)沈炯《幽庭赋》有长谣四句;徐陵《鸳鸯赋》八句;江总《木槿赋》八句;庾信《枯树赋》尾歌二句;《鸳鸯赋》四句;《镜赋》五句;《荡子赋》八句;《对烛赋》十二句;《春赋》十四句。《对烛赋》、《荡子赋》冠名为赋,但语言形式上占绝对优势的已不是偶字句式,而是完全洗炼的五七言诗句,如《对烛赋》:

> 龙沙雁塞甲应寒,天山月没客衣单。灯前桁衣疑不亮,月下穿针觉最难。刺取灯花持桂烛,还却灯檠下烛盘。本知雪光能映纸,复讶灯花今得钱。莲帐寒檠窗拂曙,筠笼熏火香盈絮。……

这种诗句既不同于汉乐府民歌的朴质,也不同于古诗的典雅,却以其清绮俊秀、婉转流丽与早期的歌行合拍。因此,与其说它们是赋,毋宁说它们是诗。是由小赋过渡到歌行体抒情诗

---

① 庾信《枯树赋》,见《全上古三代秦汉三国六朝文·全后周文》卷九,中华书局1958年版,第3927页。

② 庾信《荡子赋》,见《全上古三代秦汉三国六朝文·全后周文》卷九,中华书局1958年版,第3925页。

的中间环节。这对唐代诗歌的影响是直接而巨大的。只要我们将庾信的《荡子赋》与初唐王勃的《秋夜长》诗略加比较，这一点便看得更为清楚：

> 荡子辛苦逐征行，直守长城千里城。陇水恒冰合，关山唯明月。……别后关情无复情，妆前明镜不须明。合欢无信寄，回纹织未成。游尘坐满床不用拂，细草横阶随意生。前日汉使著章台，闻道夫婿定应回。手巾还欲燥，愁眉即剩开。逆想行人至，迎前含笑来。（《荡子赋》）

> 鸣环曳履出长廊，为君秋夜捣衣裳。纤罗对凤凰，丹绮双鸳鸯。调砧乱杵思自伤，征夫万里戍他乡。鹤关音信断，龙门道路长。君在天一方，寒衣徒自香。（《秋夜长》）

不难看出，无论是二者的意境描绘，还是形象刻画，或语言的节奏、音调的婉媚、字句的秀丽，都无二致。而庾信的《春赋》诗化现象更为显著。其主要的语言形式已开唐人七言歌行的先河了：

> 宜春苑中春已归，披香殿里作春衣。新年鸟声千种啭，二月杨花满路飞。河阳一县并是花，金谷从来满园树。一丛香草足碍人，数尺游丝即横路。……百丈山头日欲斜，三晡未醉莫还家。池中水影悬胜镜，屋里衣香不如花。

这绘声绘色的描写，将春天园林中百鸟争鸣、百花怒放、草长莺飞、鸟语花香的景象描绘得声色兼备，朝气蓬勃，色彩艳丽，情趣盎然。读者如同步入姹紫嫣红的百花园中，留连忘返。谢榛曾评此赋说："庾信《春赋》,间多诗语,赋体始大变矣。"①倪璠在《庾子山集注》中注释此赋云："梁简文帝集中有《晚春赋》,元帝集中有《春赋》。赋中多有类七言诗者。唐王勃、骆宾王亦尝为之,云效庾体。明是梁朝宫中子山创为此体也。"由此可见,魏晋南北朝抒情小赋句式的诗化,对赋体文学乃至整个唐代诗赋的发展所作的贡献。赋中这些韵味较浓的诗句,不仅可以避免过分追求整齐对称而损害文意的弊端,而且还能帮助作者自由地抒发感情,活跃骈赋的抒情节奏。

大量的诗句出现在南北朝的赋中,这并非孤立的、偶然的现象。它是同一时期一种文学体裁对另一种文学体裁形式影响的标志。同时,这种现象的出现也预示了下一阶段文学潮流的主导者。事实正是如此,到唐代,骈赋一变而为律赋,已不大适应时代发展的需要,而诗歌则成为中国文学史上的一个高峰,永远放射出耀眼的光芒。

(原文刊载于《西藏民族学院学报》1992年第3期,中国人民大学报刊复印资料《中国古代近代文学研究》1993年第2期全文转载。《新华月报》1992年12期、《高校文摘》1993年第1期转摘或题摘)

---

① 谢榛《四溟诗话》,人民文学出版社1961年版,第44页。

论魏晋南北朝抒情小赋的比兴作用

赋本是介于诗和文之间的一种特殊的文学形式,且赋与诗又有着千丝万缕的联系。班固说"赋者,古诗之流也"①,刘勰在《文心雕龙·诠赋》也说,从荀子、宋玉的赋开始,"爰锡名号,与诗画境。六义附庸,蔚成大国"。"赞云:'赋自诗出,分歧异派',写物图貌,蔚似雕画。"既然"赋自诗出",那自然赋便有诗的某些特质。作家在赋中运用诗的比兴象征手法也是驾轻就熟之事。所以刘熙载说:"赋兼比兴,则以言内之实事,写言外之重旨……不然,赋物必此物,其为用也几何!""赋之为道,重象尤宜重兴,兴不称象,虽纷披繁密而生意索然,能无为识者厌乎?"②可见,比兴不仅是诗的表现手法之一,因"赋自诗出"也成了赋的表现手法之一。魏晋南北朝可谓我国抒情小赋的繁荣期,而且此期小赋尤重比、兴手法之运用。那么,比、兴手法在这些抒情小赋中是如何运用的,其作用又如何呢? 大致说来可分为两种情况:一是以拟物手法,通过咏物以抒情,所咏之客观事物往往成为人事或社会的象征;二是以拟人的手法通过情景交融的艺术境界的刻画,烘托人物的思想感情。

---

①　班固《两都赋序》,见《文选》卷一,上海古籍出版社 1986 年版,第 1 页。
②　刘熙载《艺概·赋概》卷三,上海古籍出版社 1978 年版,第 97 页。

以下分而论之。

一

魏晋南北朝"触兴致情,因变取会"的咏物抒情小赋,表面是歌咏树木花草、飞禽走兽的自然物,但实际上并不是为写物而写物,也不是孤立地、静止地描摹物象,而是继承了《诗经》、《楚辞》的比兴象征传统,借物抒情,通过对自然物类的变化及其相互间的内在联系的细腻铺张描写,寄寓作者的思想感情。

曹植的《白鹤赋》看似纯为咏物,实际上是借白鹤以寄怀。这只美丽的白鹤具有善良的品德、特殊的气质。然而,她却不能畅游蓝天,驰骋四方,而只能隐居幽林,借太阳之余光隐忍苟活,郁郁寡欢,聊无生机。她惧怕的是大风四起,因之,她筑于细枝的窝巢就难以完存,欣慰的是正无"沙棠之逸志",故才得以苟活至今。然而谁又能料到,自己一只不起眼的白鹤,却得以"接翼"于鸾皇(鸾皇盖比拟曹丕),侥幸与鸾皇"同行"。但"痛美会之中绝兮,遭严灾而逢殃",鸾皇的恩惠中衰,白鹤又因此而遭殃。它叹息、惧怕,但却惟有吞声忍气,怎敢发作?不但美好的愿望无法实现,而且被迫离群独处,只能望天兴叹,毫无人身自由。这"笼中困鸟"的处境何时才能改变?它企慕罗网的解结,获得翱翔的自由,不敢思"沙棠之逸志",惟有托"六翮之末流"。这里白鹤的品德无疑是作者自身人格的物化,白鹤的遭遇显然是作者自身经历遭际的写照。

此赋与他的《离缴雁赋》、《蝉赋》、《野田黄雀行》、《吁嗟篇》等诗赋用意完全相同,都是以比兴象征的手法,以物喻人,作者笔下的雁、蝉、黄雀、白鹤,无一不是作者自身的象征。在曹丕即位之后,曹植虽然贵为皇弟,"接翼鸾皇",然而却被迫幽禁独处,身受极为严酷的政治迫害,既没有人身自由,也无生命保障。远大的抱负,"沙棠之逸志"更无法提及。在这种无异笼中困鸟、任人摆弄、宰割的处境中,他唯一的希望是如何能够解除法网的控制,争取人身自由,且藉以消除曹丕疑忌心理。这里虽没有直抒胸臆,却以拟物的手法,借助于这只白鹤的遭际自述,将自己多乖的命运和强烈的求生欲望曲折含蓄地表露出来。

这类以拟物化的手法象征寄托的小赋,不侧重于直叙,也不是简单的"比方于物"的意念的托附,而是托物寓情,寄意象外,远远地超出了叙写物象自身的意义,沉郁蕴藉,低回深婉。无论是表现追求、痛惜,或者勉励等各种思想,都流露出一种很有感染力量的真挚感情。王粲《莺赋》、《鹖赋》、《鹦鹉赋》、《槐树赋》等,可以说是借物写人和托物寓情的抒情诗,只是在句法结构上和表现手法上与诗不同而已。他在叙写鹖鸟、黄莺和鹦鹉这些小飞鸟时,一方面极力赞扬它们勇武善鸣的美质,另方面又对那种"物微而命轻"的受困于人的处境深表同情。正因为他们有着刚正不阿的高风亮节,或者具有鸣声嘹唳的特长,所以才被关进困笼之中遭受残害,而那些春鸠、戴胜之类的笨鸟恶禽,倒可以任意翔集在屋栋瓦檐之间。显然这些赋作并非纯客观地简单咏物,而是引导读者触类联想。尽管我们从作品中无法知道具体所指的贤才,但凭着对于这些因才遇害的小鸟、弱者留下的较深印象,却是更多的受到了一种爱憎分明的情感的感染,深切地接受了这种同情被害者的情感上的熏陶。这种通过托物寓情和寄意象外的方法所概括出来的感情,往往比某种实指的情感更深厚,更富有净化人们精神境界的艺术价值。

象征寄托的比兴手法所创造的艺术境界,从形式到内容都具有自己的规律性。它常以浪漫的夸张笔调描写事物,以拟物化的修辞手法,赋予作品讽喻美刺的丰富内涵。为了表意,就要选择各种义类相似的事物作为比兴,拿事物作象征,必然要刻画事物的形象。这种对于事物形象的描写,可以是写实的,亦可以是夸张的、"浪漫"的。因为在这种象征寄托中,事物的形象一般只作为人的内心世界的象征,并不一定在时空上追求完整、严密。如曹植的《鹞雀赋》中的鹞雀搏斗过程,末以雀得生还而终,这并不一定符合自然规律(鹞实际上"三日不食","宁得腐鼠",是不会轻易放过雀的),但这只是思想感情的象征寄托,所以读起来并没有不合逻辑之感。塑造这种类型的物象,作家经常采用拟物化的修辞手法,即将物作为人的象征。这种物象,既有兴的因素,又有比的成分,常可连称"比兴"。就整个艺术境界而言,赋所表现的内容,也类似比附,是"环譬以托讽"①。所以柳宗元在《杨评事文集后序》中说:"导扬讽谕,本采乎比兴者也。"因而美刺也成了这种物象的基本特征。

以比兴手法所创造的象征寄托的事物形象,在魏晋南北朝抒情小赋中比较复杂多样,细分之又可分为四类,即拟物、咏史、美女、求仙②。

拟物寄意。这类作品在诗歌领域出现的很早,如《诗经》中的《硕鼠》、屈原的《橘颂》等等,都是借物托意。其后,汉代的咏物抒情赋中也有所运用,如贾谊的《鵩鸟赋》。但汉赋中托物寄意的作品并不多,大多数则是纯客观地体物,很少寄托之意。魏晋以后,由于审美观念的变化及社会、政治一系列的原因,这类拟物寄意的作品大量增加,成为赋坛主流。如祢衡的《鹦鹉赋》以鹦鹉自喻,陈诉才士的不幸遭遇。陆机的《瓜赋》,赋予瓜以人

---

① 刘勰著,范文澜注《文心雕龙·比兴》,人民文学出版社 1958 年版,第601 页。

② 此分类法参阅了朱自清先生《诗言志辨·比兴》对于所谓"比体诗"的分法。

的美好品德，即物即人。萧子晖《冬草赋》，以冬草的历寒不衰自比，所反映的那种"挺秀色于冰涂，厉贞心于寒道"的倔强精神，正同白居易的名句"野火烧不尽，春风吹又生"一样，概括了一种典型的形象。这类托物寄意的赋作，由于作家所托事物不同，所寄情感各异，因而其赋作都具有鲜明的个性特征。即使同咏一物，其形象、寓义也不尽相同。这类赋作，鸟兽草木都成了寄托的对象，不只是赋颂客观景物，它更多的带有作家的主观感情融注，所以形象生动，个性鲜明。

以美女、弃女寄兴的赋作。这类作品在魏晋南北朝的抒情小赋中也屡见不鲜。如曹植《愍志赋》、《感婚赋》、《静思赋》、《出妇赋》，大都有寄寓。其《愍志赋》序文说："或人有好邻之女者，时无良媒，礼不成焉，彼女遂行适人。有言之于予者，予心感焉，乃作赋。"《静思赋》中所歌咏的美女，显然与其诗《美女篇》相同，都寄寓了作者自身壮志未酬的情怀。写美女、恋情以寄兴，虽然在先秦已出现，如《离骚》等，但一般都是以男女拟君臣，而到魏晋南北朝的抒情赋中，则可以是寄托自己的失意，亦可寄寓表现自身的高洁，或寄托自己的理想追求，表现的情感更为复杂细腻。

咏史寄怀的作品。咏史寄怀之作虽然汉赋中已出现，但并不多见，魏晋南北朝则大量产生。作家借历史事实或历史人物的遭遇来赋吟以寄托自己的思想感情或讽喻之意，如鲍照的《芜城赋》、陆机的《吊魏武帝文》、吴均的《吴城赋》，以及众多的悼屈和怀念贾谊的赋作，大都是借他人之酒杯，浇自己之块垒。这类小赋正如张玉谷评左思《咏史》诗时所说："或止述己意，而史事暗含；或止述史事，而己意默寓。"①张氏虽是评左思诗，但用来

---

① 　[清]张玉谷著，许逸民点校《古诗赏析》卷十一，上海古籍出版社2000年版，第251页。

评价咏史小赋也是适宜的。

游仙隐逸赋。这种内容的赋汉代已有,司马相如《大人赋》已不乏游仙的成分。魏晋之后,由于政治的极端腐朽黑暗,统治阶级内部的相互残杀,人人自危,朝不保夕,道教渐兴,玄风大盛,游仙隐逸之作大量产生。但封建士大夫文人的游仙、隐逸只是"穷则独善其身"的消极行为,骨子里并不甘愿如此。这样,他们的诗赋似乎放任达观,以游仙、隐逸为乐,但实际上"兼济天下"、讽喻时事、寄托情怀的激流仍从字缝中源源涌淌。如郭璞《流寓赋》、庾阐《涉江赋》、江淹《山中楚辞》、庾信《小园赋》、潘岳《闲居赋》等等,大都有所寄托,隐晦曲折地表达自己的情怀,并非单纯地客观描写。

总之,这类以比兴手法拟物寄意的赋作,由于作家并不是纯客观地描写物象,而是通过事物形象的描摹以寄寓作者的思想感情,这就促使作家对生动形象的刻画追求;又由于赋家所寄寓的情感不同,所以其赋作也个性鲜明,能表现不同作家的不同艺术风格。赋家所采用的是比兴的象征寄托手法,这就避免了作品的直露浅薄而趋向于含蓄、深邃,使赋的创作向情景交融的艺术境界迈进。

二

请看:

风萧萧而异响,云漫漫而奇色。舟凝滞于水滨,车逶迟于山侧;棹容与而讵前,马寒鸣而不息。掩金觞而谁御,横玉柱而霑轼。居人愁卧,怳若有亡。日下壁而沉彩,月上轩而飞光。见红兰之受露,望青楸之罹霜。巡曾楹而空掩,抚锦幕而虚凉。知离梦之踟蹰，意别魂之飞扬。

这是江淹《别赋》之一段，写离别人见景伤情。这里的事物形象不是"寄托"、"象征"思想感情，而是烘托、陪衬思想感情，是一种情景交融的艺术境界。这种境界的创造也应归功于赋的比兴手法的运用。钟嵘说："文已尽而意有馀，兴也。"[①]这里所说的"意有馀"实际上就是他所说的"滋味"，是情景交融的艺术境界的特点。相传贾岛《二南密旨》有云："感物曰兴。兴者，情也。谓外感于物，内动于情；情不可遏，故曰兴。"[②]更明确地用"兴"来解释这种情景交融的兴象。因为这种兴象都是融物起兴，而且富于滋味意趣，所以也被称之为兴致、兴趣、兴味、意兴等等。这种情景交融的物象（兴象）对事物的刻画往往是写实的。它一般采用拟人化的修辞手法，往往有耐人寻味的艺术效果，所写景物往往带有人的感情色彩。如上面《别赋》一段：风异响，云奇色；舟凝滞、车透迟；棹容与，马寒鸣。这幅惊心动魄的景乃是远征的游子眼中之景，是游子"心中"情的外化。风不能有什么"异响"，云亦不会有"奇色"，但在离人的眼中看云，云似乎也增添了离别的奇异色彩，风也似乎与往日的声响不同。而"凝滞"、"透迟"、"容与"、"马寒"，这都是人的内心感受的物化，是以人的情感体验拟物的情状，将无情物写成有情状的情感丰富的物象。"日下壁而沉彩，月上轩而飞光"则是居人眼中之景，它曲折地表达了居人的苦闷，不但良辰美景无人共赏，而且是"无论君不归，君归芳已歇"，怕只怕青春年华像红兰、青楸一样在霜露中迅速凋零。这样的景饱含着人物的情，带着浓厚的主观色彩。

---

①　[梁]钟嵘《诗品·序》，见陈延杰《诗品注》，人民文学出版社 1980 年版，第 2 页。

②　见[清]顾农振辑《诗学指南》卷三，中华书局 1935 年版。

以情景交融所创造的艺术境界,作家在所描绘的形象中,不是寄托比附,而是自然而然地流露自己的思想感情,情景浑然融合,读者从作品的形象中领略作家的用意,并引起无穷联想,唤起"象外之象,景外之景"①。所以严羽评论唐人诗时说:"盛唐诸人惟在兴趣,羚羊挂角,无迹可求。故其妙处透彻玲珑,不可凑泊,如空中之音,相中之色,水中之月,镜中之象,言有尽而意无穷。"②这虽然是对诗的评论,但一切优秀的文艺作品都应达到这一艺术境界。因此要达到这一境界,只注意雕绘景物显然不够,还要融化情性。汉大赋正是由于只注意铺陈景物而缺乏赋家的主观感情,加之在铺陈上的极力求全求大,从而使作品只有类型而缺乏特征,只有共性而缺乏个性,形成堆积、呆板、滞重之弊病而缺乏流动感和完美的意境。

当然应该指出的是,六朝咏物小赋由于强调"缘情",重视个人思想感情的抒发,也有一些忽视其社会作用之作,反映的社会内容不够宽广深刻。这一点已受到后世的激烈答伐。但比之汉赋,它仍然大大前进了一步,大部分作品不仅注重了景物描绘,而且也注重了融化情境。江淹《别赋》尤能说明这一问题。这是当时社会风气、审美情趣、文学自身运动等因素综合所致。随着儒家独尊的结束,"诗教"的束缚削弱了,道家思想活跃起来。人的主体意识得以自觉,抒发人生情怀的诗赋大量增加。另一方面,汉大赋描绘景物的堆积凝滞,随着大汉帝国声威的消失而成为辉煌的过去。人们从中吸取教训,改进了刻画物象的写作技巧,进一步探索便促成了创作的新变。随之而来的是"文学的自

---

① [唐]司空图著,王济亨、高仲章选注《司空图选集注·与极浦谈诗书》,山西人民出版社 1989 年版,第 108 页。

② [南宋]严羽著,郭绍虞校释《沧浪诗话校释·沧浪诗话·诗辨》,人民文学出版社 1961 年版,第 26 页。

觉"意识,在文学理论、文学观念上也有了新变。辞赋不再被认为是"雕虫小技"①,而是被称为"不朽之盛事"②。对形象思维、情景交融的艺术境界等问题都作了探讨。陆机说:"诗缘情而绮靡,赋体物而浏亮"③,说出了体物缘情这种境界的特点。刘勰对形象思维、比兴都作了专门论述。《文心雕龙·明诗》说:"情必极貌以写物,辞必穷力而追新,此近世所变也。"《物色》篇也说:"四序纷回,而入兴贵闲。物色虽繁,而析辞尚简。使味飘飘而轻举,情奕奕而更新……物色尽而情有馀者,晓会通也。"这里所说的"味"、"情有馀"都是这种比兴所创造的艺术境界的特点。情景交融的兴象正是这样,在魏晋南北朝这个"人的觉醒"、"文的自觉"的历史时代得到发展,在理论上被认识,并在创作中有意识地予以实践,从而为唐代文学的繁荣做了准备性的工作。

（原文刊载于《固原师专学报》1993年第2期）

---

①　[汉]扬雄《法言·吾子》卷二,中华书局1954年版,第4页。

②　曹丕《典论·论文》,见《文选》卷五十二,上海古籍出版社1986年版,第2271页。

③　陆机《文赋》,见《全上古三代秦汉三国六朝文》卷九十七《全晋文》,中华书局1958年版,第2013页。

魏晋南北朝咏物抒情小赋的
移情现象初探

　　所谓"移情"或"移情作用"，本是德文和英文的意译，是指审美活动中审美主体的一种感情移入现象。它是审美主体将自己的主观感情移入到审美客体之中，从而使客观景物生命化、性格化，达到物我一体、主客融合的审美境界的结果。

　　移情理论虽然是西方首先提出来的，但作为一种艺术手段，它在我国古代文学的创作实践中，却早已得到普遍的运用。且不说在我国古典诗词的创作中早已存在着移情现象，即使在魏晋南北朝的咏物抒情小赋中移情现象也普遍存在。魏晋南北朝"触兴致情，因变取会"[①]的咏物抒情小赋，大都假草区以致意，托禽族而言志，通过对于自然物类的变化及其相互间的内在联系的细腻铺陈描绘，移入主体的审美情感，使审美客体成为主体内在感情的载体，因而具有生命化、情思化、个性化的特征。本文拟从美学角度就魏晋南北朝咏物抒情小赋的移情现象做一初步探讨，以求教于方家。

---

　　① ［梁］刘勰著，范文澜《文心雕龙·诠赋》，人民文学出版社1958年版，第135页。

一、移情的现实根据——社会生活

魏晋南北朝的咏物小赋大多数都不是所谓"纤巧以弄思,浅察以衔辞"①的"图象品物"的"体目文字"②,而是触物致兴、借物抒情的言志之作。这些咏物抒情小赋一般采用抒写物象、移情于景的方式来表达审美主体的审美情趣。这些赋大都能密切联系社会实际,面向社会,切类指事,依微拟议,使审美主体的情感、思想、品德移入于审美客体之中,从而使主客为一、物我融合,艺术化地再现了审美主体的思想感情。

我们先看祢衡的《鹦鹉赋》,此赋在铺陈了鹦鹉的品质和美德后,接着写到:

> 尔乃归穷委命,离群丧侣。闭以雕笼,剪其翅羽。流飘万里,崎岖重阻。逾岷越障,载罹寒暑。女辞家而适人,臣出身而事主。彼贤哲之逢患,犹栖迟以羁旅。矧禽鸟之微物,能驯扰以安处?眷西路而长怀,望故乡而延伫。忖陋体之腥臊,亦何劳于鼎俎?嗟禄命之衰薄,奚遭时之险峨!岂言语以阶乱,将不密以致危?痛母子之永隔,哀伉俪之生离。匪余年之足惜,悯众雏之无知。背蛮夷之下国,侍君子之光仪。惧名实之不副,耻才能之无奇。羡西都之沃壤,识苦乐之异宜。怀代越之悠思,故每言而称斯。

祢衡笔下的这只鹦鹉,有思想、有感情、有节操、有个性,已

---

① [梁]刘勰著,范文澜《文心雕龙·谐隐》,人民文学出版社1958年版,第271页。

② 同上。

不只是一个"鸟",而明显地是一个身处乱世、寄人篱下、郁郁不得志的才士形象。十分明显,鹦鹉的这种思想感情不是固有的,而是外移而来的。

那么像《鹦鹉赋》(祢衡、曹植、成公绥、颜延之、萧统等)、《鸳鸯赋》(庾信、萧纲、萧绎、徐陵等)、《枯树赋》(庾信)、《冬草赋》(萧子晖)这些咏物小赋,物的思想感情究竟是从何而来呢?以十九世纪末德国里普斯为代表的美学家认为,物的这种思想感情来源于与现实社会生活毫不相干的人的主观情趣。这显然是一种唯心主义的观点。而唯物主义者认为,人的感觉、人的意识,只是客观外在世界的能动反映。鹦鹉、鸳鸯、冬草、枯树之类景物的思想感情,只能是作家和现实生活的关系的反映,是现实生活在作家头脑中折光的、曲折的反映。又由于"人的意识不仅反映客观世界,并且创造客观世界"[1],因此才产生"移情"现象。所以我们认为,鹦鹉的思想感情是作家意识上对客观世界能动的、创造性的反映。祢衡的个性、坎坷经历,正是他移情于物(鹦鹉)的生活基础和思想基础。鹦鹉的遭遇、忧患,正是作者的遭遇与忧患意识的物态化再现。

"移情于物"或"即物达情"之情,只能源于社会现实生活,这在不同赋家咏同一事物的赋作中体现得尤为鲜明。比如,同是咏飞蛾这一小昆虫,支昙谛、傅亮、鲍照这三位赋家的赋作所移入的感情、思想、格调却大不相同。支昙谛《赴火蛾赋》云:

> 翔无常宅,集无定栖。类聚群分,尘合电移。因温风以舒散,乘游气以徘徊。于是朱明御节,时在盛阳。天地郁蒸,日月昏茫。烛耀庭宇,灯朗幽房。纷纷群飞,翩翩来翔。

---

① 列宁《哲学笔记》,人民出版社 1962 年版,第 199 页。

赴飞焰而体焦,投煎膏而身亡。①

傅亮《感物赋》写自己于"暮秋之月,述职内禁",夜见"飞蛾翔羽,翩翩满室。赴轩幌、集明烛者,必以焦火为度"。于是"感庄生异鹊之事,与彼同迷,而忘反鉴之道"。遂作斯赋云:

> ……习习飞蚋,飘飘纤蝇。绿幌求隙,望焰思陵。糜兰膏而无悔,赴朗烛而未惩。瞻前轨之既覆,忘改辙于后乘。匪微物之足悼,怅永念而捬膺。……②

鲍照《飞蛾赋》云:

> 仙鼠伺暗,飞蛾候明。均灵舛化,诡欲(《御览》作"态")齐生。观齐生(《御览》作"生齐")而欲诡,各会住以凭方。凌焦烟之浮景,赴熙焰之明光。拔身幽草下,毕命在此堂。本轻死以邀得,虽糜烂其何伤? 岂学山南之文豹,避云雾而岩藏?③

由以上三赋比较可以看出:支昙谛的《赴火蛾赋》,作者在飞蛾身上移入的是佛家舍身以求解脱的思想感情。其赋序引"悉达有言曰:'愚人贪身,如蛾投火。'"作者对飞蛾的"赴飞焰而休焦,投煎膏而身亡"这一现象,只是作了比较冷静的、客观的描

---

① [唐]欧阳询《艺文类聚》第九十七卷,上海古籍出版 1965 年版,第 1687 页。
② 《全上古三代秦汉三国六朝文·全宋文》卷二十六,中华书局 1958 年版,第 2575 页。
③ 《全上古三代秦汉三国六朝文·全宋文》卷四十六,中华书局 1958 年版,第 2690 页。

述,既无多少同情,又无什么赞颂之情,只是从这一现象中理悟到某种抽象的哲理,这是符合作者的身份、思想境界的。而傅亮的《感物赋》作于宋少帝刘义符在位时,宋少帝是一个比较荒淫昏庸的皇帝,常"于华林园为列肆,亲自酤卖;又开渎聚土,以象破冈埭,与左右引船唱呼,以为欢乐"①,傅亮处在这样一个荒唐皇帝身边,"内怀忧惧,直宿禁中,睹夜蛾赴烛",遂作此赋"以寄意"。由此赋序可以看出,傅亮作此赋时是将自己的思想情感移入所赋的客体之中的。赋由眼前的景物兴感,先由禁中秋夜的凄清而驰骋"遐念",联想到古代圣贤的遗训和治乱的历史教训,从而引出"岂夷阻之在运,将全丧之由躬"的结论,暗切时事,抒发对刘宋王朝前途的忧虑。然后由飞蛾扑火起兴,以抒发其知危而难退的忧郁:"照安危于心术,镜纤兆于未形。有绚末而舍本,或耽欲而忘生。碎随侯于微爵,捐所重而要轻。矧昆虫之所昧,在智士其犹婴!悟雕陵于庄氏,几鉴浊而迷清。仰前修之懿轨,知吾迹之未并……岂知及之徒尔,喟投翰以增情。"在这里,作者将贪恋爵禄比作飞蛾投火,并化用《论语》中孔子"知及之,仁不能守之"之意,慨叹自己虽然看到了这一点,却不能抽身自拔。这在客观上也写出了处于乱世中的大多数封建士大夫的共同悲剧。他们自己虽然看到了前途的险恶,却没有勇气从名缰利锁中自拔出来,最后终于像飞蛾一样扑向灭亡,傅亮的结局也正是如此。

支昙谛、傅亮的赋作,皆以飞蛾扑火为戒,鲍照的《飞蛾赋》则以反其意,歌颂飞蛾"凌焦烟之浮景,赴熙焰之明光","本轻死以邀得,虽糜烂其何妨"的那种奋不顾身的进取精神。在此赋中,作者移入了自己的人生实感,赋予飞蛾以积极的人生观和进取精神，"作者后来终于在统治集团的内哄中丧生，也许与他这种精神不无关系"①。

二、移情的心理基础——作家心态

魏晋南北朝咏物抒情小赋之所以产生"移情"现象，这固然有其生活的依据，但也有其心理基础。这基础便是赋家的"心态"。

所谓"心态"，它是一种比较持久的感情状态。它往往在这一段时间内影响人的情绪，以至于言行。"情有所感，不能无所寄，意有所郁，不能无所泄。"而"寄"、"泄"之间，作家往往会带上浓重的主观色彩。这正如王国维所说的"以我观物，故物皆着我之色彩"，"一切景语皆情语"。王国维的话，说的就是心态在"即物达情"或者说"审美移情"时所起的特殊作用。唐太宗也曾说："夫乐能感人，故乐者闻之则喜，忧者闻之则悲。悲喜在人心，非由乐也。"②这便是强调作家的心态在审美移情中的重要作用。

这里我们以鲍照的《舞鹤赋》为例来论述。

去帝乡之岑寂，归人寰之喧卑。岁峥嵘而愁暮，心惆怅而哀离。于是穷阴杀节，急景凋年。凉沙振野，箕风动天。严严苦雾，皎皎悲泉。冰塞长河，雪满群山。既而氛昏夜歇，景物澄廓。星翻汉回，晓月将落。感寒鸡之早晨，怜霜雁之违漠。临惊风之萧条，对流光之照灼。

① 马积高《赋史》，上海古籍出版社1987年版，第209页。
② [宋]司马光著，沈志华、张宏儒主编《资治通鉴》（修订本）第四册，卷一百九十二，中华书局1993年版，第4036页。

这里雾为什么会是苦的？泉如何悲呢？这显然是移入了作者的主观感情，是作者心态的物态化表现！在这篇赋中，作者处处赋予了审美对象以浓烈的情感，这正是"情以物兴"、"物以情观"的审美移情的体现。作者笔下的这只舞鹤无疑是人格的化身，具有人的情思。白鹤离开仙境到人间，心里异常难过："岁峥嵘而愁暮，心惆怅而哀离。"它不但为自己不幸哀愁，且为寒鸡、霜雁之凄苦生活悲叹。后来，当它被迫在宫廷舞罢、仰望蓝天而不可复得时，更其忧伤："仰天居之崇绝，更惆怅以惊思。"这种"惆怅"、"更惆怅"的强烈伤情激起人们对门阀特权束缚自由、束缚才能的不平。赋中不但白鹤有情，就是自然景物也是多情的，它们似乎也在为白鹤的处境悲伤。看那雾气竟懂得苦恼，泉水知道悲鸣，这正是鹤不满人间、心情愁苦的反映。而鹤的悲哀又正是作者情感所赋予的，是作者情感的移入和物化表现。作者出身寒微，生活在门阀等级制度森严的时代，处处受到压抑，这就加深了他对现实的认识，使创作充满了怀才不遇的愤懑，对社会不平的感慨，以及对闲适自得生活的向往。《舞鹤赋》就是借美丽多才的仙鹤被羁网到人间，得不到自由的苦痛来表现自己向往自由，宁愿弃置罢官，也不甘受束缚受压抑的孤直性格，鲜明地表露了他对门阀制度的鄙屑心态。

由于作家的心态是咏物赋"移情"的心理基础，因而作家的心态不同，"移情于物"的情就会千差万别。譬如，同样是赋蝉，傅玄的《蝉赋》在歌颂蝉的纯洁后说："泊无为而自得兮，聆商风而和鸣。声嘒嘒以清和兮，遥自托乎蓝林。嗟群吟以近唱兮，似箫管之馀音。清击畅于遐迩兮，时感君之丹心。"他认为蝉"虽在秽而逾馨"。傅咸《私蝉赋》序说：厅前樱桃树上"有蝉鸣焉，仰而见之，聊命黏取，以弄小儿。"由此感慨地说："退惟当蝉之得意于斯树，不知黏之将至，亦犹人之得意于富贵，而不知祸之将来也。"赋文就是演绎这种创作意图的。孙楚的《蝉赋》所赋吟的是蝉"终日不衔一粒,激哀响之烦扰"。陆云的《寒蝉赋》并序却认为蝉有"文"、"清"、"廉"、"俭"、"信"等美德,认为"君子则其操,可以事君,可以立身"。并认为蝉乃"至德之虫",歌颂其"不衔草以秽身,不勤身以营巢。志高于鸣鸠,节妙乎鸥鹇。附枯枝以永处,倚峻林之迥条"。颜延之《寒蝉赋》却说:"越客发度障之歌,代马怀首燕之信。不假矮于范冠,岂镂体于人爵。折清飚而不沦,团高木以飘落。"曹植的《蝉赋》歌颂蝉澹泊寡欲,似贞士之介心。但即使这样"澹泊寡欲",却仍然受到黄雀、螳螂、蜘蛛、草虫、狡童的迫害。这显然与曹植的经历有关,是其心态的物化表现。从以上各人的赋中不难看出,由于各人地位、遭际、气质、心境不同,因而即使同一事物,被赋予、移入的感情也就有别。施补华在《岘佣说诗》中说:"同一咏蝉,虞世南'居高声自远,端不藉秋风',是清华人语;骆宾王'露重飞难进,风多响易沉',是患难人语;李商隐'本以高难抱,徒劳恨费声',是牢骚人语。"便是说由于作家的心境不同,即使同一咏蝉,所移入的感情也有区别。

心境不同,不仅会造成不同的人对同一景物所移入的感情有差别,而且还能使同一个人对同一景物所持的感情前后完全不同。这从曹植前后期(曹丕称帝前后)的辞赋创作和庾信在梁朝和北朝的辞赋创作中看得比较明显。曹植在曹丕继位之前过着贵族公子的生活,又深得父亲曹操的宠爱,因而他前期的赋表现了济世宏愿,风格慷慨高昂,奋发激越。曹丕称帝之后曹植的不幸便开始了。在他一生的后十二年内,"常汲汲无欢",内怀忧惧,苦闷失意,因而他后期的辞赋所移入的感情多是"情惆怅而内伤"的悲叹。

庾信的辞赋创作以在南朝与北朝分为两个不同时期。在南朝的创作,大多不出宫廷生活的范围,风格绮丽华艳。侯景之乱使他的生活发生很大的变化,不久因出使被留在北方,亡国之悲、乡关之思便被大量地移入赋作中,风格也由绮丽华艳变为沉郁悲壮。

一个赋家的心态如何,某一心境持续时间的长短,是由社会现实生活决定的。钟嵘《诗品》说:"嘉会寄诗以亲,离群托诗以怨。至于楚臣去境,汉妾辞宫,或骨横朔野,魂逐飞蓬,或负戈外戍,杀气雄边,塞客衣单,孀闺泪尽;又士有解佩出朝,一去忘返;女有扬蛾入宠,再盼倾国。凡斯种种,感荡心灵,非陈诗何以展其义?非长歌何以骋其情?"这段话十分准确地道出了作家的心态与生活的辩证关系。

魏晋南北朝咏物抒情小赋表面上看来似乎是在歌咏树木花草、飞禽走兽的自然物,但从其深层结构来看并不是为写物而写物,也不是孤立地、静止地、客观地描摹物象,而是在客观景物中,移入了作者的心境以及对现实社会生活的深刻体验。因而它们都是借物抒情,通过自然物类的变化及其相互间的内在联系的铺张描写,寄寓作者的思想感情,表现作者的心态。又由于每个作家的经历、出身、社会地位及个性的差异以及他们在各个不同时期的心态不同,因而即使赋咏同一事物,表现在赋作中的思想感情及审美趣味也不尽相同,像祢衡、王粲、曹植、陈琳、阮瑀、应场、傅咸、颜延之、桓玄、曹毗、成公绥等人的《鹦鹉赋》,其风格、个性、情感就不尽相同。正由于此,便形成了魏晋南北朝咏物抒情小赋作家的不同的创作个性。这标志着咏物小赋不但比汉大赋有了长足的进步,而且风格进一步多样化。

三、移情的条件——审美联想

联想是指感知或回忆某一事物时连带想起其他事物的心理过程。产生联想的客观基础是事物之间的彼此联系。由于客观事物之间是彼此联系的，所以它们反映到人的头脑中也是彼此联系的。因此，当其中某些对象在人脑中再现时，便可引起另外一些对象的再现。例如傅玄的《斗鸡赋》："振翅因风，抚翮长鸣。猛志横逸，势凌天廷。或踯躅踟蹰，或嗫喋容与；或爬地俯仰，或抚翼末举，或狼顾鸱视，或鸾翔鹄舞；或佯背而引敌，或毕命于强御。于是纷纭翕赫，雷合电击。争奋身而相戟兮，竞隼鹜而雕睨。得势者凌九天，失据者沦九地。"作家由眼前这斗鸡的场面、格斗的过程、斗鸡的形象以及"得势者凌九天，失据者沦九地"的结局，便联想到官场中的争权夺利、尔虞我诈、勾心斗角的丑恶现实，并将这种生活的体验通过联想移到斗鸡身上，使人不仅看到斗鸡场面过程的真实性，同时也看到官场中那幅争权夺利、生死搏斗的真实图景。这便是由联想所产生的移情现象。

明人谢榛曾在《四溟诗话》中指出："景乃诗之媒，情乃诗之胚；合而为诗，以数言统万形，元气浑成，其浩无涯矣。"这虽是论诗，对赋也同样如此，不论是作为"媒"的景也好，还是作为"胚"的情也好，对咏物诗赋来说，如果缺乏"联想"这一必要条件，就不能产生"移情"现象，也就不可能创作出"元气浑成，其浩无涯"的咏物赋了。

在魏晋南北朝咏物抒情小赋中，相似联想、感情联想、对比联想、时间联想、地点联想等，都可以产生移情现象。

先看相似联想。所谓相似联想，就是指事物的外表或性质相似而引起的联想。这种联想又有多种情况。有的由某一事物的外部特征联想到另一事物(或人)的外部特征。如左思的《白发赋》里的头发由黑变白,使人联想到人生由青春年华而走向衰老暮年,从而产生了移情现象。有的由某一事物的外部特征,联想到另一事物(或人)的本质特征。如曹植的《蝙蝠赋》由蝙蝠的外部特征及生活习性联想到那些变化无常的势利小人。羊祜的《雁赋》由雁群有组织有纪律的生活习性,联想到人的意志和情操。成公绥的《蜘蛛赋》由蜘蛛结网以营物的生活习性,联想到那些奸佞狡猾、以权谋私、玩弄权术阴谋的奸诈之徒等等。有的由某一事物所具有的本质特征,联想到另一事物(或人)所具有的本质特征。如鲍照的《舞鹤赋》由白鹤不幸被网罗于人世,在人世统治者的役使下,舞出繁多的妙姿,供统治者享乐而受到珍重,但白鹤在这种情况下,仍然向往本来高翔辽廓蓝天的自由,联想到文士因才华被笼络于统治者的抑郁心情。有的由某一事物所具有的外部特征、本质特征,联想到另一事物(或人)所具有的本质特征。如萧子晖的《冬草赋》,由冬草的经寒不衰,联想到志士"挺秀色于冰涂,厉贞心于寒道"的不屈不挠的倔强精神和不屈的人格。再如庾信的《枯树赋》由树的遭遇联想到自己失国丧家,流离异域,"未能采葛,还成食薇","既伤摇落,弥嗟变衰"的惨痛经历。还有的由一部分事物的外部特征所组成的形象,联想到另一事物(或人)的本质,如曹植的《鹞雀赋》由"鹞欲取雀"的鹞雀搏斗,联想到自己的现实处境。《离徽雁赋》由受箭伤而离群的孤雁,联想到自己困顿、苦闷、独"圈牢之养物"的艰难处境和内心忧惧。

再看感情联想。所谓感情联想,又叫"内心情感的联想"。它是指由于两个表象在人的内心中引起相同的情感而产生的联想,比一般的相似联想更强调情感在联想中的作用。也就是说,这种联想主要是通过作家的内心感情的作用实现的。这种内心感情的联想,其突出的特征是,联想中的两个表象以欣赏者的情感为中介,在联想中渗透着浓厚的情感色彩。乌申斯基说:"(内心情感的联想)严格地说,这种联想包括在对立联想与相似联想之内。例如诗人看出海的啸声和人们的吼声相似,诗人从明亮的眼睛中看见闪电的光辉,从树林发出的声音听到诉泣,从美妙生动的风景画中看到了微笑等等,在实质上这不过是相似的联想,但这种相似不是由理性揭露的,而是由人的诗意情感揭露的。群众的语言充满了这种联想,从而形成了许多语言上的隐喻表现,例如'风的怒吼'、'海的呼啸'等等,离群的白天鹅和嫁在异国的女儿相联系起来,诸如此类。联想使人民语言满布着如鲜花一般的隐喻,并赋予语言以生命和美丽。"①

　　由内心感情联想所产生的移情作用在咏物抒情小赋中极为普遍,如上举祢衡的《鹦鹉赋》、曹植的《鹞雀赋》、傅玄的《斗鸡赋》等。再如成公绥的《螳螂赋》,作者通过对螳螂的生活习性、行动模样、搜索和捕捉小虫的神情体态以及填满肚皮以后懒散得意情形等几个侧面的想象夸张描写,把它的狂妄凶狠、懒散贪利而不顾后患的特质表现得栩栩如生。这显然是作者"以情观物",将自己在生活中体验到的思想感情移入到物象之中去的结果。成公绥所处的时代正是司马氏统治的黑暗时期,而与成公绥共处的权奸贾充,便是司马氏统治集团中"专以谄媚取容"②、"抽戈犯顺,曾无猜惮之心"③的人物。在司马昭父子的宠爱下,他有恃无恐,"欲专名势"④而网罗党羽,残酷杀伐异己。谁要是

　　① [俄]乌申斯基著,李子卓等译《人是教育的对象》(第一卷),科学出版社1959年版,第253页。
　　② 《晋书》卷四十《贾充传》,中华书局1974年版,第1167页。
　　③ 《晋书》卷四十《杨骏传》,中华书局1974年版,第1182页。
　　④ 《晋书》卷四十五《任恺传》,中华书局1974年版,第1286页。

触犯了他,不管地位高低,都难以幸免。即使像任恺那样的朝廷重臣,也被逼得丢官失职。骑都尉成公绥与贾充同朝相处,对贾充自然是深知其人的。因而,作者将在生活中的情感体验移入螳螂的形象刻画中,借物寄意,这就使赋作既深刻又含蓄,这便是刘勰所称道的这类小赋的"机要"和"曲畛"了。

四、移情的手段——比兴象征

以联想为心理学基础的比兴是中国古典诗歌的重要表现手法,也是咏物诗、赋移情的重要手段。

以物比形,以物比貌,以物比事,以物比德,借以"言志"、抒情的现象,在我国古典诗歌中出现得很早,《诗经》、《楚辞》中便已出现。在赋中,汉代的咏物抒情赋中也开始运用,但数量并不多,汉末魏晋以后的咏物抒情小赋中便普遍地使用。

我国古代文学批评家对比兴"即物达情"的移情作用向来十分瞩目,且多精辟之见。汉代郑玄说:"比者,比方于物也,兴者,托事于物也。"①钟嵘《诗品序》说:"文已尽而意有馀,兴也,因物喻志,比也。"②胡寅《斐然集·与李淑易书》说:"索物以托情谓之比,情附物者也,触物以起情谓之比,物动情者也。"这些阐释,文辞虽不尽相同,但观点却基本上一致,都认为比兴是借咏物的方式来言志抒情的。咏物抒情小赋只有借助比兴这一重要手段,进行巧妙联想,才能达到移情于物的目的。

咏物抒情赋为什么能借助比兴达到抒情、言志的目的呢?刘知幾在《史通·杂说上》中说:"自古设比、兴而以草木方人者,

---

① 《毛诗正义》,见阮元刻《十三经注疏》本《毛诗正义》卷一,中华书局1980年版,第1页。

② 王大鹏等编《中国历代诗话选》卷一,岳麓书社1985年版,第13页。

皆取其善恶薰莸、荣枯贞脆而已。"草木之所以能"方人",产生移情现象,是由于"人睹其形似",取其与人相似的"善恶薰莸,荣枯贞脆"等特性,发挥艺术联想,巧设比兴的缘故。自从孔子以山水比德之后,我国古代诗赋家在欣赏自然美时,往往把自然界的审美对象作为人的品德、精神的象征,至于物的自然属性,在审美意识中却并不占重要地位。因为诗赋家注目的是事物的象征比兴意义。如曹植的《白鹤赋》、《离缴雁赋》、《蝉赋》、《鹞雀赋》等,王粲的《莺赋》、《鹖赋》、《鹦鹉赋》、《槐树赋》,《竹杖赋》、《邛竹杖赋》等等,都是以物的特征、经历或气质相近于人,从而产生移情作用的。这样的咏物抒情赋,以情观物,以物寄情,通过比兴借物写人或托物寓情,从而达到主客融合、物我为一的艺术境界。

那么,为什么诗赋家不直接抒情而要采取"因物喻志"、"索物托情"的比兴手法呢?这是言志与咏情的需要。具体说来,大概有以下这些原因。

第一,文学是寓于形象的思维,因此,如果形象所表现的观念是不具体的,虚伪的,不丰满的,那么,形象必然也就不是艺术的。咏物抒情小赋是介于诗文之间的一种特殊的文学样式。它如果是纯粹的客观咏物,不含比兴寄托,那么就会"纤巧弄思,浅察衔辞",成为"图象物品"的"体目文字"[①],缺乏社会意义,失去其审美认识价值。如果它不密切联系实际,面向社会,切类指事,依微拟议,比兴寄托,就不能起到蓄愤斥言、环譬记讽的艺术效果。如果它不用比兴不借助物象而纯粹抒情,那么情就缺乏载体,而显得抽象、空洞,毫无生机与意趣。

---

　　① [梁]刘勰著,范文澜注《文心雕龙·谐隐》,人民文学出版社1958年版,第271页。

第二，"有不敢言或不便明言之情者,故借比兴,以移情于物而彰之。"如曹植的《离缴雁赋》、《鹞雀赋》、《蝉赋》,左思的《白发赋》,阮籍的《猕猴赋》,庾信的《枯树赋》等等。赋家或处在封建社会专制统治的淫威下,敢怒而不敢言;或处在复杂的社会关系中,敢言而不敢怒;或乞求于人;或冀得到重用与提升又不便明言等,要想淋漓尽致地表达自己复杂的情感而又"含而不露",赋家便借助比兴这一艺术手段,移情于物,以达到托寄言志、寄于象外的目的。这在我国古代的咏物诗赋,甚至散文中,都是普遍存在的。

第三,李东阳在《怀麓堂诗话》中说,"所谓比与兴者,皆托物寓情而为之者也。盖正言直述则易于穷尽而难于感发。惟有所寄托,形容摹写,反复讽咏,以俟人之自得。言有尽而意无穷,则神爽飞动,手舞足蹈而不自觉,此诗之所以贵情思而轻事实也。"这就是说诗赋家用比兴是为了加强表达的艺术效果,是在追求一种物我为一、主客体融合的艺术审美境界。例如祢衡、鲍照、王粲、萧子晖等作家,要突出自己的才华和美好品德,如"正言直述则易于穷尽,而难于感发"又缺乏理趣和艺术个性,于是托情于鹦鹉、舞鹤、槐树、冬草等物象来比兴寄托,寄情于物。这么一比兴,不仅易于感发,尚能"俟人以自得",做到"言有尽而意无穷"。当然赋家采用这种表现手法,也与赋家的处境、经历、心境是分不开的。

（原文刊载于《西藏民族学院学报》1994 年第 1 期）

魏晋南北朝隐逸赋初探

　　魏晋南北朝是一个极为动荡不安的时代,也是文学现象极为复杂的时代。追步许由、高蹈隐逸成为这一时期诗赋所表现的重要主题之一。长期以来,对这一时期的隐逸诗不乏专著、专文论述,而对隐逸赋却未见专文探讨,这势必影响对魏晋南北朝文学的总体把握与评价。为此,本文拟对这一时期的隐逸赋做一初步探讨。

　　东汉末年以后,军阀混战,群雄割据,三国鼎立。继之魏代汉,晋代魏,八王作乱,怀愍被掳,永嘉南渡,南北纷争。在仅仅二百年间,朝易三代,立国二十七。社会的动乱,引起社会思潮的巨大变化和人们的人生价值观、审美观的一系列变化,从而出现了一股浓烈的感伤思潮。在此背景下,追求精神自由和个性解放的道家思想又一次乘势崛起,愈来愈多地支配着人们的思想和行动。古已有之的隐逸思想、游仙幻想、饮酒旷放,迅速盛行起来。

　　作为中国士大夫文化组成部分之一的隐逸赋所表现的文化主题,一开始就带有中国式的哲理思辨意味。儒家文化的创始人孔子,其一生岌岌追求的便是"博施于民而能济众"的积极参与,但是,在现实规定性面前,他却不得不采取仕隐相兼的立身

267

行事原则,在政治失意后感叹道:"天下有道则见,无道则隐"①,"邦无道,则可卷而怀之"②。但这种"卷而怀之"的态度并不是最初的动机,而是一种自我主要价值的被否定。这种否定又促使他力图以适当的方式补偿,这便是后人所推崇的"孔颜乐处"。孔子十分崇敬那些能保全名节的隐士,说:"邦有道,贫且贱焉,耻也;邦无道,富且贵焉,耻也。"③这种羞耻观正是人自我意识较为自觉化的一个标志。孔子以这种羞耻观来衡量人仕隐的人格价值,说明孔子的出仕是以不损害人格为前提的。后世以弘扬自我、保持人格的尊严和完善为隐逸目的的中国文人,如陶渊明之流,即以此来作为立身行事之准则。

同孔子大异其趣的庄子,其隐逸是出于一种愤世嫉俗、全身远祸的自觉选择。他以神龟、鹓鶵自况,明言要"就薮泽、处闲旷,钓鱼闲处,无为而已矣"④。他赞赏辞天下而不受的许由,屡提隐士接舆,更有栎社树、大木、支离疏因"无用"而保全生命的故事。这些都表明庄子隐的目的在于自我保全。后世以避世远害为目的的隐者,如阮籍等,受庄周影响甚深。

魏晋南北朝隐逸赋正是受上述文化的影响。魏及西晋的隐逸赋所表现的主题与作者企慕隐逸的动机是:避世远害,弘扬自我与保持人格的完善和尊严。但这两方面在有些赋家与赋作中是相互交织的。东晋以后的隐逸赋所表现的主题与作者隐逸动

---

① 《论语·泰伯》,见《十三经注疏·论语注疏》卷八,中华书局1980年版,第2487页。

② 《论语·卫灵公》,见《十三经注疏·论语注疏》卷十五,中华书局1980年版,第2517页。

③ 《论语·泰伯》,见《十三经注疏·论语注疏》卷八,中华书局1980年版,第2487页。

④ 《庄子·刻意》,见《诸子集成·庄子集解》卷四,中华书局1954年版,第96页。

机,则多是由于对山水之恋。

曹植在报国无门,请缨无路,壮志无由施展的情况下,写作了不少隐逸诗赋。如《九愁赋》云:"知犯君之招咎,耻干媚而求亲。顾旋复之无轨,长自弃于遐滨。与麋鹿而为群,宿林薮之葳蕤……宁作清水之沉泥,不为浊路之飞尘。"以之来保持自我人格的完善与尊严。《归思赋》、《闲居赋》亦表现出一种隐逸情趣。

如果说曹植企慕隐逸是在报国无门的情况下为了弘扬自我,那么,"竹林七贤"的隐逸于竹林之下,"自得于林皋之间","游山泽,观鱼鸟","登临山水,终日忘归",则在于处于极端腐朽黑暗的政治背景下全身远祸的一种避世方法。因此,他们的赋作大都隐晦曲折,闪烁其辞,在避世之中隐含着愤世的不平。

西晋是一个极端奢侈腐朽的社会,生活在这样的时代社会中,文人士大夫的进退忧惧自然是更为深沉的。张华便是一个典型。他出身庶族,凭藉自己学业优博儒雅有筹略,逐步在官场中上升,以至于当上宰相。但是,他仕进于一个极端黑暗腐朽的昏乱王朝,使得他思想中始终交织着进与退、仕与隐的矛盾,其《归田赋》便表达了一种欲解脱于吏职而隐退于自然的情趣。

张华的这种身居高位而企慕隐退的心理,在当时具有代表性。进退仕隐体现了文人自我价值重荣重利或是重实重生不同层次的需要。嵇、阮对司马氏的坚不合作,纵酒倨傲;谢灵运对刘裕篡晋以"送龄丘壑"来"倔强新朝",这种变逃避为抗议的现象并不多,更多的是"伴君如伴虎"的谨慎为臣。大多数文士宦途蹭蹬,意志却不真正消沉;春风得意,却常常自感岌岌可危,老是不断适应群体匡范而动辄遭厄。这是中国封建社会广大文人上大夫的普遍心态。

如果说在西晋赋家的价值观中还存留着一些忧国、忠君的使命意识和从政志趣的话,那么,在东晋士人这里就很少有人为君为国而慷慨悲歌、壮怀激烈了。东晋士人已不再满足于像张华、傅玄、陆机、潘岳、左思等以社会为舞台，以报国为信念，去表现自我，实现为儒家行为准则所认同的个人价值，而是以山林田园为归宿，去净化完善自我，通过否定旧我而塑造新我，寻求新的人格价值。过去观念中社会职责、个人功名以及齐家治国平天下的奋斗理想，已被蔑视名利、爱慕自由、关注自我和向往隐逸所替代。他们希图通过隐逸，找到一块远离祸乱、避开社会、自由畅舒、清静安宁的"乐土"。于是归隐田园、遁迹山林便成了东晋士人争相趋赴的道路，隐逸生活便成为一种时代风尚。

正是在这种文人情感汇聚起来的时代氛围中，郭璞、孙绰、陶潜、谢灵运等将隐的审美情趣发展到极致。孙绰的《游天台山赋》便是在"方解缨络"的情况下，表现对天台山的壮丽景色的赞美与向往。赋虽夹杂仙道佛思，但其企慕隐逸于名山大川之趣却十分明显。其《遂初赋》、《望海赋》也表现了一种超然物外的出世思想。陶渊明是真正自觉走上归隐田园道路的诗人。他的《归去来兮辞》写在优美的自然景色中参加耕作的乐趣和乐天知命的人生态度，表现他是怀着如释重负的快感返回农村的。作者体悟到社会与人生的矛盾永远无法消除，不应为此而无谓地烦恼，所以他长叹道："已矣乎！寓形宇内复几时，何不委心任去留。"他决心顺应自然，在隐逸生活中度到生命尽头，做一个乐天安命的人。陶渊明的隐逸，体现了东晋士人共同的价值观——自我完善和人格自由以及对于自然山水的热爱。正是这种对于自然山水的热爱，促进了后世山水文学的繁荣。从晋宋之际的谢灵运直至由南入北的庾信，隐逸赋仍然沿着这条路线发展，山水意识逐渐增强，人们对山水的审美鉴赏趋于自觉。这样隐逸文化便日益与山水鉴赏相结合。

魏晋南北朝隐逸赋对以后的山水文学、旅游文学及隐逸文学都产生了深远的影响。魏晋南北朝的隐逸之士和企慕隐逸的士人，大都具有相当高的文学素养和山水审美眼光。他们放情山水，不仅仅限于观赏，而是得之于心，形之于翰墨。如《晋书·谢安传》载谢安"寓居会稽，与王羲之及高阳许询、桑门支遁游处，出则渔弋山水，入则言咏属文"。《晋书·孙绰传》载孙绰"居于会稽，游放山水，十有馀年。乃作《遂初赋》以致其意"。陶渊明乃"古今隐逸诗人之宗"①，他的文学素养和山水审美眼光都是卓立于当世的。他们以一代文宗的地位，长隐山林，吟咏山水，对山水意识、山水创作自然会产生深刻影响。谢灵运、丘迟、江淹等正是在崇尚隐逸、酷爱山水的情况下，创作了大量的吟咏山水自然的诗赋。吟咏山水，同时也带动了日益频繁的游览活动，从而促进了游记文学的产生。东晋时期，旅游胜地有庐山、会稽等地。在这两个游览中心曾有过两次著名的大规模的游览创作活动：一次是永和九年(358 年)三月三日的"兰亭之会"，王羲之、谢安、支遁等四十二人在会稽山阴之兰亭，观赏风景，临流赋诗，并编有《兰亭集》，王羲之作序，成为文学史、旅游史上的佳话。另一次是隆安四年(400 年)仲春二月，释慧远、慧永等三十馀人在庐山石门所举行的山水游览创作活动。除这两次大规模活动外，陶渊明等人也曾在庐山南之斜川举行过游览创作活动。这些都极大地带动了后世隐逸文学的繁荣。

（原文刊载于《山西师大学报》1994 年第 3 期）

---

① ［梁］钟嵘著，曹旭笺注《诗品笺注》，人民文学出版社 2009 年版，第 154 页。

论魏晋南北朝咏物小赋

魏晋南北朝时期随着赋的题材内容的开拓,原来在京殿苑猎的体物大赋中只起点缀作用的树木花草、鸟兽虫鱼,这时作为独立的审美对象堂而皇之地大量进入赋的题材,成为赋家所赋吟的审美对象。赋家正是通过这些草区禽族、庶品杂类的描写来抒发情怀,揭露和批判黑暗现实。因此,这类小赋并非纯客观地、孤立地描摹物象,而是借物抒情,通过对于自然物类的变化及其相互间的内在联系的细腻铺陈,含蓄地表现作者的内心世界,自然物成为作家内在感情的载体。一方面由于作家的思想感情是社会生活的产物和反映,因而这类作品便在不同程度上反映了一定的社会生活内容;另一方面,由于赋家在赋中寄寓的思想感情不同,因而即使赋吟同一事物的赋作,也呈现出不同的风貌,这就使这类咏物小赋表现出多样化、个性化的特征。

1. 汉赋对于客观外物的铺陈,追求的是一种"植物斯生,动物斯止……,伯益不能名,隶首不能记,林麓之饶,于何不有"①式的博大繁富,并不细致清新。在这种博大繁富的张扬铺陈中,流转着一种正在大力扩展生存领域的、遒劲雄迈的生气与活力。

---

① [汉]张衡《西京赋》,见《文选》卷二,上海古籍出版社 1986 年版,第 64 页。

这种生气与活力,既是通过那些夸富赛博的京殿苑猎生活画面直接地显现出来,又常常是从超时空的、幻想的、极度夸张的,甚至是神异的、带有巫术意味的题材中曲折地映透出来,从而展示了一种雄壮浑莽的风貌。在这种大一统的浑融雄莽中,汉赋对于自然物的表现还只是一种夸诞的、表面的、粗略的描写,而非明晰的、深邃的、精致的反映。自然物只是"润色鸿业"的点缀,而缺乏独立的个性。

然而,随着大一统的帝国的消亡,随着民族审美情趣的历史发展,汉大赋的繁富、浑莽、厚重的气息被"绮靡"、"浏亮"的审美要求所取代,汉赋的"语瑰奇,则假珍于玉树;言峻极,则颠坠于鬼神","验理则理无不验,穷饰则饰犹未穷","虚用滥形"而"义暌刺也"①的虚妄、夸饰之习受到激烈的批判。人们不仅要求从汉赋的稚拙走向精致和细腻,而且还要求从汉赋的繁富走向纯净和深远。从对于物的横向的张扬走向对于意境的深邃的开拓,亦即不再是在外物的铺陈堆垛中展现一种飞扬厚重的气势,而是在对物的精细刻画中,追求一种隽永的意味。

另一方面,魏晋南北朝是一个极为动乱的历史时期,在惨烈的现实遭遇中,人们的情感体验日益丰富而复杂,但在黑暗的社会现实中,这种情感体验作者不能直接吐露,便自然地借物以寄意,这样自然物就日益成为人们内在感情的载体。这就使得写进赋中的自然物,脱去了汉代那种作为权势夸耀和涂饰斑斓的外衣,而展现出一种"感荡心灵"②的动人面貌。于是,弥漫在当时整个社会的人生忧患意识,从大仪斡运、天回地游、四气鳞次、寒暑环周的自然景候的变化上,取得了一种外在的感性的直观。

---

①　刘勰《文心雕龙·夸饰》,见范文澜注《文心雕龙》,人民文学出版社 1958 年版,第 609 页。

②　钟嵘《诗品序》,见陈延杰《诗品注》,人民文学出版社 1980 年版,第 3 页。

人们睹物伤情,物变惊心,一时成为一种普遍的社会心态。

在这种社会心态的基础上,人们对于心灵感荡的抒发有了一种全新的要求。不仅"塞客衣单,孀闺泪尽"这一类人生的遭遇,被视为"非长歌何以骋其情"的对象,而且"春风春鸟,秋月秋蝉;夏云暑雨,冬月祁寒",也被看成"四候之感诸诗者也"①。在人们感情体验日益空前深沉的情况下,赋不再被视作"雕虫小技",而被看作抒情言志的工具了。而自然之物亦不再单单是自生自灭的客体,而成为赋家的审美对象,成为审美主体的情感载体,这便自然地产生了大量的"假草区以致兴,托禽族而言志"②的咏物抒情小赋。

2. 魏晋南北朝咏物小赋通过咏物,对于黑暗的社会现实及丑恶的社会现象予以辛辣的讽刺。赋中的讽刺之作可以追溯到宋玉的《风赋》,到汉代讽谕赋的产生。但这些赋所讽谕的对象还是封建帝王,其题材内容还只限于宫廷之内,所反映的社会生活面还相当狭窄,并未超出"主文而谲谏"的范围。赵壹《刺世嫉邪赋》的题材有所开拓,讽谕的对象不再是帝王,而转向封建社会的人情世态,这是一个很大的转变和开拓。但通篇愤怒的谴责,虽淋漓尽致,却不免一览而过,缺乏含蓄和馀味,艺术性较差。借咏物以讽世的赋,实始于曹植的《蝙蝠赋》、《鹞雀赋》等作品。

《蝙蝠赋》对那"形殊性诡,每变常式"的"吁呵奸气"的蝙蝠予以漫画式的描绘。它"行不由足","飞不假翼",可见其横行无忌、专横跋扈,为所欲为。它"明伏暗动",躲在阴暗角落里,专搞阴谋诡计,挑拨离间,玩弄权术,巧设陷井,陷害忠良,伺机邀宠。

---

① 钟嵘《诗品序》,见陈延杰《诗品注》,人民文学出版社 1980 年版,第 2 页。

② 参见《论魏晋南北朝抒情小赋的比兴作用》(载《固原师专学报》1993 年第 2 期)。

它既非鸟又非兽，"飞而含齿，巢不哺觳，空不乳子"是一个六亲不认的家伙。既"不客毛群"又"斥逐羽族"，它"下不蹈陆，上不冯木"，无中生有，恶毒陷害，是其本能。这表面看来似乎纯是对蝙蝠特点性能的描绘，实际上是对那些"形殊性诡，每变常式"、变化无常、阴险歹毒的"小人"的讽刺。这类既无操守而又阴险奸诈的无耻之徒，在封建社会无疑是大量存在的，因而此赋所反映的内容便具有一定的典型性。它不只是一个"蝙蝠"，而是一类小人的形象刻画。

曹植之后借物以讽世的咏物小赋大量出现，阮籍的《猕猴赋》便是托物言志，借题发挥，对那"人面而兽心"的猕猴作了淋漓尽致的铺陈。这"体多似而匪类，形乖殊而不纯"的猕猴，并无什么审美意义，作者之所以描写它，自然不是从审美的角度去赞美它，而是以比兴手法，借物喻人，托意讽世。所以作者完全将猕猴拟人化，从"昔禹平水土，而使益驱禽"写起，先概述丰狐、骀虞之类皆"以其壮而残其生"，再述熊狟之流也因贪利求食而为擒，然后才铺陈猕猴也像熊狟、丰狐一样，皆不免"婴徽缠以拘制"的下场。陈伯君先生说："此文似有讽而作，否则，不至无端为猕猴写照……疑此文为讽刺或悼叹曹爽而作。"[①]此说具有一定道理。但此赋并非讽刺某个具体的人，而是对于那些人面兽心、阴险奸诈的无耻之徒的辛辣讽刺和深刻揭露。阮籍"本有济世志"，但是他所处的时代正是司马氏集团与曹氏集团斗争最为激烈的时候。此时"名士少有全者"，他一方面与曹氏家族有历史渊源，另一方面他作为名士兼士大夫——统治集团内部的一员，深知司马氏们的为人，所以瞧不起司马氏集团。司马师就是一个"人面而兽心"、"巧言而伪真"的伪君子。阮籍面对的是这

---

①　陈伯君《阮籍集校注》，中华书局1987年版，第46页。

样一个阴险之徒,同时,司马氏的帮凶钟会之流,又累以时事问阮籍,"欲因其可否而致之罪"。① 他秉性至刚,对于这伙人面兽心的奸诈之徒,自然恨之入骨,但在残酷的现实面前,他又无法直言,因此只能借物以寄意,他笔下的猕猴,显然是司马师、钟会之流的社会群丑的物化表现,这是其中一方面。

另一方面,以此赋的构思来看,作者笔下不但写了猕猴,还写了驺虞、丰狐、熊狙之类,这显然是对一切才美外露,又逞巧献伎、贪求功名富贵的追逐利欲之人的讽刺和悲叹。他们就像那丰狐、猕猴一样,最终都无法逃脱人世间的罗网,只能落得个"顾西山而长吟"的可悲结局。

这类咏物小赋在魏晋南北朝大量存在,就连辞赋不甚发达的北魏也有。元顺的《苍蝇赋》文风质朴,笔法颇似赵壹的《刺世嫉邪赋》。此赋虽乏文彩,但首段还比较生动。赋云:"遐哉大道,廓矣洪氛。肇立秋夏,爰启冬春。既含育于万姓,又刍狗而不仁。随因缘以授体,齐美恶而无分,生兹秽类,靡益于人。名备群品,声损众伦。欹胫纤翼,紫首苍身。飞不能迴,声若远闻。点缁成素,变白为黑。寡爱芳兰,偏贪秽食。集桓公之尸,居平叔之侧。乱鸣鸡之响,毁皇宫之饰。习习户庭,营营榛榛。反复往还,譬彼谗贼。肤受既通,谮润罔极。缉缉幡幡,交乱四国。"赋中对"点缁成素,变白为黑,寡爱芳兰,偏贪秽食"的苍蝇描写,实际上是对那些"交乱四国"的奸恶小人的拟物化表现。他们为非作歹,颠倒黑白,近小人而远君子,追逐恶臭而陷害清白,便是其本质。

卢元明《剧鼠赋》在艺术上较《苍蝇赋》进了一步。赋虽写得隐晦曲折,但通过鼠类的形状、居处及其习性出没的描写,还是

---

① 《晋书》卷四十九《阮籍传》,中华书局 1974 年版,第 1360 页。

可以看出,他对那些"偏多奸计"、"乘间"危害人们生活的社会群丑,给以辛辣的讽刺。

此外,成公绥《螳螂赋》、《蜘蛛赋》,郭璞《蚍蜉赋》、傅玄《斗鸡赋》、卞彬《蚤虱赋》、《虾蟆赋》、《蜗虫赋》等,都在不同程度上对于封建社会的种种罪恶及人情世态、宦海沧桑予以深刻的揭露和大胆而又含蓄的抨击,具有一定的认识价值。

3. 魏晋南北朝咏物小赋的另一主题表达了对封建社会压抑人才、小人得志、正人君子备受排斥和打击的不合理现象的强烈愤懑和不满。同时也隐晦曲折地揭示了统治阶级内部激烈的矛盾斗争及其弱肉强食的罪恶本质。祢衡《鹦鹉赋》借写鹦鹉以自况,将自己生当乱世的不幸、屡受迫害的经历以及在残酷的现实面前委曲求全的强烈生命意识,表现得淋漓尽致。这实际上也是对整个封建社会所有才士悲剧命运的艺术概括。同时,作者借鹦鹉的自述,揭露了统治阶级对于人才的残酷迫害和压抑①。

曹植的咏物小赋与其诗一样,含蓄曲折地表达了屡受打击和沉重压抑的苦闷。由于前期与曹丕争为世子的经历,使他备受曹丕父子的猜忌和迫害。一方面建功立业的抱负无法施展,另一方面则忧谗畏讥,担心遭受灭顶之灾。这些不幸的生活经历和现实痛苦也表现在其赋中。《鹞雀赋》以雀与鹞的对话、老麻雀与小麻雀的对话,将以大欺小、弱肉强食的社会现象予以形象而深刻的揭示,含蓄曲折地表达了自己屡受打击迫害的忧患②。《蝉赋》则借蝉以自喻,首写蝉"澹泊而寡欲"的品性,它虽然"内含和而弗食,与众物而无求",然而也难逃黄雀、螳螂的"作

---

①　参拙作《论魏晋南北朝抒情小赋的形象刻划》,载《西藏民族学院学报》1993 年第 2 期。

②　参拙作《论魏晋南北朝抒情小赋的内在结构》,载《西藏民族学院学报》1992 年第 3 期。

害"。"冀飘翔而远托",又有蜘蛛、草虫的劫难。上有黄雀、螳
螂,下有蜘蛛、草虫,几乎没有它的安身之地,但更为可怕的还是
那牧童的缘树而捕。蝉的处境、遭遇无疑是作者自身险恶处境
的物化表现。他不仅报国的壮志无法施展,而且平常的居止亦
颇受监视和压抑。作者对这种压抑和迫害在许多咏物赋中都有
所揭露,如《离缴雁赋》、《白鹤赋》、《鹞赋》等,都不同程度地反映
了这一社会现实。这些赋作在曲折地反映出统治阶级内部复杂
的矛盾斗争的同时,也深刻地揭示了统治阶级以天下为己有,连
亲生骨肉也不放过的凶残本质。

在曹植之前,屈原在其作品中也集中表现了一个失意者的
悲愤,但屈原之作眷眷以国事为念,其忧国之情更为沉郁而激
烈。曹植的诗赋虽也颇及国事,其慷慨情怀虽也以报国为目的,
然而,曹植于报国之中,更多的则有对"名挂史笔,事列朝策"①、
"建永世之业,流金石之功"②这种个人声名、价值的追求。他的
诗赋中有屈原作品中所没有的同渴望声名及追求自由相联系的
慷慨之音,但激烈愤怨的情怀却远不如屈赋。作为一个屡遭打
击的"拘囚",曹植不敢言。在灌均阿承曹丕旨意奏其罪而被贬
为安乡侯时,他不得不上表说一通"臣自知罪深责重,受恩无
量"③的话。甚至还将灌均所上关于他的奏章和"三台九府所奏
事,及诏书一通,置之坐隅","朝夕讽咏,以自警诫"④。其自加

---

① 曹植《求自试表》,见《全上古三代秦汉三国六朝文·全三国文》卷十五,
中华书局 1958 年版,第 1135 页。

② 曹植《与杨德祖书》,见《全上古三代秦汉三国六朝文·全三国文》卷十
五,中华书局 1958 年版,第 1140 页。

③ 曹植《谢初封安乡侯表》,见《全上古三代秦汉三国六朝文·全三国文》
卷十五,中华书局 1958 年版,第 1133 页。

④ 曹植《写灌均上事令》,见《全上古三代秦汉三国六朝文·全三国文》卷
十五,中华书局 1958 年版,第 1131 页。

贬抑的屈辱心情于此可见。正因为如此,所以他常用比兴手法,以花鸟树木自喻,借咏物以抒写自己的怨艾。由此,他的诗赋虽缺乏屈作那种震撼人心的力量,但却形成了一种深婉委曲的风格。这种深婉含蓄的情怀,更适合于中国封建社会士人怨而不怒地表达感情的心态。同时,屈赋所表现的眷眷国事的情怀是一种苍莽浑融的群体意识,而曹植赋所表现的建功立业及其不能施展的苦闷,则是一种个性意识的要求,这是个性有了一定程度觉醒的产物。曹植无疑是中国赋史上第一个较为集中而深入地展示了一个觉醒了的个性心灵的赋家。曹植之后的咏物小赋,虽也不乏借咏物以讽世、抒发其苦闷和受压抑的情怀,但更多的则是转向以咏物来表现自己的情怀及其对人生价值的追求和个性人格的寄托。

4. 魏晋南北朝是一个人的主体意识逐渐觉醒的时期,同时又是一个动乱不安的时期。一方面逐渐觉醒了的人的主体意识得到弘扬,建功立业、实现其人生价值成为一种强烈的时代呼声,另一方面动乱的社会现实又使人人自危,朝不保夕,特别是统治阶级之间的倾轧、政治的腐朽黑暗,门阀士族制度的严厉制约,又无不束缚作家士人的个性要求,使其不但饱受压抑而且有着极为深刻的忧患意识。这种主客错位的矛盾,在这一时期表现得特别突出。如何解决这种矛盾,获得心理的平衡? 一些赋家便借咏物以表达自己的人生价值和个性人格,产生了不少以咏物来表达人格理想和人生价值的咏物小赋,如《鹪鹩赋》、《雁赋》、《仪凤赋》、《尺蠖赋》、《飞蛾赋》、《冬草赋》、《山兰赋》等等。

《鹪鹩赋》是张华早年未知名时的作品,其中表达了一种恬逸自安的思想,寄托了作者的人生态度。鹪鹩个小、色浅、肉臭,没有什么特点,所以得不到人的重视。它也要求不高,并不追求更大的物欲,也不追求别人的注意。这正是它的智慧所在,也是它能自由生活的原因。而鹦鹉之流,或以其才质之美而遭受罗网,或以其怀抱四海之志而"负缯"受缴。故大和小、贤和愚并非问题关键,关键在于如何处理好自己与环境、个人与社会、志向与物欲的关系。赋中所赞美的鹪鹩,与作者思想个性是一致的。张华出身庶族,"少孤贫",以牧羊自给①。而他年轻时的社会政治环境,又正是曹魏和司马氏两个集团激烈搏斗的时期。在"不怀宝以贾害,不饰表以招累"的自我警惕之中,他表现了一种知危求安的心理。早年具有浓厚的逸世以隐遁的老庄思想,所以他用处身以智来自戒。然而,随着他凭藉自己优博儒雅的学识和筹略,逐步在官场中升迁,最初的自我警戒似乎忘之于云外,以至于"为宰相,任天下事"②。他的不幸便从此开始了。他仕进于一个极为腐朽的黑暗王朝,尽管他"尽忠匡辅,弥缝补阙"③,忠心耿耿,尽忠政务,但最终还是在统治阶级的皇室内讧中死于非命。

张华的遭遇不仅仅是他个人的悲剧,而是身处于整个封建社会中所有士人的悲剧。人不能不在社会中生活,每一个个人的发展总是有赖于其他人的发展而发展。但是,每个人都处在一个特定的社会位置之中,又不免受到社会环境的束缚和制约。本来,人在外在的对象化活动中,应该感受到其内在本质力量的存在和成长,然而人的这种外在活动反转过来变成了压抑人的力量,则使人们感受到一种自我的丧失。于是,摆脱这种压抑性的外在活动,便成了恢复、保存其自我的一个绝对必要的前提。由于这种压抑性的外在活动,往往是由每一个人所处的社会地位和社会时代所造成,而人们在社会中又往往难以摆脱这种特

---

① 《晋书》卷三十六《张华传》,中华书局1974年版,第1068页。
② 同上书,第1074页。
③ 同上书,第1072页。

定的社会地位和时代环境,因而寄意自然、甚至置身自然便成为摆脱这种社会压抑和环境异化的一种途径。张华在《鹪鹩赋》中所表述的思想和人生态度,便是这种摆脱社会压抑的思想反映。但是,人的内心世界是极为复杂的,人又是一个有知有欲的活生生的人,企图摆脱压抑、免受残害,这无疑出于人的生存本能,但一旦压抑松动,环境有利,试图跻身于现实社会之中、追求自身的生命价值和人生意义的实现,这同样也是人的本能意识。所以,张华晚年一反《鹪鹩赋》所述恬退之旨,而企向于"独步圣明世,四海称英雄"(《壮士篇》),也是无可厚非的。张华的前后思想及其遭遇,在封建社会具有典型意义。

如果说张华《鹪鹩赋》表现了其恬退自安的生命价值趋向和人生态度的话,那么傅咸的《仪凤赋》却表现了积极用世、兼济天下的人生价值观和个性人格。张华认为鹪鹩因其形微处卑无所用之,故物莫之害,才能保持其自由和圣明。但傅咸却"以为物生则有害,有害而能免,所以贵乎才智也。夫鹪鹩既无知足贵,亦祸害未免,免乎祸害者,其唯仪凤也"。仪凤"体该众妙,德备五灵","心悠眇眇其悠远兮,意飘飘以遐征。翔寥廓以轻举兮,凌青霄而绝形"。它"出处之有经,岂以美而贾害兮,固以德而见荣"。傅咸笔下的仪凤,既大且美,它不但能引起人们的注意,为人所用,而且有才能保护自己不为人所害,这正表现了傅咸积极用世的人生态度。

傅咸的《萤火赋》歌颂萤火虫"不以资质之鄙薄兮,欲增辉乎太清。虽无补于日月兮,期自照于陋形。当朝阳而戢景兮,必宵昧而是征。进不竞于天光兮,退在晦而能明。谅有似于贤臣兮,于疏外而尽诚。盖物小而喻大兮,固作者之所旌。假乃光而喻尔炽兮,庶有表乎忠贞"。萤火虫虽不能与日月相比,也不能在白天发光,但可贵的是它并不因此而退缩和遗恨,而是有一份热,发一份光,有一技用一技。在作者看来,人也应该像萤火虫那样,尽力发热,用自己的光和热实现其自身的生命价值,保全自身。这体现了其积极用世的人生态度。

潘岳《萤火赋》也是赋咏萤火虫的,但同时在萤火身上,注入了圣贤哲人的灵魂,成为一种理想人格的象征。小小的萤火虫飞飞停停,在黑夜中无声无息地闪着光亮,不管是狂风骤雨,还是寒风习习之夜,无论在怎样恶劣的环境中,它总是忠贞不渝,明影畅遐。它没有贪欲,只要饮湛露于旷野,只要一片垂叶的庇护。它对万物也没有占据的欲望,更毫不顾及前面的网罗。它唯一的愿望是只想给暗夜增加一点光明,在黑夜中独自闪着光向前飞行。时代、环境虽处在昏昧中,而他的道路总是伴随着光明。这显然是作者一种理想人格的表白。萧绎《咏萤火诗》云:"著人疑不热,集草讶无烟。到来灯下暗,翻往雨中然。"虽曲尽体物之妙,但却很少主观情感的移入。这不仅反映了作家审美情趣的不同,也表现出作家不同的人生态度和个性人格。

综上所述,魏晋南北朝咏物小赋以比兴象征的手法,假草区以致意,托禽族而言志,或揭露和批判黑暗现实,或讽刺丑恶的人情世态,或控诉对人才的压抑和迫害,或揭露统治阶级的内部矛盾斗争,或表现人生态度和个性人格,笔调伸向社会每一个角落。不但反映了较为广阔的社会现实,而且具有较高的审美价值。它们犹如一朵朵艳丽的花朵,点缀着五彩斑斓的文坛;犹如一颗颗闪耀的明珠,在文学的长河中放射出耀眼的灵光。

(原文刊载于《西藏大学学报》1994 年第 3 期)

论魏晋南北朝"悲士不遇"赋

历来对诗歌创作中的悲士不遇主题的探讨不乏专著、专文,但对赋中的"悲士不遇"主题,至今尚未见专文论述。因此,本文拟对魏晋南北朝"悲士不遇"赋做一初步探讨,以求抛砖引玉,请教于方家。

一

社会现实对人的压抑具有很大的历史惯性,因而抒发怀才不遇、生不逢辰,便成为文学作品一个相当普遍的主题。汉代以前,屈原的作品中便表现了作为一个士大夫的悲愁和苦闷,但与后代悲士不遇不同的是,屈原作品中所展示的个人悲哀苦闷,并非为自身的生不逢辰、怀才不遇而发,而是为君主的昏庸误国、为民生的艰难困苦、为自己被逐而远离故都、政治理想无由施展而发。他所考虑的并非个人的进退荣辱,而是整个民族、国家的兴衰。到了宋玉,由于缺乏屈原那种至大至刚的人格,他的《九辩》主要围绕个人的失意,反复咏叹"贫士失职兮志不平"、"惆怅兮私自怜",突出了个人怀才不遇的牢骚不平。由此,可以说在中国古代文学史中,发抒生不逢时、怀才不遇之苦闷者,乃首端于宋玉。

汉代由于封建政权的巩固,士人施展才华、实现宏图的唯一途径便只能是博得君主的赏识。而这条路确实太狭窄了,由是,悲士不遇主题便极大地突出起来。贾谊《吊屈原赋》、严忌《哀时命》、东方朔《七谏》、刘向《九叹》、王逸《九思》……这些众多的代言体的悼屈赋,着力代屈原陈辞,抒发其不受知于君、不见容于世的愤懑不平,实质上是借他人之酒杯浇自家之块垒,抒发自己生不逢时、怀才不遇的牢骚。在这类题材的赋中,唯有董仲舒、司马迁等人的赋直抒胸臆,较以前的同类赋作要深广得多。

董仲舒的《士不遇赋》,开篇即以"呜呼嗟乎,遐哉邈矣!时来曷迟,去之速矣"的慨叹,直言士人的处世艰难,接着抒发生不逢辰、进退维谷的苦闷:"生不逢三代之盛隆兮,而丁三季之末俗! 末俗以辩诈而期通兮,贞士以耿介而自束。虽日三省于吾身兮,犹怀进退之维谷。"在抒写自己生不逢辰的苦闷之后,表示自己既不能像伯夷、叔齐避世远隐,又不能如伍员、屈原湛身正道,最终只有"孰若反身于素业兮,莫随世而轮转"。其所谓"反身素业",便是"以修学著书为事"[1],表明其人生的归宿,乃不出于"立言"以求不朽之途。

继董仲舒之后,司马迁《悲士不遇赋》的揭露更为深刻。他由于受宫刑的惨痛遭际,感情极为愤慨,对统治阶级的腐朽残酷的本质有着更为深刻的认识,对封建势力压抑人才的罪行有着更深刻的体验。因此,赋开首便发出沉重的感喟:"悲夫士生之不辰。"接着由个人才不得用、志不得伸的苦闷,进一步深入到对美恶难分、公私混同的社会现实以及"好生恶死"、"好贵夷贱"的人情世态的猛烈抨击。但通观全赋其所表现的思想却较为复杂;一方面说:"没世无闻,古人惟耻。朝闻夕死,孰云其否。"另

---

① [汉]班固《汉书·董仲舒传》,中华书局 1962 年版,第 2525 页。

一方面却又在结尾表示"无造福先,无触祸始,委之自然,终归一矣"。以道家的"以虚无为本,以因循为用"①的思想来消解其悲愤。

汉末及魏晋以后,由于社会的极为动荡,战争、丧乱的频繁,加之人的主体意识的逐渐觉醒,使得这一时期抒写生不逢时、不获世用的悲愤和苦闷的作品便大量产生,汇成一股强大的要求个性解放、实现其人生价值的时代洪流,冲击着封建统治的大堤!

生当汉末魏初的祢衡便在其《鹦鹉赋》中,愤怒地质问:"碜禄命之衰薄,奚遭时之险巇!岂言语以乱阶,将以密以致危?"慨叹己之不辰、动辄得咎。他虽然有"想昆山之高岳,思邓林之扶疏"的远大志向,然而"顾六翮之残毁,虽奋迅其焉如"?深刻地揭露了统治阶级对人才的压抑、残害,使他们无由施展抱负,只能慨叹志士不遇的苦闷。

王粲虽有"假高衢而骋力"的抱负,幻想能有施展的机会,然而却"遭纷浊而迁逝兮,漫逾纪以迄今",在东汉末年的大动乱中,理想既无从实现,才能亦无处发挥,他只能慨叹:"背尼父之在陈兮,有归欤之叹音。"借以抒发其不获世用的苦闷。在这种失意的悲叹中,既有对统治者所造成的动乱社会现实的不满,也蕴含着对当时刘表昏庸、不能知人善任的讽刺。王粲对封建统治的腐朽及对现实昏暗的认识和批判,远较汉人进了一步。

曹植由于其自身不幸遭遇,使得他的诗赋充满了深沉的怨愤。其《鹦鹉赋》、《离缴雁赋》、《鹖雀赋》、《蝉赋》、《白鹤赋》、《鹞赋》等借物咏怀的赋,一方面抒发其"体贞刚之烈性,亮乾德之所

---

① ［汉］司马谈《论六家之要指》,见《全上古三代秦汉三国六朝文·全汉文》卷二十六,中华书局1958年版,第270页。

辅"(《鹖赋》)的道德人格;一方面发抒其"遇旅人之严纲,残六翮之无遗"(《鹦鹉赋》),"常戢心以怀惧,虽处安其若危"(同上)的被迫害、被压抑的愤懑;另一方面则"冀大纲之解结,得奋翅而远游"(《白鹤赋》),幻想统治阶级能够解除对自己的压抑打击,但实际上是不可能的。如果说这些咏物小赋还是以比兴的手法,委婉曲折地表现了对压抑的悲愤,那么《九愁赋》、《感节赋》、《闲居赋》等,则对这种压抑迫害予以更为直接而深刻的揭露。这类赋比其同类诗更为沉痛悱恻,凄伤而哀怨,委婉之中充溢着不满,悲愤之中又不绝于企望。情感的抒发十分细腻,加之篇章之安排曲折腾挪,因而在建安赋作中是十分引人注目的。在中国辞赋史上,像曹植这样充沛地展示一个失意个性之内心世界的,此前只有屈原一人。

曹魏之后天下多故。现实更为黑暗,统治愈加残酷。门阀士族制度对士人的压抑更为深重,从而产生了大量的悲士不遇的讽世赋作。如王沈《释时论》写到:"德无厚而自贵,位未高而自尊。眼冈向而远视,鼻鼺鼮而刺天。忌恶君子,悦媚小人,敖蔑道素,慑吁权门。心以利倾,智以势惛。姻党相扇,毁誉交纷。"

张敏《头责子羽文》以头和子羽的对话,幽默风趣而又十分辛酸地吐露了门阀制度压抑下文士的苦闷。左思《白发赋》更包含着门阀制度下不得已的寒门士人的辛酸泪。

东晋陶渊明《感士不遇赋》可说是集悲士不遇赋之大成。在赋序中他直接了当地对当时的丑恶现实予以愤怒而大胆的抨击。说炎黄以后的社会是"密网载而鱼骇,宏罗制而鸟惊","雷同毁异,物恶其上。妙算者谓速,直道者云妄。坦至公而无猜,卒蒙耻以受谤。纵怀琼而握兰,徒芳洁而谁亮?"生在这样一个丑恶的社会环境中,真伪莫辩、良莠不分、是非颠倒,他只能悲叹

"哀哉！士之不遇。已不在炎帝、帝魁之世，独祗修以为勤"。其对黑暗现实、丑恶世俗的抨击，较董、迁要深广得多。赋末所抒发的"宁固穷以济意，不委曲而累己"，正是其高洁人格的体现。此赋或抨击丑恶的社会世俗，或抒写归隐的复杂情怀，或倾吐执着的人生追求，分别从不同的角度表达了自己的生活态度以及内心的痛苦。这既是作者个人不幸遭遇的概括，同时也概括了那个时代所有正直知识分子的遭遇以及他们的呼声和悲情。从反映这样一个特定时代声音方面看，《感士不遇赋》是无与伦比的。在东晋文坛上，能喊出这样大胆、愤激的慷慨之音，能燃起这样的感情烈火而又能如此坦率表达的赋家，陶渊明几乎称得上是唯一的一个。后来悲士不遇的赋，虽数量仍不少，但很少能达到这样的高度。

由此可见，悲士不遇实际上是文士对于其所处的现实社会不满的产物，是压抑下一种苦闷情绪的反映。

二

魏晋南北朝悲士不遇赋融汇了赋家们对社会、人生、历史、现实丰富复杂的反映与思考，不仅反映了它们所产生的时代特征，而且也在思想性、艺术性方面具有自己的特色和成就，给中国古典文学的创作及其理论、批评带来重要影响，并在一定程度上体现了中国古典文学的某些基本特征，概括起来大致有如下方面：

（一）强烈的参与意识。魏晋南北朝绝大多数抒情小赋或直抒胸臆，或托物言志，表现出一种强烈关心政治的倾向和创作主体的一种极强的参与意识。从祢衡、王粲、曹植，一直至张华、陆机、潘岳、左思、陶渊明、傅亮、鲍照、江淹、庾信，这些众多的悲士不遇赋的创作主体，本来就是一群具有很强政治意识和从政愿望的士大夫文人。他们仕途失意后在赋中所表现的也往往都是与政治相关的内容和不能忘怀现实的感情，表现出一种关注社会现实、参与社会政治的强烈意识。

魏晋南北朝悲士不遇赋所表现的这种参与意识，上继《诗经》、《楚辞》、汉乐府民歌及汉代抒情小赋的"兴观群怨"、"正得失、动天地、感鬼神"、"饥者歌其食，劳者歌其事"的优良传统，下启韩愈"文以载道"、白居易"为君为民为物为事而作"，直至龚自珍、魏源主张文学要反映社会现实政治的优良传统，形成了中国古代文学一种强烈的关注社会现实，作家关心和参与社会政治的优良传统和特点。

（二）深广的忧患意识。政治道路上的失败对于心怀兼济天下之志的赋家来说，不仅意味着个人理想愿望的破灭，也加深了他们对国家前途、人民命运的忧虑。这种意绪、情思反映到魏晋南北朝"悲士不遇"主题的赋中，就形成了一种极为深广的忧患意识。这种忧患意识，可归纳为三类：

1. 对国家前途、民族命运的忧患。魏晋南北朝是一个动荡不安的时期。兵连祸结，国土分裂，当时的著名赋家如曹操、曹植、王粲、祢衡、阮籍、左思、向秀、鲍照、庾信等等，都饱历风霜患难，在政治上都能忧心国事。他们的赋中，虽然不乏慷慨高歌、志气昂扬的精神，但更多的则是深沉浓烈的忧患意念。这在王粲《登楼》、曹植《九愁》、谢灵运《撰征》、《归途》、陆机《叹逝》、向秀《思旧》、鲍照《芜城》、吴均《吴城》、江淹《哀千里》、沈约《悯国》、庾信《哀江南》等赋中，表现得尤为突出。忧心国事成为魏晋南北朝抒情赋的主调。

2. 对民生多艰的忧患。在魏晋南北朝赋中，忧国常和忧民联系在一起，这也是我国古代文学的传统和特征之一。但值得注意的是,有一些赋家和赋作直接对民生的多艰发出了深深的忧虑。如束皙就曾写有《劝农赋》、《贫家赋》、《饼赋》。《劝农赋》揭露了所谓劝农之吏,实际是农家的害虫。他们不过是"专一里之权,擅百家之势"的微末小吏,却可以"与夺在己,良薄滄口",而"定一以为十,拘五以为二",而他所需的不过是"鸡豚"、"壶浆"满足一下口腹之欲,却也扰得人身心不宁,使百姓不堪其苦。《贫家赋》则对贫苦友家的困窘状态予以淋漓尽致的描绘,对百姓的苦难寄寓了深切的同情。这在两汉及后代的赋中都是少见的。

3. 对人生的忧患。这类作品随处可见,这种忧患人生的意识,主要出于个人的一种社会使命感。它在魏晋南北朝抒情赋中表现有二:

(1) 理想与现实(社会政治)的冲突。秦汉专制制度形成之后,士人只有为朝廷——君主所用,才能施展抱负,实现理想。这样,古代士人极易养成一种依附性人格,把生存价值、崇高理想都寄托于高高在上的帝王,即使像"竹林七贤"这样傲视权贵、具有反抗性格的知识分子,也都企求帝王的赏识和器重。但是,真正爱惜人才的帝王毕竟太少,加之奸臣当道,贤者遭弃以及魏晋之后的以门第取士,致使"上品无寒门,下品无庶族"。所以当正直文人怀抱济世拯物之志步入社会时,大都痛苦地发现仕途多舛,举步维艰。且不说像左思、鲍照这样出身寒门的士人有"不遇"的慨叹和被遗弃的愤懑,即便是贵为王侯的曹植,也何尝不曾有"独圈牢之养物"、"闲居非吾愿"的愤懑呢?这样,忧患理想破灭、壮志难酬,便成为赋家屡写不衰的主题。同时,正因为政治上的磨难蹭蹬,又为他们的创作提供了深刻的社会内容。曹植如没有"贵为王侯,实同囚徒"的遭遇,恐怕就不会有诗赋上如此的成就。这正如陆游《读唐人愁诗戏作》所说"天恐文人未尽才，常教零落在蒿莱。不为千载离骚计，屈子何由泽畔来"了。

（2）人生短暂与时空无限的矛盾。魏晋时代是一个人的觉醒的时代。汉末《古诗十九首》中所抒发的"人生非金石，岂能长寿考"的忧患悲歌，在魏晋南北朝抒情赋中更进一步地凸现出来。"嗟大化之移易，悲性命之攸遭。愁慊慊而继怀，恒惨惨而情挽。旷年载而不回，长去君兮悠远"（《九愁赋》）以及"皤皤荣期，皓首田里。虽有二毛，河清难俟"（《白发赋》）的忧患，几乎在魏晋南北朝每一位赋家的作品中都可见到。这种对于人生的忧患往往和对于社会政治的责任感和使命感结合在一起。因而赋作所表现的忧患意识，并不是消极的惜时叹逝，而寄寓了积极有为的及时建功立业的丰富内涵。

总之，魏晋南北朝抒情赋所表现的深广浓郁的忧患意识与赋家热情关心现实的精神相联系，不仅表现了古代作家对人生理想、生命价值的坚定信念和执着追求，体现着文学对于社会的责任感和使命感，而且积淀成为一种深层的民族心理结构，并形成了主情、主悲的中国古代文学一种沉雄悲壮美的魅力。这是特别值得珍视的文学传统之一。

（三）强烈的抒情性。魏晋南北朝悲士不遇赋大多是作者个人和社会现实（特别是和政治）发生碰撞后所激起产生的。赋家内有忧思感愤之积郁而兴于怨刺，因而作品中往往具有特别强烈的感情。且不说像《登楼赋》、《九愁赋》、《愍志赋》、《归田赋》（张华）、《怀旧赋》、《申怀感》、《感士不遇赋》、《悲人道》、《芜城赋》等直抒胸臆的赋作具有火一般炽热的激情，即便是那些众多的咏物抒情赋，也都具有强烈的、鲜明的抒发性，染上了作者强烈的主观感情色彩，具有鲜明的创作个性。这对后代的咏物诗赋托物言志、寄意象外，产生了巨大影响。

（四）手法的多样性。魏晋南北朝表现士不遇主题的赋，除直抒胸臆的赋外,更多的则是通过咏物以寄怀。这些赋或通过比兴手法,或采用象征手法,或采用寓言形式,借物言情,即物即人,达到了主客融合、物我一体的艺术境界①。这对后代的咏物诗词曲赋,都产生了良好而深远的影响。

(五) 沉郁悲怨的美学风格。魏晋南北朝表现士不遇主题赋的美学风格,同源远流长、风格多样的中国古代文学本身一样,也不是单一的,既有直露表白、无情指斥,也不乏虽然忧思悯乱、感叹幽思却委婉曲折的赋作。既有"哀而不伤"者,"怨而不怒"者,亦有"哀而伤"、"怨且怒"者。既有"放言无惮,径直露骨"者,亦有"芳菲凄恻馀味文外"者;"中和"者有之,"狂狷"者亦有之。即便是同一个作家,其赋作的风格也往往不同。如阮籍《首阳山赋》寄托遥深,《猕猴赋》却极辛辣尖刻。但是,如果我们并不满足于这种表层的比较、区别,而是更进一步透过大量个别、具体的现象,从宏观上把握整个魏晋南北朝悲士不遇赋的本质或主流,注意从具有代表性的作家赋作方面来进行深层次的分析、归纳,就不难发现,由于士不遇赋创作主体在价值观、生活经历、政治遭遇以及审美心理、创作道路等方面都具有相同或相似之处,所以他们在反映士不遇这一共同主题的赋中,也表现了一种大致相同的沉郁悲怨的艺术风格和美学风貌。这从众多赋家的赋作中不难看出。需说明的是,沉郁悲怨的美学风格,不仅反映在这一时期众多的悲士不遇赋中,也表现在同期同类诗中。从这个意义来看,沉郁悲怨不仅表现了魏晋南北朝悲士不遇赋的美学风格,也体现了中国古代文学的特征之一。

---

① 参见拙作《论魏晋南北朝抒情小赋的意境创造》(《西藏民院学报》1991年第1期)、《论魏晋南北朝抒情小赋的比兴作用》(《固原师专学报》1993年第2期)。

三

　　文学是自我的被压抑力量的升华。文学家们由于主客观条件的限制,他们的种种需要被压抑,由此产生了苦闷和不平,把这种苦闷和不平化作审美的体验,用语言这一物质材料加以物态化,便成了文学。魏晋南北朝悲士不遇赋大量产生的原因,便是赋家苦闷和压抑的一种宣泄。产生这种苦闷和压抑的原因,既有社会因素,又有作家的心理因素。

　　首先,这是一个极为动荡不安的时代,战乱频繁,国土分裂,百姓流离。这样,知识分子与普通百姓一样饱尝乱离之苦,朝不保夕,具有性命之忧,而这种时代特征也使知识分子在与统治者的周旋中,常有无所适从之感,为自己的命运深感忧患,此其一。其二,自魏文帝实行九品中正制之后,在用人方面表现出对大官僚豪强地主阶级的妥协。正始时期,司马氏残酷杀伐异己,造成了恐怖的政治局面。西晋的门阀制度造成了"上品无寒门,下品无士族"的局面,对于出身下层的"寒士"造成沉重的压抑。东晋以后战乱不断,政局动荡,压抑知识分子的门阀制度也发展到了顶点。第三,由于政治的极端黑暗腐朽,即使一部分知识分子跻身于政治圈中,步入仕途,难免也有理想与现实的矛盾以及种种苦闷、压抑以及朝不保夕、岌岌可危之感,这无疑也是其原因之一。

　　其次,从作家的心态方面来看:

　　为什么作为"士不遇"文学创作主体的古代文人,几乎都十分强烈地希望和追求政治仕途的所谓"遇",而一旦仕途失意,便会有强烈的"不遇"之感呢?这是一个极为复杂的问题,它根源于我们民族的文化传统、共同心理状态,而尤其是与这一传统文化背景下形成的古代文人阶层的人生理想、价值观等因素直接相关。

中国古代宗法式农业社会的深厚土壤,孕育了中华民族以社会为本位、以伦理道德为主体的传统文化。这种文化对人伦道德高度重视,与政治有着极为密切的关系,表现出一种强烈的政治倾向化。这种伦理型文化渗透到意识形态领域,使它的各个分支都染上了浓厚的政治伦理色彩,而且也对形成中国人主入世、重政务的社会主导心理和古代文人阶层的价值观念体系产生了深远的影响。

在这种社会主导心理和文人价值观念的作用下,中国文人特定的自我价值观和价值取向便是“学而优则仕”的官本位价值观和“经世致用”、“兼济天下”的强烈的社会责任感。人生的最终价值便是步入仕途,在政治上有所作为。也就是说,封建文人的价值观比较单一集中,他们心目中人的价值便集中于政治一端。因为政治权力可以支配一切。这就使他们将读书做官作为唯一的人生正途。“吟诗作赋北窗里,万言不值一杯水”,便是这种价值观和心态的明证。但是,中国封建社会超稳定的政治体系决定了知识分子这种自我实现的愿望只能是被压抑。因为知识分子人生理想能否实现,很大程度上取决于皇帝的态度。而皇帝无论明君、昏君,都以个人的认识为准绳,因此往往表现出专断、独裁,很难接受不同意见。在这种情况下,那些有抱负的士人便常常感到生不逢时,壮志难酬,“不遇”的命运总是不可避免地降临。满腔的热情、艰难的奋斗,最终换来的总是白首未仕或沉沦下僚或失职免官、遭贬被逐的结局。这种结局不仅给他们生活带来困顿,更造成了被遗弃、被毁灭的精神痛苦和心理失衡。在这种极度压抑、悲愤中,他们便自然地借助文学以“宣泄”这种情绪,从而产生了大量抒写“悲士不遇”的诗赋。

　　总之，在传统政治人伦文化影响下，文人对于仕途"遇"的追求与"不遇"的共同命运以及皆以文学来排泄、补偿，就成为"士不遇"主题之所以产生的基本规律和事实。同时由于"不遇"的遭际、穷困潦倒的生活，使他们对社会、人生都有了更深切的直接感受和认识，从而使他们表现不遇主题的赋皆有感而发。这就使这类作品更具有丰富多彩的内容和真实感人的艺术力量。因此这类作品才能在中国文学史中普遍出现，代有所继，弥久不衰。

（原文刊载于《运城高专学报》1995 年第 1 期）

论魏晋南北朝的婚姻赋

赋体文学发展到魏晋南北朝时期,随着体物大赋的衰微,抒情小赋的勃兴,赋的题材内容的不断扩大,婚姻生活第一次堂而皇之地作为赋家关注的对象出现在赋作中。尽管这一时期反映婚姻生活的赋作数量仍然有限,但正因为不多,才显得尤为珍贵。遗憾的是,长期以来,学术界多注目于恋情赋,却极少有人对婚姻赋予以研究。因此,本文对这一时期的婚姻赋初步做一探讨,便不无意义。

一

赋中的爱情描写虽然出现的较早,但婚姻赋的出现却是在汉末建安之后。汉代虽然有司马相如的《长门赋》、班婕妤的《自悼赋》,也是铺陈妇女婚姻题材的,但这两篇赋都是铺陈的宫廷嫔妃的失宠,而非普通人的婚姻。蔡邕的《协和婚赋》,由于今已不全,我们难以对其做全面的把握与评价。但从其佚文来看,此赋前一部分首先叙述男女婚姻乃人伦之始的大道理:"男女得乎年齿,婚姻协而莫违。播欣欣之繁祉。良辰既至,婚礼以举……"下面便是对婚礼仪式之隆重进行铺陈。最后铺陈洞房花烛云:"其在近也,若神龙采鳞翼将举;其既远也,若披云缘汉见织女。立若碧山亭亭竖,动若翡翠奋其羽。众色燎照,视之无主。面若明月,辉似朝日。色若莲葩,肌如凝蜜。……长枕横施、大被竟床。莞弱和软,茵褥调良。粉黛施落,发乱钗脱。"①由佚文可以看出,此赋乃对男女婚媾及其洞房花烛夜的描写,并没有涉及婚后的生活。况且,对洞房花烛夜女性体态、肌肤、床被等描写,只是从玩赏的角度铺陈,并未刻画出女性的喜忧、神情与心态来。这实际上近乎一种庸俗的色情描写,因此,严格而言,此赋并不能算做描写婚姻的赋作。真正的婚姻赋的出现是在建安时代的曹丕、曹植、王粲等人的赋作中。

那么,为什么在赋体文学的创作中,从宋玉开始直至两汉都有恋情、爱情赋的产生,而没有婚姻赋的出现呢?

首先,这大致是在封建社会里,妇女处于被压迫、被奴役的社会地位决定的。孔子就曾经说过:"唯女子与小人为难养也。"在阶级社会里,个体婚制的家庭中,妇女不过是家庭的奴隶而已。妇女被压迫也是阶级社会所由建立的基础之一。恩格斯指出:"在历史上出现的最初的阶级对立,是同个体婚制下的夫妻间的对抗的发展同时发生的,而最初的阶级压迫是同男性对女性的奴役同时发生的。"②尤其在号称"礼仪"之邦的古代中国,道德伦理的鼓吹声愈高,妇女受到的钳制就愈多,妇女的地位就愈低下。这样,在一个男尊女卑的社会里,女子毫无社会地位与独立人格,她们只不过是男子的附属品,是"生孩子的简单工具",只有服从的义务而没有选择的权力。婚姻即使如何不幸,也没有反抗和离散的自由,也不敢形诸歌咏,只能默默地承受。

---

① 《全上古三代秦汉三国六朝文·全后汉文》卷六十九,中华书局 1958 年版,第 853 页。

② 恩格斯《家庭、私有制和国家的起源》,见《马克思恩格斯选集》第四卷,人民出版社 1995 年版,第 63 页。

大概正是这种情况,限制了婚姻赋的产生与繁荣。

其次,中国文化是一种典型的以男性为本位的文化。中国文学的作者——士大夫文人几乎是清一色的男性,而且中国文人们所向往的是云龙风虎的君臣际遇。一个男子乃是一个家族门户之所寄,这就要求每个男子负起光宗耀祖的责任来。因此溺情于房帏之中会被视为丧志的不肖子孙。于是士君子乃耻以闺房之情为念,开口闭口总要"子曰诗云"一番,方才显得庄重。即使咏及男女之事,也得以香草美人寓君臣大义。因此,尽管写恋情的诗赋不少,但真正写婚姻题材的诗赋却极少。

再次,赋体文学至两汉才成熟发展起来,而两汉赋的代表是所谓的体物大赋。它的题材相对比较狭窄,多铺陈京殿苑囿及帝王的声威,即使偶有抒情赋作,也是铺陈所谓"贤人失志"的愤懑和牢骚。赋被认为是"润色鸿业"的文学,在这种创作思想指导下,表现婚姻题材的赋自然就难登大雅之堂了。

但是,汉末魏晋以后,随着儒家经学的衰微,封建礼教的被冲击以及整个社会人的觉醒,人的作用、地位、价值、人格受到了空前的重视。因而处于社会最底层的妇女的社会地位也有相应的提升,她们种种的不幸也引起了作家的关注与同情。因此,汉末建安以后便出现了反映婚姻主题的赋作。

二

魏晋南北朝反映婚姻主题的赋大致可以分为弃妇赋、寡妇赋、思妇赋三类来叙述。

首先说弃妇赋。汉末建安时代,伴随人的觉醒,人的社会地位虽有一定的提高,但妇女处于社会最底层的地位并没有根本改变。在男尊女卑的社会里,封建礼教给无数的妇女造成了人生、婚姻悲剧,所谓"妇有七去:不顺父母去,无子去,淫去,妒去,有恶疾去,多言去,窃盗去"①。这样,男子如果喜新厌旧,想停妻再娶,可以任意加给妻子一个罪名,将她赶出去,那是合法的事。这一阶段不少作家对此极为关切,写了不少这方面题材的诗赋。如平虏将军刘勋先娶王宋为妻,后因她无子而被休弃。王宋的不幸遭遇,当时引起了曹丕、曹植、王粲等人的怜悯与同情。他们以此为题材,分别写了《出妇赋》,曹植还写有《弃妇篇》诗。曹植《出妇赋》云:

> 妾十五而束带,辞父母而适人。以才薄之漏质,奉君子之清尘。承颜色而接意,恐疏贱之不亲。悦新婚而忘妾,哀爱惠之中零。遂摧颓而失望,退幽屏于下庭。痛一旦而见弃,心忉怛以悲惊。衣入门之初服,背床室而出征。攀仆御而登车,左右悲而失声。嗟冤结而无诉,乃愁苦以长穷。恨无愆而见弃,悼君施之不终。

赋中揭露了"君子"的喜新厌旧、忘恩负义的本质。尽管她"承颜色而接意,恐疏贱之不亲",百般小心,谨慎事奉,惟恐有失,受到"疏贱"。但"君子"还是"悦新婚而忘妾","爱惠之中零",将她抛弃。她虽然"恨无愆而见弃",但依然无可奈何,"冤结而无诉"。尽管这是代言体,但赋中对弃妇被逐出家时的凄凉情景的铺陈,真实动人。这不但深刻揭露了封建制度下男女不平等的罪恶现象,表达了作者对遭受迫害的妇女的深切同情,而且反映了妇女的初步觉醒。在那视妇女如玩物的封建上层社会,这种人道主义的同情更闪烁着民主思想的光辉,十分难能

---

① 戴德、庐辨注《大戴礼记》卷十三《本命》,中华书局1985年版,第220页。

可贵。

王粲、曹丕的《出妇赋》皆写得生动感人,尤其是曹丕的赋,十分缠绵细腻,对弃妇被逐后的情景写得凄婉动人。"信无子而应出,自典礼之常度"二句,虽然表现了曹丕的封建正统意识,但这两句在赋中显得十分肤浅,与全赋悲凉忧怨的基调并不协调。可见,作者虽有正统思想,但其所写主人公的遭遇却真正触动了作者的心,引起同情与怜悯,所以结尾便说"情怅恨而顾望,心郁结其不平"了。

这里王粲、曹丕、曹植写的虽然是王宋一个人的不幸遭遇,但"出妇"作为封建社会的一个普遍现象,王宋的不幸遭遇却反映了千千万万个"出妇"共同的不幸遭遇,具有普遍性和典型性。因此,可以说这类作品从一个侧面揭示了男尊女卑、妇女没有独立的人格和地位的社会现实,具有深刻的认识价值。其次,从三位作家所写同一题材、同一人物的作品明显可以看出,作家的世界观、人生观对创作的指导作用和制约因素。此外,三篇《出妇赋》虽然同为代言之作,但由此也可以看出,建安时代确实是一个思想解放、个体意识觉醒的时代,唯其如此,作家才能注意到妇女的不幸与痛苦,才会产生对其不幸的深切同情并形诸赋咏。这无疑具有巨大的进步意义。

其次说寡妇赋。这类赋出现较早的也是曹丕、王粲、曹植的同名《寡妇赋》。三篇赋皆取材于阮瑀家庭的不幸遭遇。据《三国志》卷二十一《魏书·王粲传》记载:阮瑀建安十七年(212)去世,卒时约20岁。阮瑀的去世,使王、曹诸人"怆然伤怀"。曹丕《寡妇赋》序云:"陈留阮元瑜,与余有旧,薄命早亡。每感存其遗孤,未尝不怆然伤心,故作斯赋,以叙其妻子悲苦之情。命王粲并作之。"由赋序可知,王粲、曹丕、曹植的赋,必为同时唱和之作。曹丕的赋,通篇以寡妇的口吻,铺陈了她孤独、凄凉的寂苦之情。格调哀婉悱恻,语言凄切悲凉,读之令人怜悯和同情。作者之所以能如此准确地把握人物的身份和心理,写得如此传神,具有震颤心扉的力量,主要是作者把自己对亡友的哀思倾注到了赋的字里行间。寡妇哀怨,实际上就是作者自己的哀愁,或者说是作者真情实感的自然流露。诗贵有情,赋亦如此。由于作者情真意切,下笔神生,因此本赋便成为曹丕赋的代表作之一。

值得注意的是,阮瑀是"建安七子"之一,是当时著名的文士。生前为曹操仓曹掾属,甚得曹氏父子的赏识。这样的名人死后其妻子尚且如此孤苦无依,至于一般平民百姓当中的孤儿寡妇的悲惨命运,那就可想而知了。而汉末魏晋,战乱频繁,这就使无数青壮年男子要告别妻子,远离故乡,去征战戍边。有的长年不归,有的死于战争和灾疫。有幸生还者,寥寥无几。这种情况即使统治者当中的中上层人物有时也难以幸免。曹操建安十四年(209)写的《存恤从军吏士家室令》一文说:"自顷以来,军数征行,或遇疫气,吏士死亡不归,家室怨旷。"因此这三篇《寡妇赋》,虽然都是赋咏阮瑀妻子一个人的不幸遭遇,实际上却具有典型性,反映了当时普遍存在的一个社会问题。因之,这类赋数量虽少,却尤为珍贵,是值得注意的题材。

建安之后,代寡妇抒哀的唯一赋家为潘岳。其《寡妇赋》也是魏晋南北朝同类题材的压卷之作。赋序云:"乐安任子咸,有韬世之量,与余少而欢焉。虽兄弟之爱,无以加也。不幸弱冠而终。良友既殁,何痛如之!其妻又吾姨也。少丧父母,适人而所天又陨。孤女藐焉始孩。斯亦生民之至艰,而荼毒之极哀也。昔阮瑀既殁,魏文悼之,并命知旧作寡妇之赋。余遂拟之,以叙其孤寡之心焉。"由赋序可知,作者是笔蘸深情地为寡妇抒哀,因而赋尤为生动感人。此赋一方面突出了具体场景的描写,另一方面着重寡妇心理的刻画:如"静阖门以穷居兮,块茕独而靡依。

易锦茵以苫席兮，代罗帱以素帷。命阿保而就列兮，览巾箧以舒悲。口呜咽以失声兮，泪横迸而沾衣。愁烦冤其谁告兮，提孤孩于坐侧。时暧暧而向昏兮，日杳杳而西匿。雀群飞而赴楹兮，鸡登栖而敛翼。归空馆而自怜兮，抚衾裯以叹息。思缠绵以瞀乱兮，心摧伤以怆恻。曜灵晔其遄迈兮，四节运而推移。天凝露而降霜兮，木落叶而陨枝，仰神宇之寥寥兮，瞻灵衣之披披。退幽悲于堂隅兮，进独拜于床垂。耳倾想于畴昔兮，将迁神而安厝……"这是铺陈未曾安葬前寡妇对亡夫的眷怀。因为新亡，所以尚能对其畴昔平素加以想望，尚能有依依凭附之感。接下写葬后的思念："庶浸远而哀降兮，情恻恻而弥甚。愿假梦以通灵兮，目炯炯而不寝。夜漫漫以悠悠兮，寒凄凄以凛凛。气愤薄而乘胸兮，涕交横而流枕。亡魂逝而永远兮，时岁忽其遒尽。容貌儡以顿颎兮，左右凄其相愍。……鞠稚子于怀抱兮，羌低徊而不忍。独指景而心誓兮，虽形存而志陨。……省微身兮孤弱，顾稚子兮未识。如涉川兮无梁，若陵虚兮无翼。上瞻兮遗象，下临兮泉壤。窈冥兮潜翳，心存兮目想。奉虚坐兮肃清，想空宇兮旷朗。廓孤立兮顾影，块独言兮听响。顾影兮伤摧，听响兮增哀。遥逝兮逾远，缅邈兮长乖。四节流兮忽代序，岁云暮兮日西颓。霜被庭兮风入室，夜既分兮星汉回。梦良人兮来游，若闾阖兮洞开。怛惊悟兮无闻，超惝怳兮恸怀。"这一大段，淋漓尽致地从各个方面铺陈孀妇痴念中的哀伤。其中有孀妇因哀伤不衰长夜无眠，乃愿通梦于灵的企望；有她对微身孤弱、稚子未识的悲哀；有其瞻遗象、临泉壤，"孤立"顾影，"独言"听响的愀怆；还有其忽梦良人来游，怛然惊悟而无有所闻的悲恸。赋作层层展开对寡妇心理的细腻刻画，今天读来，仍能感受到一股强烈的悲情。在中国文学史上，从来还没有一个人运用赋的形式，将寡妇的悲苦心理刻画得如此生动细腻、传神感人。在汗牛充栋的赋海中，代寡妇申苦、描写其悲苦处境和心理的赋实在是太少了。因此,潘岳此作就更值得重视和研究了。

此外,这里应附带提一提潘岳的《悼亡赋》与《哀永逝文》。虽然这两篇赋不属于“寡妇赋”的范畴,而是潘岳为悼念亡妻杨氏而作的,但却属于“婚姻”题材的赋,而且,作为一个封建士大夫对自己亡妻予以真挚深切、缠绵凄恻的悼念,并形诸于诗赋,这在中国诗歌史、赋史中实在是不多见的。因此这里对此二赋略加陈说便不无意义。

《悼亡赋》通过追忆亡妻之生平与抒写自己在亡妻逝后的悲凄心态以悼念亡妻。这篇赋对人物心理、行动的刻画十分细腻生动。“含芬华之芳烈,翻零落而从风。神飘忽而不反,形焉得而久安?袭时服于遗质,表铅华于馀颜。问筮宾之何期,宵过分而参阑。讵几时而见之,目眷恋以相属……”这是写未葬之前亡妻的遗体尚存,尚可“目眷恋以相属”。及入葬之后,“入空室兮望灵座,帷飘飘兮灯荧荧。灯荧荧兮如故,帷飘飘兮若存”、“物未改兮人已化,馈生尘兮酒停樽”,抒发了对亡妻的刻骨思念之情。

《哀永逝文》与《悼亡赋》不同。它既不是追忆亡妻之生平进行纪念,也不是描写人去室空、物是人非的感受,而是集中地描写作者在出殡之日极度悲恸与绝望的感情,从中反映出作者对妻子的深切悼念。作品从送殡之日的拂晓写起,逐层描写了作者与其亲属们为死者举哀、饯别、送葬、下葬及回到灵堂中哭祭的情景。不仅详尽地叙述了这一天的殡葬活动,而且把眼前的情景与作者自己在悲恸绝望中所产生的幻觉、想象融为一体,写得非常自然朴素、入情入理,没有多少夸张、做作的文字,故真切感人,为哀词之上品。不仅令前此的汉武帝《悼李夫人赋》黯然失色,而且后来的悼亡之作也鲜有能与之媲美者。

在封建社会里,作为一个封建文人,潘岳对妻子有这样深笃忠贞的爱情,是难能可贵的。作者所处时代,妇女地位低下,没有独立的人格,命运是极为悲惨的。爱情不终,初合后弃者有之,弃置闲房者有之,甚至像司马懿之辱妻、司马师之杀妻者亦有之。当然其中也不乏眷情弥笃者。但真正十分深沉地吐露文人与其妻子真实感情的诗赋却寥若辰星。许许多多作家,题咏殆遍,就是没有像潘岳这样抒写与妻子浓烈爱情的诗赋。因此,潘岳这类赋,可以说是整个中国古代文学史长河中的珍珠。

最后说思妇赋。这类赋我们可以萧绎《荡妇秋思赋》、庾信《荡子赋》为例,略加陈说。《荡妇秋思赋》写一位原是妓女后又嫁人的妇女,出嫁后得不到丈夫的爱情,被撇在家中独守空房十载。她在凄凉的秋色中哀叹自己的命运,盼望丈夫回到身边。赋作不长,录于下:

> 荡子之别十年,娼妇之居自怜。登楼一望,惟见远树含烟;平原如此,不知道路几千? 天与水兮相逼,山与云兮共色。山则苍苍入汉,水则涓涓不测。谁复堪见鸟飞,悲鸣只翼? 秋何月而不清,月何秋而不明。况乃倡楼荡妇,对此伤情。于时露萎庭蕙,霜封阶砌;坐视带长,转看腰细。重以秋水文波,秋云似罗。日黯黯而将暮,风骚骚而渡河。妾怨回文之锦,君悲出塞之歌。相思相望,路远如何? 鬓飘蓬而渐乱,心怀愁而转叹。愁萦翠眉敛,啼多红粉漫。已矣哉! 秋风起兮秋叶飞,春花落兮春日晖。春日迟迟犹可至,客子行行终不归。

赋作极短,却写得缠绵悱恻,哀怨交集,不失为南朝抒情小赋中的精品。作者以精巧的艺术构思、情景交融的笔法和层层推进的结构,把人物形象描绘得十分鲜明动人,将人物的情感写得十分细腻深切。赋文也非常娟丽、和谐、流畅和自然。赋句几乎都是诗的句式,表现出明显的诗化倾向,对唐代的诗赋创作具有很大的影响。从此赋我们明显可以看出,唐人张若虚的《春江花月夜》显然受到此赋的影响。当然,赋题中对妇女轻蔑、甚至侮辱的"荡妇"二字,却流露出萧绎剥削阶级的审美意识。

庾信的《荡子赋》写思妇对征夫的思念:

> 荡子辛苦逐征行,直守长城千里城。陇水恒冰合,关山唯月明。况复空床起怨,倡妇生离。纱窗独掩,罗帐长垂。新筝不弄,长笛羞吹。常年桂苑,昔日兰闺,罗敷总发,弄玉初笄。新歌《子夜》,旧舞《前溪》。别后关情无复情,奁前明镜不须明。合欢无信寄,回纹织未成。游尘满床不用拂,细草横阶随意生。前日汉使著章台,闻道夫婿定应回。手巾还欲燥,愁眉即剩开。逆想行人至,迎前含笑来。

前四句先交代荡子因远戍长城而离开家园,并设想丈夫戍边的苦寒寂寞之状。"况复空床"六句,从就征人方面设想,转笔写思妇自己的孤独难耐和心灰意懒。紧接着又插入一段回忆,写往日夫妻在一起时的欢乐。但眼前的情景与昔日却大不相同,如今虽欲关情,却无法用其感情,连妆台前的明镜也懒得去擦亮。"合欢"四句,又推出一层,写分别后丈夫音信全无,而自己表示对丈夫深切思念的回文诗也没有织,内心无限惆怅,以至飞灰满床,阶前草生,只好由它们而生了。这便把思妇空虚无聊的种种情致写得维妙维肖。后六句陡然一转,在思妇孤独难耐之时,忽获夫将归的消息,便兴奋异常,愁眉即开。末二句想象丈夫已到家,自己含笑迎接的情景,不觉心花怒放。

　　赋作虽然短小,却将思妇对丈夫的深刻思念、浓烈爱情表达得淋漓尽致。此外,赋作构思十分精巧,形式十分精美,在艺术上具有很大的创造性。它以多层次的抒写,将思妇感情的波澜表现得十分细腻生动。赋中多用诗句,而少四六对句,将诗的意境融入赋中,因而意境十分完美。但作者将思妇写成倡妇,把征夫说成荡子,流露出剥削阶级的意识。从内容看,女主人公忠于爱情,忠于丈夫,没有丝毫放荡的痕迹,而征夫更无放荡的行为,是不该称作荡子、倡妇的。这种偏见,势必冲淡读者对其不幸命运的同情,减弱了作品的感染力。

　　总之,赋中抒写“思妇”题材的作品虽然并不多,但明显可以看出赋体文学艺术进化的轨迹。这些作品的艺术性超过以往任何题材赋作的艺术水准,表现出明显的赋的诗化倾向,且对唐代的诗赋发展具有直接影响,因而值得重视和深入研究。

　　　（原文刊载于《西藏民族学院学报》1997年第4期）

魏晋南北朝恋情赋初探

作为文学表现的永久性主题的恋情,在我国古代诗、词、曲、赋等诸种文学体裁中,无不广泛存在。但古今的文学研究者,似乎唯独对赋中的恋情描写很少进行深入细致的研究,尤其是对魏晋南北朝抒情小赋中的恋情就更少深入系统研究。因此,对这一问题做一初步探讨,便不无意义。

一

我国古代赋体文学中的恋情描写出现的较早。楚辞便继承了《诗经·国风》中恋情描写的传统而又有所发展。在《离骚》的后半部分,诗人便假借男女恋情,表达其对理想的追求。诗中状述求爱的炽热和失恋的苦痛,虽具有象征意义,寄托很深,但事的表面却系乎男女之情。这一点朱熹也曾指出过,他说楚人之辞,"其寓情草木,托意男女,以极游观之适者,变风之流也"①。这说明《离骚》继承了《国风》描写恋情的传统。不过,《离骚》并非情诗,恋情描写只是其中的一个片断,而且写的是超现实的男女恋情。

---

① ［宋］朱熹《楚辞集注》卷一,上海古籍出版社 1979 年版,第 2 页。

　　《九歌》为楚国南郢沅湘之间祀神的歌辞，也描写了这种超现实的男女恋情，其中神与神的恋情、人与神的恋情，占了很大的比重。《湘君》写到："君不行兮夷犹，蹇谁留兮中洲。美要眇兮宜修，沛吾乘兮桂舟。令沅湘兮无波，使江水兮安流。望夫君兮未来，吹参差兮谁思！"《湘夫人》写到："登白蘋兮骋望，与佳期兮夕张。鸟何萃兮蘋中，罾何为兮木上？沅有芷兮澧有兰，思公子兮未敢言。荒忽兮远望，观流水兮潺湲。"皆写候人不至、欢会无缘的惆怅之情。《山鬼》则写一缠绵多情的山中女神，等待所爱的对象不来，终而忧思悲伤独自归去的情景。其构思设想，空灵缥缈，充分表现了那位被薛荔、带女萝的女神在彷徨惆怅中失落的情怀与意态。《九章》中的《抽思》、《思美人》也都程度不同地描写了恋情。《九章》、《九歌》与《离骚》便可以看作辞赋中描写恋情的先河。这些作品虽然目的并不在于纯粹歌咏恋情，但它们的写法却对后代以爱情为主题的诗赋产生了直接的影响。

　　此后，宋玉便直接继承了楚辞恋情描写的传统，写了一组以恋情为主题的赋，实开赋体文学描写恋情的先河。《高唐赋》写楚襄王与宋玉游于云梦之台，宋玉向襄王讲述怀王与神女相交的故事，着重描写高唐的险峻和登临之所见。《神女赋》写楚襄王听了宋玉讲的故事之后，其夜梦中与神女相遇之事。作者抓住梦中迷离恍惚的情景，描写了一段无限惆怅缠绵的恋情，男子神魂交往，女子意态矜庄。《高唐》、《神女》二赋合在一起，乃是一个完整的爱情故事，从楚襄王对神女倾慕的原因写起，写到襄王梦中与神女相会，而以爱情未能实现而终结。《登徒子好色赋》写楚王与登徒子、宋玉、秦章华大夫之间的对话，围绕着谁为好色这个中心，写登徒子妻甚丑而好之，宋玉邻女美而不许，秦章华大夫"从容郑卫溱洧之间"，见美女而以诗挑之，但他"扬诗守礼，终不过差"。与屈原作品不同的是，这三篇赋显然没有什么政治寄托,而是纯粹以男女恋情为内容的,所以萧统《文选》录入"情"类。宋玉这三篇赋的意义便在于它们以较大的篇幅描写女性的美,从容貌、体态、内心活动等各个方面表现美。而男子则在美女面前倾慕不已,以致恍惚迷离,百般求合,但结果都以悦择释交接(由于男方或女方的守礼)而结束。这一模式几乎成了后代爱情辞赋描写的祖式。

汉魏六朝描写恋情的赋大致可以分为两类:一种是男女相悦相恋,虽然最终未能交接结合,结为美满的婚姻,但双方毕竟都有真正的爱的情感产生;另一种类型则是所谓"闲情"、"正情"一类单相思的赋,这主要表现是男方爱慕女方,最终却遵从"发乎情,止乎礼义"的规范,而压抑自己的爱情,使之成为悲剧。

二

首先我们来看"互恋类"男女相悦相恋的赋。据现有资料来看,这类赋在汉代出现较早的是司马相如的《美人赋》。此赋显然是模仿宋玉的《登徒子好色赋》。写他游于梁王,邹阳谗以好色,司马相如答曰:"臣之东邻,有一女子,云发丰艳,……欲留臣而共止,登垣而望臣"三年,"臣弃而不许"。又说自己曾"朝发溱洧,暮宿上宫",遇一美女,美丽无匹,百般挑逗他,而他"脉定于内,心正于怀",以证明自己并非好色。赋中从形体、容貌、举止,到心理,把美女的美写得淋漓尽致,对其追求爱情的举止也写得十分大胆、露骨。赋中的"美女"对爱情的追求虽然以失败而告终,但她对爱情的追求却是不懈的、大胆的。这并不像"闲情"类赋中所描述的"发乎情,止乎礼义"。

此后这类赋在汉代还有杨修的《神女赋》。该赋脱胎于宋玉的《高唐赋》,写"余执义而潜厉,乃感梦而通灵"。梦中见一神女,于是"情沸踊而思进,彼严厉而静恭。微讽说而宣谕,色欢怿而我从。"这种人神恋爱的模式始自《高唐赋》,但比《高唐》稍稍多了一些曲折,其中多了一个男子对神女追求的过程。汉末蔡邕的《青衣赋》写自己对青衣婢女的恋情,也属此类作品。赋中对青衣婢女的容貌和心灵都写得十分美丽动人,简直是"世之鲜希",无怪乎他说:"宜作夫人,为众女师。"而作者"思尔念尔,怒焉且饥",简直是"辗转反侧"式的刻骨思念。其《检逸赋》写自己对一位美女的热恋:"情罔象而无主,意徙倚而左倾。昼骋情以舒爱,夜托梦以交灵。……思在口而为簧鸣。"真是"梦寐思服"的刻骨情思。像蔡邕这样讲经学的老学究,竟然写出这样与封建礼教根本不相容的热烈、大胆的恋情赋,而且是和"青衣婢女"的恋情,这不能不说是对传统的封建礼法的一种反叛。

魏晋之后这类赋便大量产生,如王粲《神女赋》、曹植《愍志赋》、《静思赋》、《洛神赋》,陈琳《神女赋》、应玚《神女赋》、徐幹《嘉梦赋》、张华《永怀赋》、张敏《神女赋》、谢灵运《江妃赋》,江淹《丽色赋》、《水上神女赋》、沈约《丽人赋》、《伤美人赋》等。从这些赋题便可以看出,时至魏晋南北朝,这类赋的描写仍然继承了汉代人神相恋的超现实的恋情描写与人人相恋的现实的恋情描写两类。但赋的描写技巧、表现手法等,都较汉代的同类赋有了较大的进展。这只要比较一下杨修的《神女赋》与曹植的《洛神赋》,便看得非常清楚:

惟玄媛之逸女,育明曜乎皇庭。吸朝露之芬液,澹浮游乎太清。余执义而潜厉,乃感梦而通灵。盛容饰之本艳,免龙采而凤荣。翠黼翠裳,纤縠文袿。顺风揄扬,乍合乍离。飘容兴动,玉趾未移。详观玄妙,与世无双。华面玉粲,韡若芙蓉。肤凝理而琼洁,体鲜弱而柔鸿。回肩襟而动合,何俯仰之妍工。嘉今夜之幸遇,获帷裳乎期同。情沸踊而思进,彼严厉而静恭。微讽说而宜谕,色欢怿而我从。(《神女赋》,《全后汉文》卷五十一)

此赋只是从"神女"的容貌、姿态、动作、穿戴等方面去铺陈,而对"神女"和"余"的相遇,彼此的心理活动以及热烈追求等都缺乏生动、形象的铺陈,因而作品的艺术性与感人程度并不高。而曹植的《洛神赋》则达到这类赋的顶峰,成为此类赋中的代表。全赋分六段来铺陈作者(即"余")与洛神的恋情:第一段铺叙"余"从洛阳回封地时,看到"丽人"宓妃伫立山崖。第二段便淋漓尽致地铺陈洛神的姿态、容貌、动作、穿戴。第三段铺陈"余"对洛神的爱慕之情。她实在太美好了,既识礼又善言辞。"余"虽已向她表达了真情,赠以信物,有了约会,却担心受骗,极言爱慕之深。第四段铺陈洛神深深地为"君王"的真诚所感动,因而引起无限情怀与徘徊行动。第五段铺陈洛神终因"人神之道殊",不能与君王交接,只得含着无限的恋情遗恨离去。第六段铺陈洛神离去后"君王"对洛神的深深眷恋与惆怅之情。

关于此赋的主题,历来便有所谓"感甄说"、"寄心君王说"和"爱情说"三种观点。这个问题历来的文学评论家及近年的报刊屡有文章论及,这里限于篇幅,不再展开论述。不过,我认为,萧统《文选》选赋将它列入"情"类,视为爱情之作,最为合理。现代学者也多持此说。《洛神赋》较之于它以前的同类赋,其杰出之处并不在于它的模式有什么变化,而在描写的细腻与生动、形象与传神方面,特别是对人、神双方恋人的心理活动细致入微的刻画,不但超越了前人所有描写爱情的诗赋,而且后代也少有及者。因之,《洛神赋》便成为这类赋的压卷之作,永远受到后人的推崇。

三

所谓"闲情"、"定情"一类的"单相思"的赋与上类赋的区别在于：前一类是男女之间都有爱情产生。或者男求女，或者女追男，或双方都有真正的恋情，他（她）们并为此而付出了努力。虽然最终多数以不得结合而结束，但彼此双方毕竟都产生了爱情。这种情感不是恋爱者自己压抑下去的，而是由于一种外在力量压抑下去的（如"人神道殊"之类）。而这种"闲情"、"定情"类赋，他（她）们虽然也有爱情的产生，这种恋情甚至发展到梦寐以求、不可遏止的地步，但最终还是由某一方自己压抑下去了。这种压抑的原因，多数是出于"礼"的规范作用。下面分述之。

这类赋较早的作品是张衡的《定情赋》。此赋今已不全。但从其佚文可以看出，赋对爱情虽然可能有展开的描写，但其主旨却在一个"定"字上，通过自己的慎重思虑，然后将自己已经躁动不安的热烈恋情压抑、安定下去，使其不能自由泛滥。赋云：

> 夫何妖女之淑丽，光华艳而秀容。断当时而呈姜，冠朋匹而无双。叹曰：大火流兮草虫鸣，繁霜降兮草木零。秋为期兮时已征，思美人兮愁屏营。……思在面为铅华兮，患离尘而无光。（《全后汉文》卷五十三）

《定情赋》之后的继作者，还有蔡邕的《静情赋》。此赋今亦不全，但以其佚文来看，与张衡的《定情赋》基本一致，可能是模拟之作。其主旨也在赋题中的那个"静"字上。

魏晋南北朝时这类赋的继作者仍较多，如，王粲《闲邪赋》、陈琳《止欲赋》、阮籍《止欲赋》、应玚《正情赋》、曹植《静思赋》、张华《永怀赋》、阮籍《清思赋》、陶渊明《闲情赋》，直至北魏李骞的《释情赋》等等。王粲《闲邪赋》不仅写了男子对美女的爱慕，也写到美女对爱的渴望。赋云：

> 夫何英媛之丽也，貌洵美而艳逸。横四海而无仇，超遐世而秀出。出唐棣之春华，当盛年而处室。恨年岁之方暮，哀独立而无依。情纷挐以交横，意惨凄而增悲。何性命之奇薄，爱两绝而惧违。排空房而就衽，将取梦以通灵。目炯炯而不寐，心忉怛而惕惊。……关山介而阻险，……愿为环以约婉。（《全后汉文》卷九十）

虽然双方都有恋情发生，但最终还是防闲邪情而回到正路上来了。与张衡的《定情赋》为同一主题，也有模拟的痕迹。陈琳、阮瑀都写有《止欲赋》。陈琳为那美女的倾世美貌所倾倒，认为她"允宜国而宁家，实君子之攸宾"。因而以致他"伊余情之是说（悦），志荒溢而倾移。宵炯炯以不寐，昼舍食而忘饥"。而女子也为他的真情所感动，欲与他携手同归。然不知何故，却不得交接，最后只能"梦所欢之来征，魂翩翩以遥怀，若交好而通灵"。阮瑀《止欲赋》与陈琳赋基本相同，最终也以"知所思之不得，乃抑情以自信"压抑自己的爱情而结束。

应场的《正情赋》所存佚文都是写对美女的恋慕，其中思为美女明镜的赋句，上承《定情赋》，下启陶渊明《闲情赋》，其赋旨在于一个"正"字上。曹植《静思赋》也属此类，而阮籍的《清思赋》虽然没有用这类赋题常用的"情"字，而是用"思"字，但从其赋佚文来看，也是写恋情的。作者先写自己向清虚寥廓中去追求理想女子，但女子来了，却飘然而逝。其中写到自己寐中一悟而自惊，意流荡、心震动，"岂觉察而明真兮，诚云梦其如兹"。但终于使爱情清静下来,结尾叹道"既不以万物累心兮,岂一女子之足思",故作旷达。此后,西晋张华的《永怀赋》写爱情之始结而终绝,"既惠余以至欢,又结我以同心。交恩好之款固,接情爱之分深。誓中诚于缱日,要执契以断金"。但最终却"怨禄运之不遭,虽义结而绝离。……长收欢于永已。"由此可见,题虽为"永怀",但实际上也是"正情"、"定情"之类。

在这类赋作中,陶渊明的《闲情赋》是现今保存最完整、也是最优秀的一篇。故我们这里着重探讨一下《闲情赋》。对此赋前人有不同的看法:一种是基本否定态度,如萧统在《陶渊明集序》说:"余爱嗜其文,不能释手;尚想其德,恨不同时。故更加搜求,粗为区目。白璧微瑕者,惟在《闲情》一赋。扬雄所谓劝百而讽一者,卒无讽谏,何必摇其笔端。惜哉,无是可也。"清代方东树在《续昭昧詹言》中甚至认为此赋"轻薄淫亵,最误子弟"。此后,反对萧统观点的首先有苏轼。他在《东坡题跋》卷二中说:"渊明《闲情赋》,正所谓'国风好色而不淫',正使不及《周南》,与屈、宋所陈何异。"他是从"发乎情,止乎礼义"①的角度肯定这篇作品的。后来袁宏道、俞文豹等人基本与苏轼观点一致。而元代李冶、明代郭子章却极力反对苏轼的观点②。另一种观点,却在肯定的同时,对《闲情赋》的作意又刻意求深,认为别有兴寄。如明代张自烈在《笺注陶渊明集》卷五中说:"此赋托寄深远,合渊明首尾诗文思之,自得其旨。如东坡所云,尚未脱梁昭明窠臼。或云此赋为眷怀故主作;或又云续之辈虽居庐山,每从州将游,渊明思同调之人而不可得,故托此以送怀。如东坡所云与屈、宋何异,又安见非小儿强作解事者?"又曰:"观渊明《序》云:'谅有助

---

① 《毛诗序》,见《十三经注疏》本《毛诗正义》,中华书局1980年版,第272页。

② 分别见《敬斋古今注》卷七、《豫章诗话》卷一。

于讽谏','庶不谬作者之意'。此二语颇示己志。览者妄为揣度,遗其初旨,真可悼叹。"张氏此话谈到两种解释:一是眷怀故主,二是不得同调。可见,他认为此赋不是爱情赋,而是借爱情以寄怀。持这种"寄托"说的,还有清人邱嘉穗、刘光蕡等。

综观上述几种观点,我认为"寄托"说是不符合作品实际的,而"言情"说中以有无讽谏作为评价标准,也是没有脱出汉儒解《诗》的封建礼教的窠臼。此赋千百年来之所以受到普遍喜爱,主要在于它对真挚纯洁爱情的热烈追求和歌颂,而不在它有无寄托或有无讽谏之意。

此赋题中的"闲",《说文》:"闲,阑也,从门中有木"。《广韵》:"闲,阑也,防也,御也。"《广雅·释诂》:"闲,正也。"可见,"闲"就是"正"、"防闲"之意。赋序中也说:"初张衡作《定情赋》,蔡邕作《静情赋》,检逸辞而宗澹泊,始则荡以思虑,而终归闲正。将以抑流宕之邪心,谅有助于讽谏。缀文之士,奕代继作,并因触类,广其辞义。余园间多暇,复染翰为之。虽文妙不足,庶不谬作者之意乎。"由赋题和赋序来看,似乎此赋的讽谏之意是很明显的。但我们如果逐一考查此赋的内容就会发现,赋中倾诉对美女爱慕之情的文字占据了绝大篇幅,而所谓"止乎礼义"、"有助于讽谏"的文字,则仅仅是一个小尾巴,而且显得枯燥、软弱无力。这从前文所举张衡、蔡邕、曹植、阮瑀、陈琳、应场等人的同类赋作中,也可以清楚地看出来。

因此,我认为与其说《闲情赋》及其同类赋的作意在于讽谏,毋宁说这是作者托言讽谏来抒发自己难以抑制的情感,倾吐对爱情的执着追求。只不过不敢任其自由泛滥以伤风化,所以在赋末才提醒自己对这种感情要加以抑制而已。实际上,这种炽烈的情感是难以抑制的。因而赋的结尾往往显得软弱无力。

《闲情赋》之前的同类赋,虽然也都是把爱慕的女子作为美的化身来赞颂,对美女也都程度不同地倾注了满腔热情,但都写得比较简略粗糙,没有多少具体的形象和细腻的心理刻画,因而,赋作中的人物形象、人物个性并不明显,往往概念化,并且模拟之风严重。而陶渊明在吸取前人技巧的基础上有了巨大的创造发展,远远高出前人一筹。《闲情赋》虽然也吸取了一些前人的句子和意思,但经过他的改造和润色,却更自然、更精炼准确了。和他以前的赋比较,《闲情赋》更细微、深沉、形象、洗炼、委婉曲折。如首段铺陈女子的可亲可爱,作者并不过多地铺陈其外形的美,而是在铺陈其倾国美色的同时,又赞美她的品格和心灵的美。而且她外在的美还表现在她弹瑟的动态动作上。那娴雅妩媚的表情,那美妙的音响和优美的音乐境界,更曲折地反映出她高雅的志趣和美好的情操。作者从几个方面铺陈女子的美,就使这个艺术形象生动地浮现在读者面前。而"十愿"便比较集中地反映了赋家对爱情的执着追求。这些热烈的想象,固然是受了张衡《定情赋》:"思在面而为铅华兮,患离尘而无光。"《同声歌》:"思为莞蒻席,在下蔽匡床。愿为罗衾帱,在上卫风霜。"以及蔡邕《静情赋》"思在口而为簧,鸣哀声而不敢聆"、王粲《闲邪赋》"愿为环以约腕"等的启发,而陶渊明却将前人这些离奇而大胆的设想,发展铺张成"十愿",篇幅进一步加大,描写更为细腻,尤其是在表现复杂的爱情心理方面,极尽曲折委婉缠绵之致,这是前人所不及的。

此赋在表现热烈的欲望与怯懦的性格矛盾时,能将有所希冀又胆怯退避的复杂心理状态和徘徊趑趄的行动细节融合在一起,再加以环境气氛的烘托,真实生动地再现了人物的思想感情。这种心理和感情的发展既有层次,又充满了矛盾。他先是"步容与于南林","候行行之有觌",抱着能见面的一线希望,结果却"竟寂寞而无见"。当他听到清妙的笛声,看到行云又激动起来,打算"托行云以送怀"。但"行云逝而无语",希望终成绝望。最后只好用礼义之教来安慰自己。可见,此赋所谓"发乎情,止乎礼义"的尾巴与同主题的赋一样,是多么的肤浅无力。这一方面表明了人的感情是难以抑制的,正所谓"情之所起,不知一往而深",往往难以"止乎礼义";另一方面也说明了文学作品的客观效果往往大于作家原始的创作动机。此外,也说明了赋这种文体,正如扬雄所说,具有"劝百而讽一"、"欲讽反劝"的特征。

总之,魏晋南北朝的恋情赋可以分为两类,这两类赋交替发展,前者以《洛神赋》为代表,后者以《闲情赋》为压卷。正因为《闲情赋》成为这类赋的压卷之作,所以后来这类赋作已不多见,而且成就远不及《闲情赋》。但婚姻赋却得到进一步发展,成为魏晋南北朝赋中另一个重要的主题。

(原文刊载于《西藏民族学院学报》1999 年第 4 期)

论魏晋南北朝俗赋

何谓"俗赋"？目前尚无定论。《辞海》、《辞源》皆无此条释义。郑振铎在《中国俗文学史》中说："俗文学就是通俗的文学，就是民间的文学，也就是大众的文学。"马积高《赋史》在讲《唐代的俗赋》时说："所谓俗赋，是指清末从敦煌石室发现的用接近口语的通俗语言写的赋和赋体文。"显然他这里讲的是敦煌俗赋。那么除去前边的定语，可见他认为俗赋就是用接近口语的通俗语言写的赋和赋体文。因此，他认为王褒《童约》、曹植《鹞雀赋》、左思《白发赋》皆为俗赋。综合郑、马二说，笔者认为，所谓俗赋，就是用接近口语的通俗语言写的，具有幽默诙谐、机警风趣特质的赋。这种俗赋在汉魏六朝为数不少，遗憾的是至今尚缺乏研究。为此，笔者不揣浅陋，拟对魏晋南北朝俗赋做一初步探讨，以求教于方家。

一

班固说："赋者，古诗之流也。"[①]这就是说赋的产生曾受到《诗经》的影响。而《诗经》中的十五国风皆出于民间，因此，赋受

---

① 班固《两都赋序》，见《文选》卷一，上海古籍出版社1986年版，第1页。

到民间通俗文学的影响而产生则是无疑的。所以赋的创始之作，如荀子《赋篇》、《成相辞》，宋玉《风赋》、《登徒子好色赋》等，都具有幽默诙谐、生动风趣、通俗易懂的俗赋(俗文学)特点。

赋发展到两汉，逞辞大赋成为文坛的霸主，为赋之正宗代表，产生了数以千计的赋作，但这并不意味着两汉就没有俗赋创作，即使像王褒这样的宫廷赋家，也创作了《童约》、《责须髯奴辞》这样的赋体俳谐文。特别是《童约》语言口语化，通俗易懂，幽默风趣，诙谐生动，排比文辞，夸张事态，描写细腻，将汉代家奴所受的种种非人待遇，淋漓尽致地予以揭露，反映了汉代社会中最底层奴仆的生活，是古代文章中独特而难得的作品。

从有关的记载来看，汉代的俗赋当亦不少。《汉书·王褒传》载："上令褒与张子侨等并待诏，数从褒等放猎，所幸宫馆，辄为歌颂。第其高下，以差赐帛。议者多以为淫靡不急。上曰'不有博弈者乎? 为之犹贤乎已。辞赋大者与古诗同义，小者辩丽可喜，辟如女工有绮縠，音乐有郑卫，今世俗犹皆以此虞说耳目。辞赋比之，尚有仁义讽谕、鸟兽草木多闻之观，贤于倡优、博弈远矣。'"由此可以看出，当时的统治者是把辞赋看作仅高于倡优、博弈一等的"娱乐耳目"的东西。皇帝既有此种认识，而赋家又为了迎合皇帝的喜好兴趣，自然会创作娱乐耳目的具有娱乐性、通俗性，幽默诙谐、生动风趣的俗赋的。

此外，对汉代俗文学影响较大的恐怕要数灵帝立鸿都门学之事了。汉灵帝曾广为招引辞赋家、书法家、小说家多至数十人，给以优厚的待遇。据《资治通鉴》卷五七、《汉纪》卷四九，灵帝熹平六年载："侍中祭酒乐松、贾护，多引无行趋势之徒置其间，喜陈闾里小事，帝甚悦之。"甚至下诏"敕中尚方为鸿都门学文学乐松、江览等三十二人图象立赞，以劝学者"。鸿都门学的作品虽未能流传下来，但从杨赐、蔡邕攻击鸿都门学为"虫篆小技"、"连偶俗语,有类俳优"之语来判断,这些新的文学作品至少有俗赋存焉。这类赋有两个特点:一是通俗,所谓"连偶俗语",而"闾里小事"很可能便是通俗之作。二是诙谐幽默,所谓"有类俳优"。又据《三国志·吴志·诸葛恪传》注引《恪别传》云:"权尝飨蜀使费祎,先逆敕群臣:'使至,伏食勿起'。祎至,权为辍食,而群下不起。祎嘲之曰:'凤凰来翔,麒麟吐哺。驴骡无知,伏食如故。'恪答曰:'爰植梧桐,以待凤凰。有何燕雀,自称来翔?何不弹射,使还故乡!'祎停食饼,索笔作《麦赋》,恪亦请笔作《磨赋》,咸称善焉。"《麦赋》、《磨赋》今虽不传,但从作赋的过程来看,可以推知它们必定是语言诙谐的幽默俗赋。以"咸称善"可以看出,当时人们对这类俗赋还是很喜爱的。无怪乎连蔡邕这样的正统文人,一方面攻击鸿都门学的俗文学,另一方面自己也写起了《短人赋》这样的通俗之作。此赋通篇用诙谐的笔调,描绘出外域的侏儒短人。尤其是赋的正文,多方形容短人的畸特形象,连用三组比喻,十分生动。只是由此也可以看出,俗赋在两汉应该说是大量产生过的,只是后世大部分失传而已。

魏晋南北朝时,由于民歌与抒情赋的再度勃兴,俗赋也获得了较大的发展,表现出新的倾向,产生了大量的作品。如曹植《鹞雀赋》,仲长敖《覈性赋》,王沈《释时论》,左思《白发赋》,张敏《头责子羽文》,束皙《饼赋》,鲁褒《钱神论》,卞琳《蚤虱赋》、《蜗虫赋》、《虾蟆赋》,吴均《饼说》、《食移》、《檄江神责周穆王璧》,亢顺《蝇赋》,卢元明《剧鼠赋》等作品。

曹植《鹞雀赋》是现存魏晋南北朝俗赋中较优秀的一篇。赋云:

> 鹞欲取雀。雀自言:"雀微贱,身体些小,肌肉瘠瘦,所得盖少。君欲相啖,实不足饱。"鹞得雀言,初不敢语。"顷

来辚轲,资粮乏旅。三日不食,略思死鼠。今日相得,宁复置汝!"雀得鹞言,意甚怔营:"性命至重,雀鼠贪生;君得一食,我命是倾。皇天降鉴,贤者是听。"鹞得雀言,意甚怛惋。当死毙雀,头如果蒜。不早首服,烈颈大唤。行人闻之,莫不往观。雀得鹞言,意甚不移。目如擘椒,跳萧二翅。我当死矣,略无可避。鹞乃置雀,良久方去。二雀相逢,似是公姬,相将入草,共上一树。仍叙本末,辛苦相语。向者近出,为鹞所捕。赖我翻捷,体素便附。说我辨语,千条万句。欺恐舍长,令儿大怖。我之得免,复胜于兔。自今徙意,莫复相妒。

此赋从内容到形式都属独创。它情节曲折有味,对话通俗诙谐,采用象征的手法,将强凌弱、大欺小这一社会现象委婉曲折地展现在读者面前。为了形象地反映这一具有深刻现实意义的内容,赋抛弃了传统的铺陈手法和华丽辞藻,而采用雀与鹞对话和表白相结合的文学形式,将雀与鹞的动态、神情、心理作了具体生动、形象传神的描述。赋中鹞与雀的形象显然分别代表了两种社会势力。如果我们将赋与其《野田黄雀行》、《赠白马王彪》(其三)等诗联系起来看,很可能都是有感而发的。钱钟书先生在其《管锥篇》第三册中曾指出:"陈王植《鹞雀赋》,不为华缛,而尽致达情,笔意已似《敦煌掇琐》之四《燕子赋》矣。雀获释后,公姬相语,自夸'赖我翻捷,体素便附'云云,大类《孟子·离娄》中齐人往来骄其妻妾行径,启后世小说中调侃法门。"可见,此类俗赋对后世通俗文学的影响是很大的。

左思《白发赋》假托自己头上生出"星星白发","虽非青绳,秽我光仪。策名观国,以此见疵"。所以他准备拔掉它,但"白发将拔,怒然自诉",赋便以白发与己的对话,将门阀制度下不得志的寒门士人的辛酸泪水倾泻而出。此赋绝非某些论者所谓的"游戏之作"，而是寄寓了作者的激愤不平之情。赋幽默诙谐，生动形象，通俗活泼，毫无生涩艰深之弊，在整个两晋赋坛上，也是不可多得的佳作。

卞彬《蚤虱赋》今已不存，但其赋序尚完整，其辞曰：

> 余居贫，布衣十年不制，一袍之缊，有生所托，资其寒暑，无以易之。为人多病，起居甚疏，萦寝败絮，不能自释。兼摄性懒惰，懒事皮肤，澡刷不谨，瀚沐失时。四体氄氄，加以臭秽，故苇席蓬缨之间，蚤虱猥流。淫痒渭漠，无时恝肉，探揣攫撮，日不替手。虱有谚言：朝生暮孙。若吾之虱者，无汤沐之虑，绝相吊之忧，宴聚乎久袴烂布之裳，复不勤之讨捕，子子孙孙，三十五岁焉。其略言皆实录也。

由此可以推知，此赋一定是不能登大雅之堂的俗赋。据《南史·文学传》说，卞彬"著《蚤虱》、《蜗虫》、《虾蟆》等赋，皆大有指斥"，可见这类俗赋绝非无聊的游戏笔墨。而这类小赋在当时也极受欢迎，曾"传于闾巷"，足见其传播之广、影响之深。这类俗赋对唐代俗赋的发展产生了深远的影响，如柳宗元《骂尸虫文》、李商隐《虱赋》、陆龟蒙《后虱赋》等，显然都是受魏晋南北朝俗赋的影响而产生的。

二

魏晋南北朝俗赋散失的很多，保留下来的只不过是只鳞片羽，但通过这些现存作品，我们仍可以粗略地勾勒一下此时俗赋的特点：

一、故事性。魏晋南北朝俗赋和文人正统辞赋相较,明显的特征便是一般都具有一定的故事性。这些俗赋往往通过一定的故事叙述,设置一定的情节,在情节推进的基础上,通过故事的铺叙来完成其铺陈,表达作者的思想感情。如上文所举《鹞雀赋》不但富有故事性、戏剧性,而且故事的发展完整,情节曲折有致,具有很强的吸引力。"鹞欲取雀"这是故事的开端;从"雀自言"到"贤者是听",这是故事的发展。鹞欲杀雀,雀百般地为自己辩护,巧妙斗争。鹞听了雀的辩白,"初不敢言",似乎真的要放过这个瘠瘦的麻雀了,第一回合的斗争似乎平息了。然而一波刚平,一波又起;鹞想到"三日不食,略思死鼠";"今日相得,宁复置汝"?矛盾又异常激烈尖锐起来。雀虽十分惊恐,但还不放弃求生的机会,进一步为自己辩解。"鹞得雀言,意甚怛惋",斗争又似松弛下来。这样故事情节逐步向高潮发展逼近。从"当死毙雀,头如果蒜"到"我当死矣,略无可避"是故事的结束。从"二雀相逢"到赋末,是尾声。整个情节曲折有致,波澜起伏,短短的二百字,却形象地展示了雀鹞搏斗的全过程,将强凌弱、大欺小这一社会现象委婉曲折地展现在读者面前。

魏晋南北朝俗赋大多数都具有故事性这一特点。尽管其故事性、情节设置等还较粗略,但这类俗赋正是通过故事的叙述,来完成其对事物或情感的铺陈,去吸引、打动读者。这一手法为唐代的俗赋提供了有益的借鉴。

二、通俗性。魏晋南北朝俗赋语言通俗易懂,接近口语,毫无艰涩晦深之弊。这只要将曹植《鹞雀赋》与其《洛神》、《九愁》等赋相比较;或将左思《白发赋》与其《三都赋》或鲍照《芜城赋》略作比较,这一特点便更为清楚。现看左思《白发赋》之一段:

> 星星白发,生于鬓垂。虽非青蝇,秽我光仪。策名观

国,以此见疵。将拔将镊,好爵是縻。白发将拔,怒然自诉:禀命不幸,值君年暮。逼迫秋霜,生而皓素;始览明镜,惕然见恶。朝生昼拔,何罪之故?子观橘柚,一嘗一晔,贵其素华,匪尚绿叶。愿戢子之手,摄子之镊……白发临欲拔,瞑目号呼:何我之冤,何子之误!甘罗自以辩惠见称,不以发黑而名著;贾生自以良才见异,不以乌鬓而后举……

语言浅显明白,通俗易懂,基本上口语化。再看鲍照《芜城赋》之一段:

> 泽葵依井,荒葛胃涂。坛罗虺蜮,阶斗麕鼯。木魅山鬼,野鼠城狐。风嗥雨啸,昏见晨趋。肌鹰厉吻,寒鸱吓雏。伏虣藏虎,乳血餐肤。崩榛塞路,峥嵘古馗。白杨草落,塞草前衰。棱棱霜气,蔌蔌风威。

语言古直深奥,典雅凝重,显然不同于俗赋。

魏晋南北朝赋的语言比汉赋是通俗多了。汉赋的语言成就虽不可低估,但由于赋家穷尽铺陈,生僻怪字,鱼贯罗列,形成怪字奇字成林、语言晦涩艰深、旨趣难解之弊,正如曹植所说:"读者非师传不能析其辞,非博学不能综其理。"[1]魏晋南北朝赋文字渐趋于清新简洁,生动形象,一反汉赋怪字、僻字堆砌之弊。而魏晋南北朝俗赋在这一基础上,语言更加通俗化、口语化,几乎与乐府民歌相类,这显然是受了乐府民歌的影响。魏晋南北朝赋家同时也是诗人,他们都程度不同地写过乐府诗,受过民间乐府诗的熏陶。曹植《与杨德祖书》说:"夫街谈巷说,必有可采。

---

[1]　见《文心雕龙·练字》引。

击壤之歌,有应风雅;匹夫之思,未易轻弃也。"曹植的见解,实际上代表了这一时代文人对民间文学的态度,这在魏晋南北朝文人的诗赋中都可以看到。这一时期俗赋与民歌相映生辉,给魏晋南北朝文坛带来了一股清新、活泼的气息。

三、娱乐性。魏晋南北朝是一个人的觉醒、文的自觉的时代,人们逐渐对文学产生了新的认知,意识到文学除政治教化作用之外,还具有娱乐等作用,像这一时代的宫体诗、玄言诗、游仙诗、山水诗等,便逐渐远离了政治的轨道,而逐渐向抒写个性性情和娱乐耳目、陶冶情思、澡雪精神的方向发展。

魏晋南北朝俗赋便具有幽默诙谐、生动活泼、妙趣横生的娱乐特质。鲁迅曾说:"记人间事者已甚古,列御寇、韩非皆有录载,惟其所以录载者,列在用以喻道,韩在储以论政。若为赏心而作,则实萌芽于魏而盛大于晋。虽不免追随俗尚,或供揣摩,要为远实用而近娱乐矣。"[①]他认为魏晋以后这些"为赏心之作"的通俗文学具有"远实用而近娱乐"的特点,"远实用"虽未必尽然,但"近娱乐"则是非常准确的。先秦典籍中的笑话和谣谚固然来自民间,但作家采撷的目的是用来喻道和论政的。它们仅仅是作为学术的附庸,并未取得独立的地位。而滑稽之士和有类倡优的辞赋家的存在,也只不过是"讽谕"所需。而魏晋南北朝俗赋及其他通俗文学,则是作家有意为之,而且其目的也并不在重视其"载道"作用,而是赏心悦目之作。像《鹦雀赋》、《死牛诗》、《白发赋》、《头责子羽文》、《饼赋》、《蚤虱赋》等等,无不具有幽默诙谐、生动形象、通俗易懂、寓庄于谐、趣味横生的娱乐作用。这种创作上的变化,不但标志着文学观念的进步,而且标志着文学从此走向自觉的道路。这无疑是文学的一大进步。

---

① 《中国小说史略》,见《鲁迅全集》,人民文学出版社1973年版,第201页。

四、讽谕性。辞赋向来被认为具有"主文而谲谏"的特征。宋玉的四篇赋便具有讽谕的作用。汉赋虽继承了讽谕传统，但由于汉赋的讽谕之意并没有融于形象的抒写之中，而是游离于其巨大的纵横铺陈的正文之外，托着一条讽谕的尾巴，所以汉赋并没有起到讽谕的作用。魏晋南北朝俗赋继承了辞赋的讽谕传统，并且将讽谕艺术提高到一个新的高度。这些赋大都超出了"主文而谲谏"的范围，在内容上集中地鞭笞统治阶级的罪恶和讽刺封建社会的人情世态，其讽刺的广度和深度都远远超出了以前的赋。在艺术上，这些赋大都能将其讽刺内容寓于形象之中，通过形象的刻画、物象的铺陈，将其愤世嫉俗之情倾泻而出。如上举《鸱雀赋》、《白发赋》便是如此。这些赋不但具有极高的思想价值、认识价值，而且具有较高的艺术审美价值。

五、个性化。魏晋南北朝俗赋与这一时期的诗及其他抒情小赋一样，都具有个性化的特点，在艺术上更趋于细致精巧、含蓄隽永。如《鸱雀赋》、《饼赋》、《蚤虱赋》、《蝇赋》等，都具有个性化特征，都切合作家的身世之感及其创作个性。

三

魏晋南北朝俗赋的大量产生是多元文化综合作用的结果。

东汉末年，儒学衰落，各种传统的道德观念对人们的钳制作用渐渐削弱，魏晋南北朝沿着汉末的这种思想解放的道路继续发展，一些人士湛酒长啸，倨傲不羁，以狂放的举止表现自己的名士风度，以至整个魏晋南北朝时代戏谑调侃之风大炽。如《太平广记》卷二四五载：后汉边韶，字孝先，授徒数百人，曾昼日假寐。弟子私嘲戏曰："边孝先，腹便便。懒读书，但欲眠。"孝先潜闻之，应曰："边为姓，孝为字。腹便便，五经笥。但欲眠，思经事。寐与周公通梦,静与孔子同意。师而可嘲,出何典记?"这是师徒之间的互相嘲戏调侃。此外,夫妻之间也是超越伦理观念的束缚,戏谑成风。如《太平广记》同卷载:后汉袁次阳妻,扶风马季长女。初婚装遣甚盛,次阳嘲之曰:"妇奉箕帚而已,何乃过珍丽乎?"妻对曰:"慈亲垂爱,不敢逆命。君若欲慕鲍宣、梁鸿之高者,妾亦请从少君、孟光之事矣。"次阳又问曰:"弟先兄举,世以为笑。今处姊未通,先行可乎?"对曰:"妾姊高远殊邈,为遭良匹,不如鄙薄,苟然而已。"次阳默然不能屈。帐外听者大嘲。这尚是比较文雅的嘲戏。至两晋,夫妻之间戏谑有甚于此者。据《世说新语》载,王济风流俊爽,为西晋名流之一。其父王浑与妻钟夫人并坐,见王济于庭中过,欣然谓妻曰:"生儿如此,足慰人意。"钟夫人笑云:"若使新妇得配参军,生儿故可不啻如此!"参军,指王浑之弟王伦,亦为当时秀彦人物,名望在王浑之上,故钟夫人有此戏言。这种戏谑调侃在其他时代是不可能的。

魏晋南北朝的戏谑调侃之风不拘内容,不拘场合,家庭之中,朋友之间,甚或朝廷之上、君臣之间,都可戏谑调侃。如《三国志·诸葛恪传》载,诸葛恪父谨,面长似驴。孙权大会群臣,使人牵一驴入,长检其面,题曰:"诸葛子瑜。"恪跪曰:"乞请笔,益两字。"因听其笔,恪续其下曰"之驴"。举座欢笑,乃以驴赐恪。又据《世说新语》载:东晋元帝生贵子大赏群臣,以示庆贺。殷羡受赐,拜谢元帝曰:"皇子诞育,普天同庆。臣无勋焉,而猥颁厚赉。"元帝曰:"此事岂可使卿有勋焉!"殷羡所云,是臣谢皇恩的套话,迂腐之极。元帝就借机当众揶揄他。君臣之间、朝廷之上,尚且如此,整个社会之戏谑调侃之无所顾忌,便可想而知了。这种戏谑嘲笑之风行于文字,便产生了大量的幽默诙谐、趣味横生的通俗文学作品,如上文提到的《麦赋》、《磨赋》便是戏谑调侃场合的产物。魏晋南北朝俗赋便直接生长于这种时代土壤里。

此外,魏晋南北朝俗赋的发展,又与文学观念的发展以及汉末以来士人们叹息生命、追求享乐的情绪与正始以后日渐兴起的玄学以及品评人物等因素有关。

汉末以后,动荡的社会现实,惨淡凄苦的人生,要求人们正视现实,从不同角度、多侧面、多层次地反映社会现实,抒发对社会人生的感受。于是魏晋南北朝人以对文艺审美价值的讲求,取代了汉人对文艺教育认识功能的重视,以作家作品的自然个性,否定了传统儒教文艺美学思想的社会性理性。文学创作形成了一股从"文以气为主"到"诗缘情而绮靡,赋体物而浏亮"直到"罔不摈落六艺,吟咏情性"的讲求自然个性的自由抒写的创作思潮。这对幽默风趣的通俗文学的发展,无疑起了推波助澜的作用。

魏晋南北朝文士对于创建功名的事业之心以及身后之名都比较淡然,而对现实人生的追求日益成为他们生活的根本。这种对现实人生的追求并得到玄学的有力的理论支持。王弼提出:"圣人茂于人者,神明也;同于人者,无情也。"并以孔子与颜回为例证明"自然之性"不能去,从而在理论上肯定了人的自然本性。玄学的理论一旦落入现实生活的层面,士人便得出了这样的结论:"好逸恶劳,物之常性。故当生之所乐者,厚味、美服、好色、音乐而已耳。而复不能肆性情之所安,耳目之所娱,以仁义为关键,用礼教为衿带,自枯槁于当年,求馀名于后世者,是不达乎生生之极也。"①这就是说,不仅喜怒哀乐是人的自然情感,而且人的本性是要求愉悦享受的。压抑人对愉悦享受的追求就不符合自然之道。"自然"正是当时文士所追求的一种纵心适

---

①　张湛《列子·杨朱篇》题注,见《诸子集成》第三册《列子注》,中华书局1954年版,第77页。

志、一任情性的精神境界。人对娱乐享受的追求,一则表现为肉体的享乐,一则表现为精神的娱悦。戏谑调侃的风气以及在此风气影响下所形成的娱乐性通俗文学的迅速发展,正是追求精神娱悦的一种反映。

总之,在汉末思想解放、人性觉醒的大文化背景之下,文学观念、审美情趣、价值观念等都发生变化,士风渐趋通脱,嘲戏盛行,调侃成风。在这种多元文化的综合作用下,幽默诙谐的俗赋得到空前的发展。

(原文刊载于《固原师专学报》1994 年第 4 期)

束皙的赋风及其成因

在魏晋南北朝赋史上,束皙可以说是一位独具特色的赋家。他的赋虽仅存五篇,并且篇幅短小,文字粗俗,但却比较真实生动地描述了当时下层贫苦人民的生活状况,尖锐辛辣地讽刺了那些为非作歹的龌龊官吏,真实地再现了一个甘以贫贱自守的封建知识分子的生活场景和心理状态。其赋作不仅与那些铺张扬厉、铺采摘文、雍容揄扬的体物大赋迥然不同,而且与同时代体物写志的咏物抒情小赋也大异其趣,表现出独特的风貌。正因为其赋既不同于体物大赋,又别于一般的抒情小赋,与当时的赋风格格不入,因而"时人薄之",其人、其赋都未受到应有的重视。不但现行的所有文学史中都没有提及束皙,甚至专门研究赋的发展历程的马积高先生的《赋史》中也未提及。鉴于此,本文试图对束皙其人及其赋,做一初步探讨,以期全面准确地把握魏晋南北朝赋史;另一方而,从对束皙赋的研究中我们也可以看出,赋这种文体除具有体物、写志、讽谕的特点功用之外,也可以表现社会生活的各个方面。

一

束皙赋现存仅五篇:《贫家赋》、《劝农赋》、《饼赋》、《近游赋》、《读书赋》。此外还有一篇赋体文《玄居释》。这五篇赋最长的439字,最短的136字,都是抒情小赋。从这五篇赋所抒写的内容,表现的情感来看,大致可以分为三类:

一、表现作者窘迫困顿生活的《贫家赋》和《饼赋》。先看《贫家赋》:

> 余遭家之辙轲,婴六极之困屯。恒勤身以劳思,丁饥寒之苦辛。无原宪之厚德,有民斯之下贫。有漏狭之草屋,无蔽覆之受尘。唯曲壁之常在,时弛落而压镇。食草叶而不饱,常嗛嗛于膳珍。欲恚怒而无益,徒怫郁而独嗔。蒙乾坤之偏覆,庶无财而有仁。涉孟夏之季月,迄仲冬之坚冰。稍煎熬而穷迫,无衣褐以蔽身。还趋床而无被,手狂攘而妄牵。何长夜之难晓,心咨嗟以怨天。债家至而相敦,乃取东而偿西。行乞贷而无处,退顾影以自怜。炫卖业而难售,遂前至于饥年。举短柄之口掘,执偏隳之漏锹。煮黄当之草莱,作汪洋之羹馆,釜迟钝而难沸,薪郁纫而不然。至日中而不熟,心苦苦而饥悬。丈夫慨于堂上,妻妾叹于灶间。悲风噭于左侧,小儿啼于右边。

作品以质朴的语言,详尽铺陈平生穷困潦倒之状,先总述"余"家辙轲困顿的贫苦窘况,"恒勤身以劳思,丁饥寒之苦辛"。接着赋作从各个方面加以分述铺排,其居住则"有漏狭之草屋,无蔽覆之受尘";饮食则"食草叶而不饱"、"煮黄当之草莱";衣着则"无衣褐以蔽身"、"还趋床而无被";贫穷则"债家至而相敦,乃取东而偿西"。赋作最后又再加总结:潦倒则"行乞贷而无处,退顾影以自怜";辛酸则"丈夫慨于堂上,妻妾叹于灶间。悲风噭于左侧,小儿啼于右边"。赋作按总——分——总的顺序,逐一描状,真实地再现了封建社会知识分子以及广大下层人民的贫寒穷困的生活境况以及其悲惨的生活遭遇,使人感受到时政的极其不公、世道的极为残酷。那么,是谁造成这种劳者不得温饱的悲惨的不合理的境况呢?作者用自艾自嘲的口气说:"蒙乾坤之偏覆,庶无财而有仁"。在这个乾坤偏覆的世界上,一切都是颠倒的。劳动者贫穷,富贵者却不劳而获;贫穷者虽无财,但尚有仁义存焉;而富贵者虽有财,却是世间最鲜仁义廉耻的人。这样具体细致、深入生动地描写作者以及下层人民的衣食住行等各个方面生活的作品,在此前的文学作品中还是绝无仅有的。即使在整个中国古代文学史上也是不多见的。因此,束晳的赋作就尤其值得注意。从作品风格来看,此赋平平道出,语浅情深,既不同于阮籍赋的激烈、遥深,又不同于西晋其他赋家的铺采摛文、错比文华;既有异于汉代扬雄的《逐贫赋》,又影响开启了唐代韩愈的《送穷文》,可谓独具一格。不仅如此,从陶渊明的许多诗赋中,我们也可以看出此赋的影子。这说明此赋对陶渊明的诗赋创作,也曾产生过较深的影响。

《饼赋》,《初学记》《艺文类聚》虽然见载,但仅录部分,而以《全晋文》收录最全。全赋共 439 字,为束晳赋作中最长的一篇。本赋作于元康元年(291),赋文先写饼的来历,"饼之作也,其来近矣",其名非出于典籍,"或名生于里巷,或法出于殊俗"。次写麦饼的四时常用、无所不宜:"春温享宴宜馒头,夏热饮水为汤饼,秋凉尚温可看馔,冬寒宜热为面饼。"作品便着重介绍了冬天的汤饼及其制作过程:去麦麸、制白粉,以羊肉、猪肉、油脂、葱姜、椒兰、食盐糅合而成,然后"火盛汤涌,猛气蒸作",遂成面饼。作者形象的描绘了制饼人的辛勤劳动和娴熟的技巧:"攘衣振裳,握搦拊搏。面迷离于指端,手萦回而交错。纷纷驳驳,星分霅落。笼无饼肉,饼无流面。姝媥咧敕,薄而不绽。"既表现了作者对制饼人技巧的详细观察,又表现了对其制饼技艺的由衷赞美以及对劳动人民真挚的尊敬与喜爱。最后写饼的色香味以及人们对其喜爱:"镶色外见,弱如春锦,白如秋练",香气远散,"行人失涎于下风,童仆空嚼而斜眄。擎器者舐唇,立侍者干咽"。作者将最为普通常见的面饼,描绘得美妙动人,以致闻见者无不失涎干咽。这种认识和情感正是广大劳动人民感情的真实体现。本赋虽为咏物,但却寄予了作者的思想感情,表现了对面饼的热爱,对制作面饼的劳动人民的赞美,与晋代纯粹的歌咏花鸟虫鱼、江河湖海、风雨雷电等自然的咏物赋不同。作者对面饼的全方位、多角度的铺陈,实际上也是作者对自己困顿辛酸生活体验的曲折表现。赋作语言质朴,描写具体清晰,层次分明,以各种人物情态烘托饼之美味,令人临文垂涎。这种语言风格,在魏晋时代可谓独开一面,颇具特色。

二、表现作者乡居生活与田园生活情趣的《读书赋》与《近游赋》。

《读书赋》塑造了一个爱好读书的耽道先生形象。他澹泊闲居,藻练精神,呼吸清虚,抗志云表,载形陋庐。"垂帷帐以隐几,被纨素而读书"。读书声调婉转优美,"抑扬嘈囋,或疾或徐。优游蕴藉,亦卷亦舒"。而读书的内容精美感人,"颂《卷耳》则忠臣喜,咏《蓼莪》则孝子悲。称《硕鼠》则贪民去,唱《白驹》而贤士归"。他恪守前贤终身读书、守贫乐道的志向。赋中以读书为好的耽道先生正是作者自身的比况。束皙自幼则以好学博闻称誉于世,时人问博士曹志曰:"当今好学者谁乎?"曹志曰:"阳平束广微好学不倦,人莫及也。"[1]赋主要宣扬书本知识具有劝善戒恶的教化作用,富有深远的思想意义。赋中既有生活场景的描

---

[1] 《晋书》卷五十一《束皙传》,中华书局 1974 年版,第 1427 页。

绘,又有作者情怀的直抒,于怡然自得之中流露出自足自傲之情。语言简洁质朴而又蕴藉典雅。赋末列述仲尼终身读《易》以及原宪亡贱、颜回清贫、倪宽耕耘而诵、买臣负薪而吟的先贤典范,增强了读书为乐的感召力量。

《近游赋》写读书之馀在乡间漫游的所见所闻:

> 世有逸民,在乎田畴。宅弥五亩,志狭九州。安贫贱于下里,寞玄澹而无求。乘筚辂之偃蹇,驾兰单之疲牛。连樋索以为靷,结断梗而作鞘。攀荜门而高蹈,揭徘徊而近游。井则两家共一,园必去舍百步。贯鸡卵于岁首,收绥缡于切互。其男女服饰,衣裳之制,名号诡异,随口迭设:系明襦以御冬,胁汗衫以当热。帽引四角之缝,裙有素条之杀。儿昼啼于客堂,设杜门以避吏。妇皆卿夫,子呼父字。及至三农间隙,遘结婚姻。老公戴合欢之帽,少年著蕝角之巾。

这里以朴素而又细致的笔触,描绘出乡间那朴实淳厚的风情。作者对这一切是欣赏的,喜爱的,也是安然的。置身于这种环境之中,作者的心情也是恬淡而平静的。这是乡间生活环境的写照。而把这种读书出游的情景与作者其他赋作所描写的困顿窘迫的生活情景相联系,又活画出一个安贫乐道、优游官场之外的古代知识分子的形象。这种"安贫贱于下里,寞玄澹而无求"的宁静澹泊的生活以及所表现的田园生活的乐趣,对陶渊明的诗文创作产生了巨大而深刻的影响。

三、揭露与讽刺劝农官吏专横跋扈、贪赃枉法和腐化堕落的《劝农赋》。

> 惟百里之置吏,各区别而异曹。考治民之贱职,美莫尚

乎劝农。专一里之权,擅百家之势。及至青幡禁乎游惰,田赋度乎顷亩。与夺在己,良薄瞻口。受饶在于肥脯,得力在于美酒。若场工毕,租输至,录舍长,召闾师。条牒所领,注列名讳,则豚鸡争下,壶榼横至。遂乃定一以为十,拘五以为二。盖由热啖纤其腹,而杜康哇其胃。

本赋并非正面写劝导百姓努力耕作,积极生产,而是对劝农官吏专横跋扈、贪赃枉法和腐化堕落予以深刻的揭露和辛辣的讽刺。作者巧妙地紧扣住“劝农”这个题目做文章。明明是害农坑农的蠹虫,却偏偏冠以“劝农吏”的美名。他们“专一里之权,擅百家之势”,没有王法准绳,“与夺在己,良薄瞻口”。只要有肥脯、美酒,他们可以信口雌黄,指鹿为马,“定一以为十,拘五以为二”。而每年秋收登场,劝农吏下乡之际,便是农民遭难之时。劝农吏们耀武扬威,吆三喝四,而农民们却不得不杀鸡宰豚,奉上壶榼,违心地招待这些害人虫,以防止这些老爷们稍不顺心,便会增敛额外的赋税。分摊租赋任务的多少,要看农民对于劝农官吏们送礼和宴请的丰厚与否而定。本赋所揭露和讽刺的劝农官吏,仅仅是“治民贱职”的小胥吏而已。那么,至于那些大官僚和世家大族的贪赃枉法,穷奢极欲,便是可想而知的了。

作为一篇讽刺赋,本赋既超越了司马相如、扬雄等人的赋作“主文而谲谏”的轨道,又不似赵壹《刺世疾邪赋》那样,通篇都是愤怒的谴责,而缺乏幽默、诙谐的情趣。它在艺术表现方法上具有独到的特色。文章首先概括地指出,百里之内分区设置官曹,各种治民职司之中,只有劝农官吏的职司最好。因为他们有权有势,可以独断专行,横霸乡里。接着便具体揭露他们对农民的残酷欺压。劝农吏们打着禁止游闲怠惰之人的青色旗帜,对农民进行榨取,不论年景好坏、收成优劣、土地肥瘠、收获多少,全凭口说。而其关键就在于看是否用美酒佳肴来供奉这些劝农吏们。其讽刺的锋芒是尖刻的。读罢此赋，不仅使人联想到宋代范成大著名的《催租行》："输租得钞官更催，踉跄里正敲门来。手持文书杂嗔喜，'我亦来营醉归耳'。床头悭囊大如拳，扑破正有三百钱。'不堪与君成一醉，聊复偿君草鞋费'。"这种催租里正的丑恶表演，几乎就是《劝农赋》中那些老爷的再版！在中国文学史上，如果说范成大是"中国古代田园诗的集大成"者，把"地保公差这一类统治阶级的走狗以及他们所代表的剥削和压迫农民的制度"写进了田园诗，使"脱离现实的田园诗有了泥土和血汗的气息"①，那么，在范成大八百多年前，束皙这位不被人注意的赋家就把这种反映剥削压迫与阶级对立的封建社会的普遍的社会现象，写进了几乎是以颂扬为宗的赋中。这是尤为难能可贵的，也是我们研究中国文学史时应该给予高度重视的。它不仅说明"赋"这种文体不但具有颂扬的作用，而且具有批判现实的作用，并非纯粹的"贵族文学"和"宫廷文学"。

二

束皙的赋由于语言浅显质朴，不事绮丽，因此而遭世人鄙薄。《晋书·束皙传》云：束皙"尝为《劝农》及《饼》诸赋，文颇鄙俗，时人薄之"。今天看来，所谓"文颇鄙俗"，不但不是什么缺点，反而倒不失为束皙赋有别于同时代赋风的一个显著特点。辞赋自产生以来，那种"雍容揄扬"、"铺张扬厉"、"劝百讽一"的传统大赋被视为赋的正统代表，因此在人们的思维定势中，一提到赋，自然便首先想到的是汉代的体物大赋。汉赋本就具有"铺

---

① 　钱锺书《宋诗选注》，人民文学出版社1958年版，第217、218页。

张扬厉"的特点,至于西晋文坛后,在所谓"诗赋欲丽"、"赋体物而浏亮"的审美理想指导下,赋又以驰骋文辞为能事,赋坛被视为作家驰骋才华、争奇斗才的场地。如左思《三都赋》构思十年乃成,文辞壮丽可观,遂使洛阳豪贵之家竞相传抄,洛阳因此而为之纸贵。赋家一方面以文辞的华靡艳丽显示才华,另一方面也因此而猎取功利。像束皙这样在社会生活上不趋世利,在文学创作上不合时流,只以朴实的文辞去直写生活感受的小赋,自然不易为时人所重视,不容易被列入"综缉辞采"、"错比文华"、"事出于沉思,义归于翰藻"的作品之中。然而,这种描绘的通俗和质朴,却正是束皙赋作的可贵特征。因此,明代张溥极力推崇束皙赋,他说:"晋世笑束先生《劝农》及《饼》诸赋,文词鄙俗,今杂置赋苑,反觉其质致近古,由彼雕缋少也。"①可谓独具慧眼。

那么,在崇尚绮靡华丽文风的西晋赋坛,束皙何以能独步赋坛,形成浅显质朴、不事绮丽的风格特征呢? 这自然与作者的生平思想有关。

束皙,字广微,阳平元城(今河北大名)人。约生于魏景元二年(261),卒于晋永康元年(300)②,享年四十岁。据《晋书》本传所载,束皙祖父束混,曾任陇西太守。父束龛,曾任冯翊太守。可是,到了束皙这一辈,却连郡太守的官职也无法保持了。这并不是因为束皙之辈无能,而是因为束皙之兄束璆娶了当时大官僚石鉴的从女为妻以后,又将其遗弃,致使石鉴深"以为憾",因而有意压抑束氏兄弟,并"讽州郡公府不得辟,故皙等久不得

---

① 张溥著,殷孟伦注《汉魏六朝百三家集题辞注》,人民文学出版社 1960年版,第 117 页。

② 姜亮夫《姜亮夫全集》十九《历代人物年里碑传综表》,云南人民出版社2002 年版,第 187 页。

调"①。这种久居下僚的窘迫状况,促进了他与下层劳动人民的交往,使束皙对下层人民的贫苦生活深有了解和体会,并使之与下层人民建立了比较密切的联系。太康中,郡界大旱,皙为邑人请雨,三日而雨注,众谓皙诚感,作歌而颂之。与下层人民的接近及其对他们贫苦生活的了解与同情,自然对束皙的思想和文学创作的题材与风格产生了直接的影响。

其次,除了个人际遇和家族衰败的原因外,也有社会和时代的因素。束皙所处的时代正是社会激烈动荡、政治异常黑暗的魏晋易代之时。"魏晋之际,天下多故,名士少有全者"②。司马氏集团以血腥残酷的屠杀手段消灭敌对势力,篡夺了曹魏政权,建立了代表大贵族官僚地主阶级利益的西晋政权。西晋初虽有过短暂统一,但只是昙花一现。西晋统治阶级政治腐败,生活极端荒淫腐化,阴谋迭出,诛戮交加,党派纷争,走兽横驰,祸福倚伏,人生短暂难测。晋武帝死后,八王之乱起,杀戮、逼宫、禅位接连不断,政权迭变。这一切在士人们的思想和心理上织成了一片沉重压抑的阴霾。"朝游巍峨之宫,夕坠峥嵘之壑,昼笑夜叹,晨华暮落"③。在这种动荡的社会和黑暗政权的统治下,一部分有识之士既不愿与统治阶级同流合污,又不愿直陈时弊而招致杀身之祸,便只能退隐山林,遨游山水,寄情自然。束皙就大体上属于这类人物的范围。这种生活道路对他的诗赋创作及其风格不可能不产生深刻的影响。

最后,束皙赋风的形成也与他的性格不无关系。据《晋书》本传载,束皙"性沉退,不慕荣利,作《玄居释》以拟《客难》"。他

---

① 《晋书》卷五十一《束皙传》,中华书局 1974 年版,第 1427 页。

② 《晋书》卷四十九《阮籍传》,中华书局 1974 年版,第 1360 页。

③ 束皙《玄居释》,见《晋书》卷五十一《束皙传》,中华书局 1974 年版,第1429 页。

申述自己退隐闲居的原因说："昔周汉中衰,时难自托……忠不足以卫己,祸不可以预度,是士讳登朝而竞赴林薄。"他决定"神游莫竞之林,心存无营之室","将研六籍以训世,守寂泊以镇俗"①。他虽然在武帝、惠帝时担任过著作郎、尚书郎等职,但当赵王司马伦自立为相国,为了收买人心,聘请束皙出任掌管章表书记的记室时,他却毅然"辞疾罢归",回乡"教授门徒",表现出不合作的决绝态度。束皙这种身居乡邑,以教书授徒为业的生活以及环境,正是他创作《读书》、《近游》等诗赋的生活与思想基础。

(原文刊载于《西藏民族学院学报》2001 年第 1 期)

---

① 束皙《玄居释》,见《晋书》卷五十一《束皙传》,中华书局 1974 年版,第 1430 页。

主要参考书目

[汉]刘安撰《诸子集成·庄子集解》[M].香港:中华书局香港分局,1978。

[汉]司马迁撰《史记》[M].北京:中华书局,1959。

[汉]司马迁撰,[日]泷川资言考证《史记会注考证》[M].上海:上海古籍出版社,1986。

[汉]扬雄《法言》[M].北京:中华书局,1954。

[汉]班固撰,[唐]颜师古注《汉书》[M].北京:中华书局,1962。

[三国]阮籍著,陈伯君校注《阮籍集校注》[M].北京:中华书局,1987。

[晋]葛洪《西京杂记》[M].西安:三秦出版社,2005。

[南朝]范晔著,[唐]李贤等注《后汉书》[M].北京:中华书局,1965。

[南朝]鲍照著,钱仲联集注《鲍参军集注》[M].上海:上海古籍出版社1980。

[南朝]萧统编《文选》[M].上海:上海古籍出版社,1986。

[南朝]刘勰著,范文澜注《文心雕龙》[M].北京:人民文学出版社,1958。

[南朝]钟嵘著,陈延杰注《诗品注》[M].北京:人民文学出

版社,1980。

　　[日]遍照金刚撰《文镜秘府论》[M].北京:人民文学出版社,1975。

　　[唐]房玄龄等撰《晋书》[M].北京:中华书局,1974。

　　[唐]姚思廉撰《梁书》[M].北京:中华书局,1973。

　　[唐]李延寿撰《北史》[M].北京:中华书局,1974。

　　[唐]李延寿撰《南史》[M].北京:中华书局,1975。

　　[唐]魏徵撰《隋书》[M].北京:中华书局,1973。

　　[唐]刘知幾撰,[清]浦起龙释《史通通释》[M].上海:上海古籍出版社,1978。

　　[宋]欧阳修撰,郑文点校《六一诗话》[M].北京:人民文学出版社,1962。

　　[宋]司马光《资治通鉴》[M].北京:中华书局,1956。

　　[宋]姜夔撰,郑文点校《白石说诗》[M].北京:人民文学出版社,1962。

　　[宋]郑樵撰《通志》[M].北京:中华书局,1987。

　　[宋]朱熹撰《楚辞集注》[M].上海:上海古籍出版社,1979。

　　[宋]严羽著,郭绍虞校释《沧浪诗话校释》[M].北京:人民文学出版社,1961。

　　[元]脱脱等撰《宋史》[M].北京,中华书局,1977。

　　[明]胡震亨撰《唐音癸鉴》[M].上海:上海古籍出版社,1981。

　　[明]谢榛著,宛平点校《四溟诗话》[M].北京:人民文学出版社,1961。

　　[明]张溥辑,殷孟伦注《汉魏六朝百三家集题辞注》[M].北京:人民文学出版社1960。

　　[清]王夫之著,舒芜点校《姜斋诗话》[M].北京:人民文学出版社,1961。

[清]严可均辑《全上古三代秦汉三国六朝文》[M].北京:中华书局,1958。

[清]阮元校刻《十三经注疏·毛诗正义》[Z].北京:中华书局,1980。

[清]阮元校刻《十三经注疏·论语注疏》[Z].北京:中华书局,1980。

[清]阮元校刻《十三经注疏·孟子注疏》[Z].北京:中华书局,1980。

[清]刘熙载撰《艺概》[M].上海:上海古籍出版社,1978。

[清]钱大昕著,吕友仁注释.潜研堂文集[M].上海:上海古籍出版社,2009。

[清]赵翼著,王树民校证《二十二史札记校证》[M].北京:中华书局,1984。

[清]许梿评选,黎经浩笺注《六朝文絜笺注》[M].北京:中华书局,1962。

鲁迅《汉文学史纲要》[M].北京:人民文学出版社,1982。

王瑶《中古文学史论集》[C].上海:古典文学出版社,1956。

刘师培《中国中古文学史论文杂记》[M].北京:人民文学出版社,1959。

钱锺书《管锥编》[M].北京:生活·读书·新知三联书店,2007。

钱锺书《宋诗选注》[M].北京:人民文学出版社,1958。

梁启雄《韩子浅解》[M].北京:中华书局,1960。

郭绍虞等主编《中国历代文选论》[M].上海:上海古籍出版社,1979。

季镇淮《司马迁》[M].上海:上海古籍山版社,1979。

胡国瑞《魏晋南北朝文学史》[M].上海:上海文艺出版

社,1980。

逯钦立辑校《先秦汉魏晋南北朝诗》[M].北京:中华书局,1983。

李长之《司马迁之人格与风格》[M].北京:三联书店,1984。

张大可《史记研究》[M].兰州:甘肃人民出版社,1985。

马积高《赋史》[M].上海:上海古籍出版社,1987。

程章灿《魏晋南北朝赋史》[M].南京:江苏古籍出版社,1992。

杨伯峻《春秋左传注》[M].北京:中华书局,1990。

程俊英,蒋见元著《诗经注析》[M].北京:中华书局,1991。

池万兴《司马迁民族思想阐释》[M].西安:陕西人民教育出版社,1995。

颜昌峣《管子校释》[M].长沙:岳麓书社,1996。

袁仲一主编《司马迁与史记论集》[C].西安:陕西人民出版社,1996。

朱枝富《司马迁政治思想通论》[M].延吉:延边大学出版社,1999。

安平秋,张大可,章榆华主编《史记教程》[M].北京:华文出版社,2002。

张新科《史记学概论》[M].北京:商务印书馆,2003。

侯外庐《中国思想通史》[M].北京:人民出版社,2011。

后　记

　　本书收录了我二十多年来有关司马迁与《史记》以及魏晋南北朝赋学研究的论文 28 篇，分为上、下两编。上编的大部分文章是上世纪九十年代的作品，下编主要是上世纪八十年代末的作品。

　　我从事中国古代文学的教学与研究已有三十个年头了。三十多年来我的学术研究主要集中在《管子》研究、司马迁与《史记》研究和赋学研究三个方面。先后出版过《司马迁民族思想阐释》(1995 年陕西人民教育出版社)、《史记与民族精神》(2009 年齐鲁书社)、《司马迁民族思想研究》(2013 年上海古籍出版社)、《史记教程》(合著)；《管子研究》(2004 年高等教育出版社)、《管子》(2009 年云南人民出版社)；《魏晋南北朝小赋概论》(1999 年香港银河出版社)、《六朝抒情小赋概论》(2013 年人民出版社)等专著。从学术研究的范围来看，涉及先秦、汉代和魏晋南北朝；从研究的性质来看，又具有文学、史学和哲学(《管子》研究)相结合的特点。这三个方面并非同时进行，而是在某一阶段重点研究某一方面，然后逐步扩展。之后又有交叉研究的情况。之所以如此，我在《六朝抒情小赋概论·后记》中已经讲过了，主要目的是为了使某一方面的研究具有较长时间的思考和积累，既可以避免重复研究，又可以不断开拓研究领域，有利于创新研究。

　　上编 13 篇司马迁与史记研究论文主要涉及三个方面：前 5 篇文章主要论述《史记》所弘扬的民族精神及其表现；另外一组 4 篇主要探讨司马迁的民族思想及其影响；其馀四篇探讨司马迁与《史记》的文化与思想价值。这 13 篇论文主要完成于上世纪九十年代。下编 15 篇论文，前 8 篇是 1989 年写的，后面 7 篇是九十年代写的。下编之第一篇主要论述由汉大赋向抒情小赋转变的原因。下面 7 篇依次探讨魏晋南北朝抒情小赋的艺术创造与创新。之后 6 篇依次探讨魏晋南北朝抒情小赋的题材内容开拓。最后一篇专门探讨文学史上常常被忽视的作家束皙的赋学创作。

　　本书是我近三十年来学术研究的一个小小的回顾与总结，记录了自己学术研究的足迹，反映了自己近三十年来学术研究的艰辛历程和研究方法、研究风格以及不断探索的过程，也是今后学术研究的一个新的起点，希望能起到承上启下的作用。

　　本书所收论文基本上保持了最初刊出时的原貌，所以有的论文有"参考文献"，而有的没有。这是不同时代学术论文不同风格与要求的真实反映。

　　本书能够得以出版，首先感谢我的单位西藏民族学院的大力支持与资助，感谢上海古籍出版社以及曹明纲、孙晖两位先生的大力支持与帮助。同时还要感谢我的研究生黄志立同志帮助校对原稿所做的艰辛工作。

　　书中谬误在所难免，敬请广大读者和专家们批评指正。

池万兴

2014 年 12 月于齸音阁